KWON Jeong-hyun

LA LANGUE ET LE COUTEAU

Roman traduit du coréen
par Lim Yeong-hee avec la collaboration de Lucie Modde

OUVRAGE PUBLIÉ AVEC LE SOUTIEN DE L'INSTITUT CORÉEN
DE LA TRADUCTION LITTÉRAIRE (LTI KOREA, SÉOUL)

Éditions Picquier

Ouvrage publié sous la direction de
LIM YEONG-HEE

Titre original : *Kalgwa hyeo*

Mas de Vert
B.P. 20150
13631 Arles cedex
www.editions-picquier.com

Conception graphique : Picquier & Protière

Mise en page : Christiane Canezza - Marseille

ISBN : 978-2-8097-1437-1

I

1

Un jour, un petit garçon est né sur un billot puant le sang.

Il s'appelait Wang Caiban[1], c'était mon père. C'était un petit homme d'à peine un mètre cinquante-deux, de l'ethnie Yi. Il avait un corps en forme de patate et sa tête était particulièrement grosse, comme celle d'un artichaut. Sur son front fuyant, des petites rides frémissaient comme une bouillie de riz gluant ; ses lèvres, qui se contractaient nerveusement chaque fois qu'il goûtait un plat, exprimaient une insatisfaction perpétuelle. La peau de son cou et de son menton était toute plissée et, lorsqu'il riait, sa tête disparaissait dans ses épaules, ce qui lui avait valu le sobriquet de Chenille de la part de ses collègues.

Mon père voulait être le meilleur cuisinier de Canton. Chaque jour, avant l'aube, il grimpait à toute allure sur une colline à l'ouest de la ville qui surplombait le delta de la rivière des Perles. Au sommet se trouvait l'hôtel de la Rivière des Perles, un établissement de style ultra moderne intégralement peint en blanc. Le restaurant était au premier étage. Mon père entrait par la porte arrière de la cuisine, allumait les fourneaux, faisait chauffer l'eau et, quand elle bouillait,

1. En chinois, ce nom signifie « planche à découper ».

y versait du riz qu'il touillait en marmonnant: « C'est moi le meilleur cuisinier de Canton. Moi et personne d'autre! »

Mon père était destiné à être cuisinier dès sa naissance. Croyez-moi ou non, son premier cri avait retenti sur un billot sanguinolent taillé dans un tronc d'arbre. D'après plusieurs témoins, il avait alors autant de vigueur qu'un coq sur un perchoir – du moins c'est ce qu'il nous racontait. Sa mère, elle, accroupie à côté, le placenta à moitié expulsé, y avait laissé la vie. Le cordon reliait solidement le nourrisson à sa mère; comment le nouveau-né avait-il pu monter sur un billot de trois fois sa taille? Personne ne l'a jamais compris. C'était probablement sa mère qui avait rassemblé ses dernières forces pour le poser là, mais mon père refusait cette explication. Le 1er janvier de chaque nouvelle année lunaire, il nous racontait à moi et ma mère son fait d'armes: « Hélas, ma mère m'a mis au monde dans un lieu grouillant des chiens affamés. Ses contractions l'ont poussée à aller chercher la vieille dame qui servait de sage-femme au village voisin, mais ses jambes l'ont abandonnée au niveau des huttes en terre du quartier des bouchers… Quelle malchance! Pour survivre, j'ai dû grimper sur un endroit en hauteur, qui s'est avéré être un billot. Si si, c'est la vérité! »

Personne n'utilisait cette phrase plus souvent que lui. Mon père concluait toutes ses interventions par ce « Si si, c'est la vérité! » pour bien souligner qu'il n'inventait rien, alors qu'il exagérait tout le temps. Un jour qu'un voisin avait découvert des bouts d'os de dinosaure sur son terrain, là où il faisait construire sa maison, mon père a prétendu qu'il s'agissait d'os de dragon, ceux dont on parle dans les légendes. Et lorsque les impérialistes japonais ont mis les pieds en Mandchourie, il a clamé haut et fort qu'ils étaient déjà arrivés à Pékin.

Comme il aimait le rappeler, mon père était bel et bien né dans un lieu grouillant de chiens. Là-dessus au moins, il ne mentait pas. Il est venu au monde dans le village de Mudan, à côté de la ville de Nanning. Ce village fournissait plus de trois mille carcasses de chiens lors de la fête de la viande de chien, qui a lieu tous les 21 juin à Yulin, dans le Guangxi. Chaque année, plus de trente mille chiens étaient tués à cette occasion. A l'approche du solstice d'été, de nombreux marchands arrivaient à Mudan dans leur charrette à bœuf ou à cheval pour commander les morceaux qu'ils souhaitaient. Pas plus que les autres, le billot sur lequel mon père avait vécu ses premiers instants n'avait le temps de sécher : chaque jour, des dizaines de chiens étaient décapités et dépecés sur sa surface plane. Certains arrivaient parfois à s'évader de leur enclos et allaient se cacher dans la forêt environnante, avant de revenir au village et de tuer des enfants, comme pour se venger. C'était la raison pour laquelle ma grand-mère avait lutté contre la mort qui l'envahissait pour hisser son bébé sur le billot.

Ce billot se trouvait dans la cour de la cabane de deux pièces d'un jeune couple. Taillé dans un tronc de jujubier de plus de quarante centimètres de diamètre, il était très solide. Il n'était pas difficile d'imaginer ce qu'avait pu ressentir ce couple souffrant de ne pas pouvoir avoir d'enfant en entendant un bébé vagir sur le pas de leur porte. Ils l'avaient recueilli et avaient pris soin de lui comme si c'était leur propre fils. Dès qu'il avait su marcher, l'enfant était monté tout seul sur le billot sans que personne ne le lui demande. Le couple en avait été abasourdi. Quand il avait su parler, mon père avait jeté son dévolu sur le *kandao*, le hachoir grossier qui sert à couper les os des cochons et des chiens, qu'il s'était mis à brandir en disant : « Ça, c'est un bon couteau, et maniable en plus ! »

Une fois adolescent, mon père vola à ses parents adoptifs l'argent de leur commerce qu'ils cachaient dans une armoire et partit pour Canton. Il venait tout juste d'entrer au lycée. Personne ne savait précisément ce qu'il avait fait en arrivant. Chaque fois qu'on lui posait une question gênante, il toussotait ou clignait des yeux et répondait à côté. Le récit héroïque de mon père sautait ainsi directement du billot de ses parents adoptifs à la cuisine de l'hôtel de la Rivière des Perles. A trente-trois ans, il devint le meilleur second de cuisine du restaurant chinois de cet hôtel fondé par un Français, et « honorablement », selon ses propres termes.

« Quand j'y repense aujourd'hui, cela a été la meilleure période de ma vie. C'est là-bas que j'ai rencontré ta mère, d'ailleurs. Pour être tout à fait honnête, elle n'était pas si belle que ça… A l'époque, Canton regorgeait de belles femmes, tu n'as pas idée. Le restaurant accueillait chaque jour plus de trois cents clients. Nous étions plus de vingt cuisiniers. Je ne dis pas pour le reste, mais en matière de viande de chien, j'étais le meilleur. Je faisais cuire à feu doux de petites tranches de viande enveloppées dans des feuilles de menthe et je les servais avec de la pâte de soja pimentée ; le parfum de la menthe sur le bout de la langue était à tomber par terre et le jus de viande qui se répandait dans la bouche était d'une perfection sans égale. C'était un mets divin, digne d'un immortel taoïste. Un plat avec du lapin, qui est une viande beaucoup plus forte, ne pourrait prétendre à une telle noblesse ; je ne parle même pas de la viande de porc, qui est bien trop grasse. Le bœuf et le poulet, qu'on confie souvent aux apprentis, sont des viandes tellement banales que même les mendiants de Canton n'en veulent pas. La viande de chien, elle, est toujours en tête du menu. Si le dieu du ciel me demande de choisir un plat avant de mourir, ce sera sans hésiter du *qingtang gourou*, de la viande de chien cuite à la vapeur. »

Mon père aurait-il aimé crier *qingtang gourou* avant de mourir ?

Il n'a malheureusement pas eu cette chance, car il s'est brisé le cou sans avoir eu le temps de comprendre ce qui lui arrivait. Il serait peut-être exagéré de dire que la faute en revient au billot de ses parents adoptifs ; pourtant, c'est bien ce qui a causé sa mort. Tout au long de sa vie, mon père a toujours regardé devant lui, c'est ainsi qu'il est devenu second de cuisine à l'hôtel de la Rivière des Perles. Il a mené une existence paisible jusqu'à ses quarante-cinq ans. Même quand la Chine était en proie à la guerre civile et que les impérialistes japonais semaient le chaos partout où ils passaient, sa situation n'a pas changé. Alors qu'à l'autre bout du pays, une guerre meurtrière faisait rage, les gens continuaient à vivre et manger comme si de rien n'était. Voilà à quoi ressemblait le quotidien des Cantonais.

Au mois de mai de l'année de ses quarante-cinq ans, mon père reçut un télégramme de Mudan. Le message disait que le logis de ses parents adoptifs avait été incendié et que le vieux couple avait péri dans les flammes ; les villageois s'étaient réunis et avaient désigné mon père comme héritier. Il n'héritait pas d'une fortune mais l'aubaine était incroyable. Le vieux couple n'avait visiblement parlé à personne ni de son vol, ni de sa fugue. Excité par cette chance qui s'offrait à lui, mon père se rendit à Mudan avec moi. « Tu sais, la vie réserve parfois de belles surprises. » Mais ma première impression de Mudan me causa un tel choc qu'aujourd'hui encore, j'ai du mal à l'effacer.

Notre trajet en train pour rallier Nanning dura deux jours entiers. De là, nous montâmes dans une voiture à cheval qui nous amena au *xian* de Pu'er. Une fois arrivés, nous laissâmes la voiture et marchâmes pendant une demi-journée sur un chemin de montagne boueux, un raccourci d'après mon père. J'avais grandi en ville et je n'avais encore jamais été confronté à un voyage aussi pénible : c'était la toute première épreuve de mon existence. La mousson était terminée mais l'air était encore très humide ; sous mes pieds, des jeunes pousses de roseau déterrées par les fortes pluies entravaient ma marche. Parfois, des oiseaux gris plus gros que des poules se sauvaient devant nous à toute vitesse en battant bruyamment des ailes. Au loin, des aboiements cacophoniques nous parvenaient comme en écho. Le vacarme s'intensifia dès que nous passâmes de l'autre côté d'un petit sommet rocheux.

« Derrière ce versant, en s'enfonçant plus loin dans la montagne, se trouve un petit sanctuaire à la gloire du général Guanyu. La chamane de ce lieu aurait recueilli ta grand-mère encore enfant et l'aurait emmenée partout où elle allait, comme si c'était son assistante. Les jours de fête, beaucoup de gens venaient prier au sanctuaire – les humains ont toujours des vœux à se faire exaucer. Ta grand-mère a dû fricoter avec un de ces visiteurs, qui est devenu ton grand-père. Tu comprends ce que ça veut dire ? Quand tu seras grand, ne cherche pas à retracer ton arbre généalogique. »

Mon père racontait ses histoires, que je l'écoute ou pas. Mudan était un gros village de plus de deux cents foyers. A vrai dire, le terme de village n'est pas le plus adapté : les maisons, divisées en huit quartiers, s'étalaient sur les deux versants d'une large vallée. De haut, cela faisait comme les huit pétales rouges d'une pivoine. Mais l'image radieuse de la fleur s'arrêtait là : l'odeur âcre du sang, omniprésente, m'emplit les narines dès notre arrivée. La fête de la viande de chien venait de se terminer et les restes des cadavres pourrissaient partout où ils étaient en contact avec de l'eau.

La même scène nous attendait devant la hutte incendiée de mes grands-parents. Ils avaient dû travailler à préparer la viande jusqu'au moment ultime : les tendons et les intestins qui traînaient par terre attiraient les mouches et toutes sortes d'insectes. Une tête de chien trônait sur le billot, ses yeux enfoncés dans leurs orbites creuses brillant de la haine d'avoir été décapité si brutalement. N'osant pas affronter ces prunelles noires qui, au-dessus d'os blancs de peur, avaient dû fixer l'instant de la mort d'un regard furibond, je détournai la tête. Un nuage de moucherons allait et venait frénétiquement autour de sa langue violette qui pendait de tout son long. Les pétales de pivoine que j'avais cru voir de loin étaient un enfer où les cris de douleur des chiens étaient transformés en repas de fête.

Durant les quatre jours que dura notre séjour, mon père s'occupa d'organiser la cérémonie funéraire du vieux couple. Aux yeux des villageois qui nous rendirent visite, mon père était tout sauf un salaud qui avait fugué en emportant avec lui les économies de ses parents adoptifs. Il se comportait comme un fils qui regrettait sincèrement leur mort, allant jusqu'à fondre en larmes régulièrement. Qui aurait pu le soupçonner ? En bon comédien, mon père savait s'adapter aux circonstances. Il aimait tant préparer le *huoguo*, cette fondue chinoise dans laquelle on fait mijoter des tranches de viande, des champignons et des légumes que l'on trempe dans une sauce avant de les manger, qu'il nous en servait à chaque fête traditionnelle. Il attendait que nous soyons tous attablés pour citer la maxime « La mer accueille tous les fleuves en son sein » en nous expliquant qu'elle illustrait ce plat à merveille parce qu'on peut tout mettre dans un *huoguo*... tout sauf la Grande Muraille, comme il aimait le dire. Il pensait être aussi accueillant que ce plat mais cette largesse ne s'adressait qu'aux cuisiniers de l'hôtel et aux femmes vaniteuses en quête de plaisirs gustatifs inconnus.

En quittant Mudan, mon père voulut emporter avec lui le fameux billot, sans m'expliquer pourquoi. Peut-être avait-il l'intention de le ramener à la cuisine de l'hôtel pour se vanter ? La première impression que l'objet me donna fut celle d'une solidité impénétrable. C'était comme s'il était rempli de fonte et pouvait résister à n'importe quelle lame de couteau. Il trônait, immobile, dans un coin de la cour, comme la femme changée en pierre de la légende[1]. Il me fit penser à un ours gris assis sur une souche d'arbre, rassasié et somnolent. Il était lourd et volumineux, difficilement transportable, notamment sur des routes de montagne. Mon père paya fort cher une voiture à

1. Une légende coréenne raconte qu'une femme attendit son mari tellement longtemps qu'elle finit par être changée en pierre, incarnant par là la vertu de la fidélité. *(N.D.T.)*

cheval sur laquelle il chargea le billot et les rares autres objets de valeur ayant appartenu à ses parents. Une fois sorti du village, il se mit à siffloter un air folklorique Yi qu'il avait l'habitude de fredonner.

Des fleurs s'épanouissent le long du chemin
Dans les arbres les fruits attendent d'être récoltés
Cher visiteur vous qui venez de loin
Ne partez pas, restez à mes côtés

Après avoir laissé derrière nous les effluves de sang de Mudan, nous nous engageâmes dans une forêt touffue. Tout à coup, notre cheval montra des signes d'agitation. Mon père proposa une pause au cocher. Nous descendîmes de la charrette et allâmes vider nos vessies au bord d'une falaise. Dès que nous fûmes réinstallés dans la voiture, le cocher fouetta le dos de sa bête qui se cabra comme si elle avait vu un escalier invisible. La voiture se détacha et dégringola dans le fond de la vallée. C'est la dernière image qui s'imprima dans mon esprit avant que je sois éjecté du véhicule. Ma tête heurta un pin et je perdis connaissance. Seuls le cocher et moi survécûmes ; mon père, lui, se brisa la nuque et mourut sur le coup.

Voilà dans quelles circonstances absurdes j'ai perdu mon père. Comment suis-je rentré à Canton ? Je ne m'en souviens pas très bien. J'ai dormi deux jours d'affilée ; lorsque je me suis réveillé, j'ai découvert à mon chevet le billot et son odeur âcre. Maintenant que j'y repense, j'aurais dû laisser dans cette vallée ce vieux morceau de bois imbibé de sang et de toute la colère éprouvée par des âmes s'efforçant de repousser leur mort au moment même où elles se faisaient décapiter d'un coup de couteau. J'aurais dû abandonner ce maudit billot et les soupirs qu'il abritait, ceux poussés par les victimes des soldats de l'empire se déchaînant sur le continent comme une tempête et y perpétrant des massacres sanglants à coups de fusil et de sabre. Je ne suis pas si différent de ces ingrédients attendant sur une planche à découper d'être cuisinés pour satisfaire les papilles d'un autre. Pourrai-je vraiment échapper à la lame tranchante du couteau prête à s'abattre sur moi comme une rafale ?

2

Au QG, chaque journée commence par un vacarme inutile.

Le bruit des pas de mon aide de camp qui me tire du sommeil, les cris outranciers des officiers qui reçoivent des rapports militaires dans leur poste de commandement, les bruyants coups de sifflet du train Daeryuk qui rallie Pusan en à peine trois jours, le galop des chevaux de la cavalerie se préparant au combat, le boucan des moteurs des camions de type 94 sollicités pour telle ou telle opération, le croassement agaçant des corbeaux perchés à un angle du *tenshu* – il y a deux semaines, j'ai ordonné à une sentinelle de les abattre mais d'autres sont revenus, je ne sais d'où ; le soldat était nul en tir et a gaspillé soixante-dix balles – ainsi que, à l'étage du dessous, les claques que Takahashi, le général de division au caractère de cochon, donne à son aide de camp… Je vais faire déplacer son bureau.

C'est triste qu'aucune musique ne résonne dans cet univers masculin.

Les officiers n'aiment pas la musique. La seule chose qui leur fait plaisir, c'est de crier « Banzai ! » en soufflant dans leurs sifflets ou de glisser leur tête entre les cuisses des prostituées au fond de ruelles sombres en répétant *yoshi yoshi* (bien bien). C'est là leur niveau. Mais c'est normal, leur mère ne leur a jamais chanté de berceuse. Il suffit que je dise ça pour que ma mère me manque. Je me souviens que je posais ma tête sur ses genoux quand elle faisait griller de la viande de bœuf *bungogyu* de Kyushu, harmonieusement persillée, pour qu'elle m'en glisse des morceaux dans la bouche ! Je suis sûr que les mères de ces pauvres gars n'étaient pas comme ça, qu'elles ne leur chuchotaient pas affectueusement à l'oreille, pour les endormir, « Kagome, kagome, quand cet oiseau va-t-il sortir de sa cage ? » comme le faisait la mienne.

Un filet de fumée monte en ondulant derrière le palais impérial où réside ce maigrichon de Puyi. Ça doit venir de la ruelle Guanchengzi, là où vivent beaucoup de Coréens. Qu'est-ce qu'ils parlent, et qu'est-ce qu'ils sont bruyants ! Sauf quand ils entendent résonner les sabots de la gendarmerie ; ils rentrent alors la tête dans les épaules et se dispersent. Quel ramassis de bons à rien ! Ils ont encore dû se quereller et mettre le feu à une maison. Je suis la ruelle des yeux avant de contempler la plaine. Comme cela m'arrive souvent, mes pensées errent dans un passé révolu, bien au-delà du paysage. Cette manie me prend même au cours de réunions importantes. Les officiers chuchotent dans mon dos et me traitent de *bonkura,* d'idiot, mais je m'en moque. Les dirigeants sont toujours la cible de moqueries de la part de leurs subordonnés.

Grâce au développement des routes militaires, Xinjing[1] est une capitale parfaite. Quand on regarde vers Nanling depuis la place Datong, on voit des chemins qui s'étirent en diagonale comme les pinces

1. L'actuelle Changchun, alors capitale du Mandchoukouo, cet Etat fondé par le Japon dans le Nord-Est de la Chine entre 1932 et 1945.

d'un crabe. De part et d'autre des rues non goudronnées poussent des mauvaises herbes qui ont l'air de soldats en partance pour la guerre ; autour, des grands immeubles abritant les services publics se dressent aussi haut que des tombeaux royaux. Des maisons traditionnelles mandchoues en briques noires surmontées d'une cheminée sont coincées entre ces bâtiments. Non loin de là, la gare fourmille de milliers de militaires, d'ouvriers et de petits commerçants qui vont et viennent à pas pressés ; au milieu de cette cacophonie, les Chinois transportant des bagages dans leurs charrettes animent les rues jusqu'au coucher du soleil. Dire que tous ces gens mangent plus de deux repas par jour, vont aux toilettes et rigolent et bavardent entre eux. C'est fou. Est-ce parce que la plupart ne portent pas d'uniforme qu'ils sont complètement insensibles à l'abcès de la tragédie, qui suppure et répand sa puanteur juste sous leur nez ?

Yamada Otozô, dix-neuvième commandant de l'armée du Guandong[1].

Voilà mon nom et mon titre officiels. Mais je n'aime pas ce titre pompeux. Je suis le chef de ce gigantesque empire, le seigneur du *tenshu*, du donjon du château, qui cache sa peur et ses cris de terreur au fond de lui. Je suis également un fervent amateur de bonne chère et un critique d'art. J'adore me balader dans les rues bordées de restaurants réputés, loin du bâtiment du QG et de son odeur de ciment, même si la Mandchourie n'est pas vraiment renommée pour la qualité de sa cuisine. Sans ce plaisir, j'aurais rendu

1. L'armée du Guandong est une garnison de l'armée impériale japonaise créée en 1906 et dissoute en 1945, dont le quartier général se trouvait à Xinjing. *(N.D.T.)*

mon titre depuis longtemps en prétextant une quelconque maladie.

Je préfère qu'on m'appelle Mori, le prénom de mon enfance, plutôt qu'Otozô, qui laisse une impression sévère. L'exigence de mon père a fini par me forcer à choisir Otozô, mais j'aime mieux le sens du mot *mori*. A Kyushu, il veut dire « abondant » ; à Kumamoto, il renvoie au mot « forêt ». Il ne se passe jamais rien en forêt car la vie et la mort s'évaporent entre les larges frondaisons des arbres. Très sincèrement, je ne suis pas fait pour la guerre. A la fin de mes études dans un lycée public, mon rêve était de devenir instituteur ; je voulais me faire construire un pavillon rustique de style *sukiya-zukuri*[1] dans une banlieue et, assis dos à un cerisier, décrire ainsi un jour dénudé et pâle de printemps : *Un pétale de fleur tombe, tiens, il rejaillit en papillon*[2].

Mon bureau se trouve au huitième étage, en plein milieu du QG. Quand je regarde Xinjing depuis cette pièce, j'ai l'impression qu'elle est à mes pieds, même si je n'aime pas cette expression. J'ai vu tellement de technocrates murmurer en contemplant une carte de la région accrochée au mur, sans avoir jamais posé un orteil sur le terrain : « Ça va être un jeu d'enfants, tout ça sera bientôt à nos pieds. » Ils sont aussi ridicules qu'Ito Hirobumi qui soufflait à l'empereur en se prosternant devant lui après sa conquête de la Corée : « Sire, la Corée est à vos pieds. » Ceux qui ne comptent que sur le pouvoir de leurs épaulettes – eux plus que n'importe qui – devraient savoir que l'orgueil appelle la mort. Je ne tiens pas à entendre le coup de fusil

1. Ce style d'architecture datant de l'époque Muromachi (1333-1568) cherchait à établir une harmonie entre maisons et jardins.

2. Haïku du moine-poète Arakida Moritake (1473-1549).

d'An Jung-geun[1], dont la balle a traversé la poitrine d'Ito. Vraiment pas.

Les officiers donnent au QG le surnom affectueux de « château ». Ce bâtiment, qui évoque le caractère chinois signifiant « grand », 大, ressemble beaucoup au château d'Osaka et il est presque une copie parfaite du *tenshu* de Kumamoto. L'architecte devait être un crétin originaire de l'une ou l'autre des villes voulant reproduire la gloire de l'époque Sengoku. C'est sans doute la raison pour laquelle, chaque fois que je contemple Xinjing blottie au pied de son château, un étrange sentiment de déjà-vu s'empare de moi. Ah, Kumamoto… Dès que j'entends le train s'ébranler et que je le vois cracher une colonne de fumée opaque, le mot Kumamoto s'échappe malgré moi de mes lèvres.

Lorsque j'ai, bien malgré moi, été nommé à ce poste, j'ai senti l'ombre de la mort, qui me tournait autour depuis l'enfance, s'approcher de moi et me donner des coups dans les côtes comme le méchant démon Kawataro. Les généraux susceptibles de participer à l'état-major impérial, jaloux de moi, ont vivement critiqué ma nomination. Pour eux, je n'étais qu'un officier fantoche, une marionnette. Ils n'avaient pas tort. J'ai bien été chargé d'une division pendant un temps mais je suis à l'origine un officier du corps administratif, ancien professeur d'école normale. Avant d'être enrôlé de force dans l'armée, j'étais un homme ordinaire qui enseignait la poésie et la littérature. Si on m'a rappelé alors que j'étais à la retraite depuis quatre ans, c'est vraisemblablement à cause de l'influence de mon grand-père maternel, un homme têtu, et aussi parce qu'un grand nombre d'officiers étaient vainement morts au combat.

1. Militant indépendantiste coréen. *(N.D.T.)*

Ces imbéciles de l'état-major de l'armée impériale ne sont bons qu'à gaspiller nos impôts ! Je m'étonne qu'ils ne se soient pas encore suicidés alors que la situation militaire est au plus mal. On aurait dû fusiller tous ces vieux moustachus le 26 février 1936[1]. Malheureusement, seuls les jeunes initiateurs du coup d'Etat y ont laissé la vie. Kanji[2] lui aussi aurait dû disparaître. Comme la guerre est ennuyeuse ! Ce n'est pas parce que les gens meurent et que les bâtiments sont détruits que les guerres sont tristes. Nous savions cela en nous lançant dans cette entreprise. Si les guerres sont tristes, c'est parce que les soldats ne peuvent pas déguster les graines de soja que leurs mères font griller à la poêle lors de la fête de Setsubun. Essayez de vous souvenir de vos mères jetant des graines de soja sur le seuil de votre porte en criant : *« Oni wa soto, fuku wa uchi ! »* (Dehors les démons ! Dedans le bonheur !)

Toc toc. Shigeo entre.

Il pousse la porte avant même que je lui aie répondu. Cela fait plusieurs fois que je songe à muter cet abruti dans la région reculée du Fengtian, qui grouille de bandits. Mais sa manière de me saluer poliment suffit amplement à pardonner son intrusion incongrue. Il est le seul à me demander : « Mon commandant, avez-vous bien dormi ? » ou « Il fait beau aujourd'hui, n'est-ce pas ? » A côté d'officiers incapables d'articuler autre chose que les sempiternels *« Hai ! »* ou *« Dotsugeki ! »* (En avant !), ses phrases

1. Le 26 février 1936, un groupe de 1 500 hommes menés par de jeunes officiers ont attaqué les hauts responsables du gouvernement japonais.

2. Ishiwara Kanji (1889-1949), officier d'état-major de l'armée du Guandong, a notamment orchestré la destruction d'une portion du chemin de fer de Mandchourie du Sud en 1931, un événement aujourd'hui connu sous le nom d'incident de Mukden.

débordent d'humanité. Mais il a un vrai défaut : il est nul en tir.

— Qu'est-ce qu'il y a encore ? dis-je en lui faisant un signe du menton pour qu'il abandonne son garde-à-vous avant de me rasseoir.

— J'ai un rapport urgent à vous faire. De la part de Hoshino Naoki, le chef de la gendarmerie…

— Attends. Laisse-moi respirer, Shigeo, dis-je en levant une main.

— Pardon ! Que voulez-vous…

Shigeo se tait, ses yeux roulent comme ceux d'une pieuvre coincée dans un filet.

— Tu es trop impatient. J'étais en train de me remémorer des souvenirs précieux de mon enfance. Tu as violé mon intimité, tu mériterais d'être immédiatement fusillé. Mais comme tu m'as préparé une délicieuse bouillie aux germes de soja hier soir, je vais fermer les yeux pour cette fois. Seule la situation du Japon, qui menace d'être bombardé, est véritablement urgente. Tout le reste peut attendre le temps d'une cigarette.

Je deviens bavard.

— A vos ordres, répond le sergent en frappant le sol du talon.

— A ton avis, quelle va être l'issue de cette guerre ?

— La situation n'est pas optimale mais notre armée va unir ses forces autour de Sa Majesté l'empereur. Nous sommes prêts à donner nos vies…

Cet abruti me récite le discours en usage au sein de l'état-major.

— Pas de ça avec moi ! Dis-moi ce que tu penses vraiment. Toi et moi, qu'est-ce qu'on va devenir ? Et le QG ? Et l'armée du Guandong et son million d'hommes ?

Shigeo frotte son menton imberbe.

— Euh… Eh bien…

C'est un jeune homme de vingt-sept ans, grand et maigre, au teint de lait, originaire d'Hokkaido. Il est actuellement sergent ; si la guerre continue, il sera probablement promu sergent-major et devra tuer le temps en s'occupant du ravitaillement des troupes. Né à Wakkanai, à l'extrême nord de son île, c'est un vrai campagnard et un très mauvais militaire : il était toujours le dernier de sa classe dans son école de sous-officiers. Quand il avait douze ans, sa famille est venue s'installer en Mandchourie ; comme il a travaillé dans des magasins chinois, il parle couramment cette langue. Sans cette compétence, il serait un individu quelconque tout juste bon à vider les poulets dans une cantine militaire. Je dois tout de même admettre qu'il est très doué dans la préparation des en-cas nocturnes, la cantine des officiers étant fermée la nuit.

A cause de la guerre, son talent de cuisinier risque d'être gâché.

— Pour être tout à fait franc avec vous, mon commandant, j'aimerais qu'on lave l'humiliation subie lors de l'incident de Nomonhan[1]. Laissez donc le destin du Japon aux mains de son état-major et élaborez ici même une stratégie afin de…

Devinant mon humeur, cet abruti s'interrompt. Ce qu'il vient de dire n'est pas l'expression d'un cœur sincère. Il préférerait sans doute que la guerre se termine au plus vite pour pouvoir ouvrir un restaurant de spécialités d'Hokkaido, son rêve le plus cher.

1. Bataille ayant eu lieu de mai à septembre 1939 entre les forces soviéto-mongoles et le Japon à la frontière entre la Mongolie et le Mandchoukouo, où l'armée japonaise connut une défaite écrasante.

L'humiliation, a-t-il dit? Je lui lance un regard glacial.

— Je suis désolé, mon commandant. Je n'aurais jamais dû oser exprimer...

— C'est ce quc jc t'ai demandé, non?

— Je ne comprends rien à rien, je ne fais qu'exécuter les ordres.

— Sache quand même une chose: quand on croit qu'on va perdre la guerre, c'est ce qui arrive, dis-je en laissant échapper un petit rire.

— Pardon?

— En général, ce sont les abrutis qui donnent de l'importance aux victoires idéologiques.

J'espère que Shigeo a compris le sens de cette dernière phrase.

— La guerre sera finie dans dix mois. Nous n'avons qu'à tranquillement en attendre l'issue.

Shigeo ne dit rien. Je sors une cigarette d'un tiroir de mon bureau et cherche une allumette. Shigeo se précipite, en tire une de sa poche et l'allume. Nos mentons se rapprochent l'espace d'un instant; le sien, lissc, imberbe, a tout d'une œuvre d'art, moins par cette absence de barbe que par sa courbe semblable à celle des toits du *tenshu* qui s'envolent fièrement vers le ciel. Parfois, quand il est absorbé dans ses pensées, il lève le menton et le caresse en contemplant la gare en contrebas. Pas le moindre gramme de chair superflue n'alourdit la pointe de ce beau menton légèrement incliné. Dans ces moments-là, les rayons de soleil insolents qui pénètrent par la fenêtre s'arrêtent tous sur lui, comme s'ils n'osaient aller plus loin.

— Ton menton incarne ce qu'il y a de plus beau chez l'homme.

L'imbécile recule timidement.

— Que voulez-vous dire ?…

— Tous les hommes de ta famille sont imberbes ?

— Non, euh…

Shigeo redevient un jeune homme timide.

— Qu'est-ce que c'est chiant d'avoir de la barbe. Ces abrutis de hauts gradés passent un temps fou à en prendre soin. Je serais eux, je lirais *Le vent se lève.* Ils veulent tous imiter Tôgô Heihachirô[1]… Quels imbéciles !

— Mon commandant, permettez-moi de procéder au rapport pour lequel je suis là, intervient Shigeo en se raidissant sur ses jambes.

J'écrase ma cigarette dans un cendrier et hoche la tête.

— Tu n'as pas peur pour ta vie, à ce que je vois. Bon, dis-moi. Les gendarmes ont capturé un chef de brigands ? Ils ont ratiboisé un camp de bandits coréens ?

— Hier soir, la patrouille a arrêté deux individus louches.

— Deux individus louches ? Qu'ils se débrouillent tout seuls ! Pourquoi t'ont-ils demandé de me faire un rapport là-dessus alors que tu n'as déjà pas beaucoup dormi ?

— Ils les ont arrêtés alors qu'ils rôdaient autour du palais impérial à l'aube. Les deux hommes ne portaient aucune arme et n'ont pas résisté. Ils ont été passés à tabac et laissés à moitié morts ; l'un a avoué qu'il faisait partie d'une troupe de bandits, l'autre a nié jusqu'au bout, soutenant qu'il était cuisinier.

— Cuisinier ? Ça alors !

---

1. Amiral de la marine impériale japonaise (1848-1934), héros de la première guerre sino-japonaise et de la guerre russo-japonaise.

— Il se vante même de savoir préparer n'importe quel plat de la cuisine cantonaise.

— Quelles raisons aurait un cuisinier de rôder autour du palais impérial à l'aube ?

Puyi et son gouvernement sont installés dans un bâtiment à deux étages de style occidental, construit en urgence au moment de la fondation du Mandchoukouo. Chassé par la révolution chinoise de 1911 et désœuvré, Puyi est venu y prendre ses quartiers en 1934 à l'invitation de l'empire japonais. Une salle de réception et une résidence familiale lui sont réservées mais son palais impérial a nettement moins de classe que le bâtiment du QG. Puyi n'a qu'une chose à faire : tamponner les dossiers que son secrétaire lui apporte et réceptionner des personnalités venant de toute la Chine. S'il a un peu de temps, il joue au mahjong ou fait grincer son lit la nuit avec ses deux femmes. Accueillir des hauts responsables étrangers fait également partie de ses attributions. Les soirées à la mode occidentale ont habituellement lieu le samedi ou le dimanche. Il lui arrive parfois de sortir faire une tournée d'inspection, escorté par sa garde impériale, mais il ne s'éloigne jamais trop du palais pour des raisons de sécurité.

— Il espérait pouvoir travailler aux cuisines du palais impérial. Il voulait être là tôt le matin, mais dans sa précipitation, il a dû arriver à l'aube.

Pour devenir cuisinier du palais impérial, il faut passer un examen très ardu qui a lieu une fois par an. Un Chinois ignorant cette règle est soit naïf et ignare, soit nanti de mauvaises intentions. Il serait cuisinier, lui ? Il va le payer cher. Seule la pureté convient en cuisine. Le mariage de produits sans le moindre défaut et l'action combinée du feu, de l'eau et des mains d'un cuisinier les font renaître en une œuvre parfaite. Les plats les plus rares n'existent que pour l'instant où, quittant les mains du cuisinier, ils rencontrent la langue humaine. Le tout premier morceau de viande de bœuf que ma mère faisait soigneusement griller sur un brasero était toujours le plus exquis ; ce qui venait après n'était là que pour cette première bouchée.

J'envie Puyi sur un point : il règne sur les repas servis dans son palais. Sa cuisine est d'ailleurs bien mieux équipée que celle de la cantine des officiers au QG. Comme il accueille des diplomates étrangers, ses cuisiniers sont recrutés en Mandchourie, au Japon et dans différentes régions chinoises, et sont tous excellents. Dans cet espace d'une centaine de mètres carrés, cinq cuisiniers avec chacun sa spécialité préparent ainsi tous les jours des plats très variés. Il n'y a pas de place pour un soi-disant chef cantonais qui s'amuse à rôder autour du palais impérial à l'aube. Quoique, il est sans doute plus compétent que ces crétins de soldats cuisiniers de la cantine des officiers qui passent leur temps à jaser ou à se moquer de leurs supérieurs et ne méritent pas les trois repas qu'on leur donne par jour.

— Qu'est-ce que le lieutenant-général Naoki va faire d'eux ? Pourquoi t'a-t-il envoyé me faire un rapport sur quelque chose d'aussi insignifiant ?

— Il sait que vous vous plaignez souvent des repas qui vous sont servis et voudrait que vous goûtiez la cuisine de ce Cantonais. S'il ne vous intéresse pas, il le fera fusiller cet après-midi.

— Naoki a dit ça ? Ce type a la langue bien pendue, je n'aurais pas cru !

— Mon commandant, vous m'en avez souvent parlé à moi aussi, me répond Shigeo avec un sourire gêné.

— Même le dernier des mendiants sait que les plats de la cantine des officiers sont mauvais. Très bien, je vais l'interroger. Il prétend être cuisinier ? Je prendrais plus au sérieux les paroles d'un porc.

Je coiffe ma casquette et sors du bureau. Shigeo ferme la porte derrière moi et me suit. Leurs fusils Arisaka bien droits, les gardes se raidissent, parfaitement parallèles aux colonnes. Je déteste le froid du sol en ciment qui me transperce chaque fois que je traverse ce couloir. Il rend encore plus lugubre cet univers masculin déjà tellement privé de douceur. Je voulais installer une dactylo devant la porte de mon bureau mais on me l'a refusée à la dernière réunion des officiers. Quelle bande d'idiots, et bornés qui plus est ! Ils ne pensent qu'à courir et à obéir aux ordres, ils ne s'arrêtent jamais pour regarder derrière eux. Pendant que l'armée japonaise se bat contre les Américains dans l'océan Pacifique, l'Union soviétique est sortie de sa tanière, comme un ours après un long sommeil. Mais ces abrutis ne voient rien.

— Va le chercher et amène-le-moi au bureau du lieutenant-général.

J'ai horreur de la prison de la gendarmerie, il y flotte une odeur de sang épouvantable.

— A vos ordres.

Shigeo descend l'escalier en resserrant sa ceinture.

La gendarmerie occupe tout le premier étage de l'aile gauche du bâtiment du QG. Naoki aime qu'on le flatte ; il travaillait à l'origine dans les services de renseignements et il est devenu lieutenant-général comme ça, sans aucun haut fait à son actif. A l'époque, quitter l'armée japonaise régulière pour intégrer celle du Guandong était très strictement encadré, aussi le bruit a-t-il couru que c'était peut-être un espion. Le saura-t-on jamais ? La probabilité qu'il en soit un est assez élevée. Il est toujours très modeste et dissimule habilement sa vraie nature ; des types comme lui ont souvent beaucoup de choses à cacher. A mon avis, il n'est pas le seul à avoir été envoyé par le gouvernement japonais pour surveiller les agissements de l'armée du Guandong. Mais si je fais tout dans les règles, je n'ai aucune raison d'avoir peur.

— Bonjour, mon commandant, me dit Naoki en caressant sa moustache en guidon soigneusement entretenue.

Debout, tournant le dos au drapeau du pavillon naval, il est l'incarnation parfaite du soldat de l'armée impériale japonaise. Son uniforme est merveilleusement assorti à la terre jaune de la Mandchourie. Ses épaulettes rectangulaires à trois lignes rouges ressemblent aux grilles d'une prison couvertes de sang. Avec son troisième dan de kendô et ses épaules très musclées, il dégage à la fois douceur et détermination. Je me suis exclamé intérieurement : « Quelle femme ne rêverait pas d'être dans ses bras ! » en entendant dire qu'il était très populaire auprès des épouses des officiers. Il n'est pas beau à proprement parler mais son corps svelte et le regard doux qui brille sous sa casquette militaire ont le pouvoir de charmer, d'ensorceler même ; son physique n'est donc pas tout à fait adapté à son poste. Par chance, cela ne lui a jamais valu d'être l'objet de commérages. Tant mieux pour lui.

— Il y a tellement de gens qui prétendent être cuisiniers… Les vrais sont rares ! dis-je d'un air hautain, en m'asseyant dans le fauteuil que me présente Naoki.

Si Naoki est un espion, un télégramme va forcément être envoyé au Japon cette nuit, avec comme message : « Le commandant Otozô n'a aucune ambition particulière. Il tient des propos futiles et ne s'intéresse qu'à la nourriture, alors même qu'il est sous la menace directe d'un million de soldats soviétiques. Il ne fera jamais bouger son armée sans l'autorisation de l'état-major du Japon. Il est vraisemblablement loyal, mais est-il vraiment capable de faire face à l'armée soviétique ? Il serait nécessaire de le réévaluer. Il nous semble incompétent : il est distrait en réunion d'évaluation stratégique et passe ses journées enfermé dans son bureau à bavarder avec son aide de camp. Il faut le renvoyer au Japon, lui enlever ses galons et le rendre à la vie civile. »

— Mon commandant, voilà le prisonnier.

Shigeo fait son entrée avec un Chinois maigre et de petite taille, d'une trentaine d'années – j'ai du mal à lui donner un âge précis. Avec ses cheveux fournis, ses petits yeux, ses lèvres crevassées, son cou rouge et gonflé, son menton fuyant et ses poils du nez en désordre, il n'est vraiment pas beau à voir. Sa tête semble collée sur ses épaules, comme s'il était bossu, son dos est voûté comme un ballon et son ventre tombe.

Ce type serait cuisinier ? Pendant qu'un gendarme le fait agenouiller, j'observe attentivement ses mains. Elles sont épaisses comparées à son corps, des mains de travailleur. J'y vois des traces de coupures et des cicatrices de toutes les couleurs, comme si elles voulaient prouver son expérience professionnelle. Elles me plaisent, c'est toujours ça. S'il est réellement cuisinier, ces cicatrices sont le témoin des affrontements répétés avec le feu qu'appellent les grillades et les fritures. Il a tellement lavé d'aliments que ses mains ont macéré dans l'eau plus que la moyenne et il a dû s'entailler les paumes en ouvrant des palourdes vivantes. Plus un chef est compétent et plus il aime se battre avec des aliments toujours plus frais.

— Quel est ton nom ?

— Chen, Wang Chen, répond le Chinois sans lever la tête.

— Qu'est-ce qu'il y a comme Wang en Chine ! Tu es cantonais ?

Shigeo est très concentré, c'est lui qui traduit.

— Oui, j'ai grandi à Canton. Mon père est né dans le Guangxi, la région autonome des Yi. Je ne suis pas d'ethnie Han, le sang des Yi coule dans mes veines.

Pourquoi insiste-t-il là-dessus ? Peut-être qu'il cherche à prouver qu'il n'est pas un de ces bandits chinois qui sèment la pagaille dans la région ? Il n'a pas l'air très vif mais je sens qu'il cache quelque chose.

— Tu es cuisinier ?

— Oui. Mon père était le meilleur second de cuisine de l'hôtel de la Rivière des Perles à Canton. J'ai appris à cuisiner avec lui. Je vous en prie, épargnez-moi. Tout ce que je veux, c'est pouvoir cuisiner. Je voudrais travailler là où mon talent sera reconnu.

Il place le mot Canton chaque fois qu'il en a l'occasion. J'ai entendu dire que Canton était le paradis des gastronomes. Veut-il me rappeler ce détail pour que je le croie ?

— Que faisais-tu avant de venir ici ? Tu as une famille ? intervient brusquement Naoki.

Il veut que je m'arrête là et qu'on en finisse ?

— J'ai perdu mon travail à cause de la guerre et je suis monté en Mandchourie sans projet précis. Je pensais ouvrir un restaurant cantonais à Pékin mais j'ai été trahi… Je me suis installé à Xinjing il y a deux ans. Je travaille comme porteur à la gare mais je n'ai qu'une envie : être cuisinier. J'ai entendu dire qu'il y avait beaucoup de très bons cuisiniers au palais impérial. C'est pourquoi je traînais par là-bas, dans l'idée de laisser ma candidature au premier que je verrais sortir du palais. J'habite près du quartier Meizhiding avec ma vieille mère et ma femme.

Il s'explique tant bien que mal, ses phrases ponctuées de sifflements échappés d'entre ses dents.

— Qu'en pensez-vous ? Il a tout l'air d'un rouge, non ?

Naoki préférerait le voir fusillé.

— Si c'était le cas, il serait en meilleure condition physique. En plus, il a dit qu'il avait mère et épouse à la maison.

Il a peut être menti pour susciter notre pitié. Souhaitez-vous que j'enquête sur ses liens avec le parti communiste ?

Naoki me teste. Peut-être se moque-t-il de moi. Apparemment, le parti communiste est aussi horrible que le parti nationaliste. Ce sont des barbares qui s'amusent à baratiner les paysans ignorants avec des mensonges pervers et dont la philosophie insensée entache la beauté de leur culture. Ceux qui discréditent et dédaignent la beauté n'ont pas le droit de gouverner le monde. Pourvu que ce Chinois prosterné devant moi ne soit pas membre du parti communiste ! J'aimerais goûter les plats que ses mains rugueuses vont réussir à tirer du feu.

— Tu as beau prétendre que tu es le meilleur cuisinier de Canton, personne ne te croit. Seul un plat préparé de tes mains pourrait le prouver. Es-tu prêt à déployer tout ton talent et à mettre en jeu ta vie et celle de ta famille ?

— Oui, répond sans ciller le soi-disant cuisinier.

— Réfléchis bien. Si tu refuses ma proposition, seule ta vie sera sacrifiée ; si tu l'acceptes, les membres de ta famille risquent aussi la leur.

S'il consent à mettre en jeu la vie de ses proches, c'est qu'il a une raison valable.

— J'accepte, répond le Chinois après avoir hésité un moment.

— Voici mes conditions : tu n'auras droit qu'à un seul ingrédient ; tu ne devras pas utiliser d'huile ou de sauces ; tu n'auras pas accès à l'ensemble des ustensiles de cuisine ; tu ne pourras compter que sur un couteau et un feu ; tu n'auras qu'une minute pour finaliser le tout ; enfin, l'ingrédient doit venir de Xinjing.

Les petits yeux du Chinois se recroquevillent comme des crevettes.

— Nous sommes au beau milieu de l'hiver, comment trouver un ingrédient qui…

— Tu renonces ?

— Avec de telles conditions, comment réussir à libérer toutes les saveurs d'un…

— J'en suis conscient. A toi de donner le meilleur de toi-même.

Le Chinois baisse la tête.

— Marché conclu. Conduis-le à la cuisine de la cantine des officiers et aide-le à trouver son ingrédient. S'il échoue, il sera fusillé demain à minuit.

Alors que nous sortons du bâtiment de la gendarmerie, Shigeo me demande :

— Vous n'avez pas l'intention de le laisser en vie ?

— J'ai décidé de faire confiance à l'intuition de Naoki, fais-je en hochant la tête.

— Et s'il réussit ?

— Un tel plat n'existe pas. Il n'a le droit d'utiliser aucune sauce ; il ne peut se servir que d'un couteau ; il ne dispose que d'une minute ; il ne peut rien faire frire ou sauter sans huile ; il ne peut pas recourir à la cuisson à la vapeur. Il ne peut donc présenter que quelque chose de cru. Sans compter qu'il doit se soucier du goût et de la présentation. C'est une épreuve très difficile. Penses-tu vraiment que quiconque soit capable de préparer un tel plat ?

— Ça risque d'être intéressant.

— Un pari où l'on joue sa vie est toujours intéressant.

Le jeune homme de Hokkaido se contente de sourire sans rien dire.

3

J'aime marcher. Je vais où mes pieds me portent et interroge de temps en temps les gens que je croise: « Quel est cet endroit ? », « Il n'y aurait pas une station télégraphique dans le coin ? », « Où est la gare ? », « Où est la route qui mène à Pyongyang ? », « Le restaurant Dongmyeong est, semble-t-il, très connu, en avez-vous entendu parler ? », « Connaissez-vous l'église soviétique de Kalun ? », « Avez-vous vu le bodhisattva exhumé du temple Jilesi ? Qu'en pensez-vous ? », « Les jours fériés, il paraît qu'on peut voir la voiture à cheval de l'empereur traverser lentement la place Datong en direction de la vieille ville... », « Devant la gare, certains mendiants parlent trois langues », « Pourquoi la troupe Yewonja[1], qui a quitté Pyongyang il y a deux mois, n'est-elle pas encore arrivée ? ».

Tout est opaque autour de moi, on dirait que les environs sont plongés dans l'eau. Les jours où le vent souffle du sable, je voyage en imagination : un doux vent printanier m'envahit les narines, des boutons de fleurs semblables à de petites mains d'enfant sur le point d'éclore sous la brise, les vies blotties dans ces fleurs, le mouvement de ces vies, la paix que recèle ce

1. Troupe de théâtre fondée à Pyongyang en 1935 et pratiquant le *simpa*, un genre dramatique d'origine japonaise, populaire en Corée entre 1910 et 1940.

mouvement, l'enthousiasme dont regorge cette paix, ma mère me tournant le dos et sortant par le portail, un sac à la main – je préfère ça que le bruit de sabots des gendarmes à cheval – qui va bientôt déborder d'armoises, leur douceur partant à l'assaut de mes sens, mon grand-frère assis dans la cour qui me lit un livre de sa voix tout juste muée, le bruit que fait l'ombre d'un cognassier derrière le mur d'enceinte alors que l'après-midi progresse, le bâillement successif des ombres, les enfants, accroupis au milieu, qui jouent avec des briques, une journée qui se couche de l'autre côté de l'après-midi où les enfants l'ont fait basculer.

Ce matin, on m'a donné deux fleurs de thé blanches fraîchement cueillies, que j'ai soigneusement enveloppées dans du papier. Je pars rendre visite au Bouddha de l'enfer. Pour arriver à la grand-route depuis chez moi, il faut passer par le quartier Meizhiding. Tu sais, la ruelle de derrière compte la plupart des maisons closes de Xinjing. Par temps maussade ou quand la nuit tombe, on peut voir des silhouettes vêtues de blanc passer de chambre en chambre dans ces masures crasseuses serrées les unes contre les autres. Curieuse, je jette des coups d'œil furtifs à travers les trous et les portails entrouverts : des filles entre dix-sept et vingt ans au visage très maquillé, le sourire béat, flirtent avec des hommes en costume occidental. La nuit venue, à chaque nouveau groupe de clients, des chants populaires coréens comme *Doraji taryeong* ou *Yangsando taryeong* résonnent. Vers minuit, ils sont remplacés par des bruits de vomissements, des cris de jouissance bestiaux, le fracas de bouteilles brisées et le claquement de gifles[1].

1. Extrait d'un article concernant le quartier de Meizhiding, paru dans le *Manseon ilbo*, un journal subventionné par le gouvernement du Japon et édité en coréen en Mandchourie vers la fin de l'occupation.

Environ dix mille Coréens seraient venus s'installer à Xinjing. C'est très peu par rapport à la population japonaise ou mandchoue. Ils vivent en petites communautés dans les quartiers de Meizhiding, Chaoritong, Kuanchengzi et Balibao, et s'accrochent à la vie comme des sangsues. Les gens comme mon grand-frère, très minoritaires, font des courbettes devant les Japonais toute la journée mais, à la nuit tombée, sortent leur pistolet Nambu pour le graisser, le regard brillant. La plupart des Coréens connaissent une misère si crasse qu'une seule chose les occupe, trouver de quoi manger. Ils doivent se battre chaque jour contre leur sentiment d'impuissance. Je ne sais pas s'ils ont encore l'espoir qu'ils avaient en quittant la Corée ; si c'est le cas, peut-être a-t-on raison de dire que l'espoir fait vivre. Quand le vent chargé de sable retombera, verrons-nous encore un des chemins que j'avais, non, que nous avions cru trouver en partant ?

— Chen n'est toujours pas rentré, ai-je lancé hier soir à mon frère qui tirait sur sa cigarette.

Dans son coin de ruelle jouxtant une décharge puante, on aurait dit un rat.

— Il ne rentrera pas mais il n'est pas mort, ne t'inquiète pas, m'a-t-il répondu d'un ton dépourvu du moindre sentiment.

— Et je fais quoi, moi ?

— Vu qu'il s'est fait arrêter et embarquer au QG, les gendarmes vont bientôt débouler chez toi. N'essaie pas de te cacher : garde la tête haute et montre ta beauté à ces enfoirés. Quand ils t'auront emmenée avec eux, fais tout ce que tu peux pour te rapprocher des officiers, surtout de ceux qui s'occupent des services secrets.

— Tu veux qu'ils m'emmènent au QG ?

— Oui. Une fois à l'intérieur, arrange toi pour y rester. Le ménage, la plonge… Au bout de deux mois, quelqu'un viendra te prêter main-forte, on a un espion sur place. Tiens-moi au courant des moindres faits et gestes de nos ennemis. Et surtout, concentre-toi sur le commandant Otozô. Le jour où on l'éliminera, l'armée du Guandong s'effondrera. Observe ce qu'il aime manger, ses endroits préférés. Chaque fois qu'il sort, c'est vêtu en civil, dans un camion à l'usage des soldats. Tout ce qûe tu as à faire, c'est me tenir au courant des lieux qu'il fréquente. Je n'aurai plus qu'à ficher un morceau de plomb dans son front avec ce pistolet. Je serai le nouveau An Jung-geun ou le nouveau Yoon Bong-gil.

Tout ce que j'ai à faire est de le tenir au courant des lieux que ce type fréquente ? Mon frère se comporte toujours comme ça, tu sais bien. « Viens m'aider en Mandchourie, tu n'auras pas grand-chose à faire. » Il a dit la même chose quand il m'a fait revenir à Chongjin alors que je n'avais pas encore terminé mes études secondaires : « Occupe-toi un peu de notre père avant qu'il meure, ce n'est vraiment pas grand-chose. » Je sais très bien que mon frère continuera à me donner des ordres tant que je serai vivante. Je suis comme sa prisonnière, son esclave qu'il a marquée au fer rouge. Depuis ce jour de mes quinze ans où il a défloré le secret de mon corps, je m'efforce de me libérer de son emprise, mais je finis toujours par revenir à la case départ. Sait-il seulement que ce n'était pas à Chongjin mais au souvenir que j'avais de lui que je voulais échapper ?

J'aurais dû lui demander : « A quoi ça mène de tuer des gens ? » Il se serait sûrement fâché et m'aurait répondu en hurlant: «Toutes ces bonnes femmes mèneront la famille à sa perte!» C'était le refrain que mon père passait son temps à seriner. Même à la mort de mon amie Suk-yeong, mon frère est resté impassible. Plus que ça, il l'a insultée de peur que sa mort ne soit un obstacle à son avenir. Et pourtant, une vie avait disparu à cause de lui. Tu sais que Suk-yeong ne s'est pas suicidée; c'est l'indifférence de mon frère qui l'a tuée. Un révolutionnaire pourri qui pue la mort: voilà ce qu'il est. Peut-être que je devrais les supprimer, lui et ses semblables, plutôt que des Japonais dont je ne connais ni le visage ni le nom. Si j'arrive à vivre avec des types comme mon frère dans ce monde bouillonnant de désirs, parviendrai-je à garder un cœur aussi paisible que celui du Bouddha en nirvana? C'est la question que j'aimerais poser aujourd'hui au Bouddha du pavillon principal du temple Jilesi. J'espère qu'il pourra me répondre.

C'est la même raison qui me pousse à demander à mon frère s'il pense encore à Chongjin avec nostalgie. J'aimerais tellement que tu comprennes le sens de cette question, mon frère, j'aimerais tellement savoir si tu es capable d'aimer ce que tu y as vécu. Au-delà de l'époque et des gens que tu as connus, es-tu aujourd'hui capable d'aimer le froid mortel qui s'installe dès septembre, la faim insupportable du mois de mai quand il faut tenir toute la journée avec seulement quelques patates, la cueillette des champignons en plein hiver, sous une épaisse couche de neige, les bêlements des chevreaux tremblant de froid s'éparpillant dans la montagne, et jusqu'aux coups violents dispensés à tort et à travers par les chefs de famille à cause de la misère…

Moi, j'ai essayé d'oublier Chongjin. Quand je suis partie, je n'étais pas comme toi, je n'avais pas une grande cause à défendre. Je voulais juste me libérer au plus vite de cet endroit, c'est tout. Je me sentais capable d'aimer n'importe quel endroit tant que ce n'était pas Chongjin. C'est sans doute pour ça que ta lettre, que j'ai reçue seulement au bout de deux ans, m'a tellement réjouie. Ce n'était pas parce qu'elle m'apprenait que tu étais en vie, mais parce que tu me demandais de venir en Mandchourie. Bien sûr, je n'étais qu'un pion pour la révolution que toi et tes amis prépariez en secret, mais je n'avais pas la tête à réfléchir à ça, et pas le temps non plus. J'ai donc pris mes chaussures en caoutchouc, prête à laisser seul à Chongjin notre père malade et mourant.

Je ne sais pas ce que tu en penses mais j'aime de plus en plus la Mandchourie. La langueur de ce lieu, les rues sillonnant la terre rouge, le rouge de la rouille sur les rails, le sang rouge des animaux renversés par des voitures, les *qipao* rouges des Mandchoues qu'on croise dans les rues. J'aimerais y mêler mon souffle et mon sang bleus. J'aime la couleur rouge, mais pas comme tu l'entends, toi le combattant. Le rouge, la plus vive des couleurs, est symbole de vie pour moi. Si tu ne me crois pas, sors le petit couteau que tu as toujours contre ta poitrine et entaille-toi le poignet. Une vie bouillonnante, qui n'appartient qu'à toi, la preuve vivante que tu es en vie va rougir ta manche. Cette ville régie par un empereur fantoche a justement besoin de ce sang.

Au carrefour de la station télégraphique, je pique vers l'ouest et gravis la petite colline de Yulou. J'emprunte ensuite un chemin bordé de pins touffus et, après une demi-heure, j'arrive au temple Jilesi. Ce temple a été construit à l'époque Goguryeo et incendié deux fois à cause de la guerre ; après avoir fondé le Mandchoukouo, les impérialistes l'ont restauré dans le style de Joseon. Au cours des travaux, beaucoup de trésors enterrés auraient été découverts, faisant sensation dans la presse d'alors. C'est probablement pour ça qu'on a fait appel aux meilleurs charpentiers de toute la Corée. L'agencement des bâtiments, le pavillon principal, le style architectural et même les toilettes, les cuisines, le pavillon résidentiel des moines, la cloche et les poissons en bois suspendus sous le toit ressemblent comme deux gouttes d'eau à ceux qu'on peut voir en Corée.

La seule singularité de ce temple est qu'on accède au pavillon principal en descendant un escalier. En effet, il est situé au fond d'une cuvette. Heureusement, un chemin relie l'arrière du temple au centre-ville pour en faciliter l'accès. Contrairement à la plupart des temples situés en hauteur, distants du sol de cent huit (ou tout autre nombre symbolique) marches, dans celui-ci, trente-six marches très larges descendent vers le Bouddha. Le chiffre trente-six correspond à l'âge de l'empereur Hirohito l'année où le temple a été rénové. Le tailleur de pierre coréen responsable de l'escalier avait enfoui sous une marche une feuille portant le caractère 死, qui signifie « mort », mais il s'est fait surprendre et on lui a tranché la main. Cette anecdote est connue de tous les habitants de Xinjing. Il était dans un premier temps question de le décapiter, mais l'acte ayant eu lieu à proximité du Bouddha, il n'a perdu qu'une main.

C'est la troisième fois que je viens. A chaque pas, j'ai l'impression de me rapprocher des bas-fonds de l'enfer, comme si j'étais en train de tomber dans un précipice dont la seule issue serait la mort – c'est d'ailleurs la vérité, j'en suis persuadée. Que peut bien être devenu le tailleur de pierre ? Quelle a été la tristesse de sa famille en accueillant un fils ou un mari manchot ? Tu sais, les combattants œuvrant pour l'indépendance de la Corée ont au moins leur nom quelque part. Lui n'a même pas cet honneur. Aujourd'hui, il n'y a presque plus personne qui lutte contre les impérialistes japonais ; rien qu'à Xinjing, ça se voit. Quelques intellectuels coréens motivés par cette grande cause débarquent de temps en temps, mais ils ne font rien d'autre que traîner autour du journal coréen *Manseon Ilbo*, du service d'arpentage japonais ou des quartiers russes pour trouver du travail. Ils doivent se sentir bien las.

Une fois arrivée au bas de l'escalier, je traverse le pavillon des dieux de la montagne et rejoins le bâtiment principal, recroquevillé comme une tortue, et la résidence des moines. Le jardin croule sous les mauvaises herbes que les moines laissent intactes. Curieusement, le Bouddha principal du temple est un Maitreya assis en méditation. Ici, tout est flambant neuf ; seule cette statue dégage encore une odeur de moisi. Elle aurait été exhumée pendant les travaux de reconstruction menés sur le terrain du précédent pavillon, mais rien n'est moins sûr. Tu sais, ce genre d'informations est forcément déformé par le bouche-à-oreille. Pour ma part, je n'aime pas ce Bouddha. Cette statue en pierre a une teinte sombre qu'elle doit sans doute à son long séjour sous terre ; sa couleur et son bout d'oreille cassé me font peur. Elle a été recouverte d'une épaisse couche d'or, dont une partie a coulé entre ses sourcils, ce qui lui fait comme des larmes. Un Bouddha qui pleure, tu imagines ? Un Bouddha triste peut-il sauver le monde ?

J'avance en suivant le parfum de l'encens. Je veux me prosterner devant cette statue en méditation, les yeux mi-clos, le menton reposant sur son index, submergée de tristesse, et la prier d'épargner le pauvre Chen. Je ne tiens pas pour autant à ce que son plan téméraire aboutisse, car si c'est le cas, une autre vie devra disparaître. Je prierai juste pour qu'il soit épargné. Serait-il possible que personne ne meure et que tout le monde soit heureux? J'aimerais prier pour un monde où un tailleur de pierre n'aurait plus à cacher une menace de mort sous la marche d'un escalier, où l'on n'aurait pas à lui couper la main, un monde où il serait inutile de s'introduire dans le palais impérial pour empoisonner un empereur fantoche ou tuer des officiers japonais à coups de revolver.

Un jeune homme adossé à la balustrade de l'escalier regarde dans ma direction. Il attend sans doute son maître, qui doit être dans le pavillon. Je ne sais pas pourquoi mais au moment de déposer mes chaussures devant les portes, j'ai un mauvais pressentiment. Ce jeune en est-il la cause? A l'intérieur, un homme d'âge moyen assis sous le mandala dessiné au plafond contemple le Bouddha sans me jeter un regard. Il dégage une aura à la fois lointaine et solennelle. J'ai du mal à savoir s'il est japonais ou chinois. Son visage long comme un traversin et son début de moustache lui donnent un air gentil. Vu sa tenue, ce doit être un secrétaire d'administration ou le propriétaire d'une épicerie en bord de route. Sa physionomie lui donne l'air de quelqu'un qui n'a jamais crié de toute sa vie. Il fixe le Bouddha comme s'il voulait le transpercer. Ce n'est pas de la gravité, c'est de la ferveur, on dirait qu'il admire une femme dont il serait secrètement amoureux.

Pour ne pas le déranger, j'avance doucement, sur la pointe de mes pieds revêtus de *beoseon*[1]. Je me prosterne trois fois devant le Bouddha et pose sur l'autel mes deux fleurs de thé jusque-là cachées sous ma veste avant de m'éloigner à reculons. Je prie pour que ces fleurs de thé illuminent d'une lumière blanche le temple Jilesi, remontent les trente-six marches de l'escalier imprégnées de l'égoïsme de l'empereur japonais et s'envolent pour éclairer le cœur des impérialistes perdus dans leurs rêves de conquête. J'ai offert ces fleurs au Bouddha dans le même esprit que la pauvre Nanda, qui a jadis allumé une lampe sur le chemin du Bouddha. Mais la statue aux reflets rouge sang que j'ai sous les yeux continue de méditer, son index sous le menton, complètement indifférente à ce qui se passe dans le monde. Comme d'habitude, ce Bouddha ne m'accorde pas le moindre regard. Assis sur son piédestal, l'image même de l'éternité, il ne fait que méditer, méditer, alors que le monde court à sa perte et que l'enfer ouvre sa gueule béante. J'ai l'impression qu'il s'en fout complètement.

Alors que je passe à côté de l'homme pour aller remettre mes chaussures, il s'écrie soudain, brisant le silence : « *Ooooh, sugoi* (superbe) ! » Peu de temps après, il murmure de nouveau, toujours en japonais : « *Samui no ni hiroi hanatte, sugoine* (Des fleurs blanches par un tel froid, c'est vraiment superbe). »

Puis, plus rien. Il ne jette aucun regard dans ma direction.

Je quitte précipitamment le pavillon. Mes mains et mes pieds tremblent comme des feuilles, j'ignore quelle force m'a poussée dehors. Je me suis sentie

1. Chaussettes à bout pointu portées avec le *hanbok*, le costume traditionnel coréen. *(N.D.T.)*

offensée par le comportement de cet homme. Prendre la parole dans une pièce sacrée, et ce dans sa langue maternelle… voilà quel genre de pouvoir il détient. Militaires ou pas, ce sont bien les Japonais qui sont désormais les maîtres de la Mandchourie. J'ai du mal à l'admettre. Peut-être que ce Bouddha sombre n'aurait pas dû sortir de terre : depuis les profondeurs de sa méditation, il a tout à coup représenté pour moi la vanité, l'hypocrisie et l'impudence des impérialistes. Mon après-midi est gâché : je me sens comme le tailleur de pierre en son temps même si les circonstances sont différentes, j'ai envie de couper la main qui a offert les fleurs de thé. Le Bouddha n'est qu'un Bouddha ; c'est ce que je finis par comprendre après avoir gravi les trente-six marches et refait surface.

Je suis complètement perdue.

4

Le billot rond ressemble à une arène accueillant des combats de coqs.

A force de marteler le billot avec ténacité, la lame du couteau appelle l'odeur du sang. Puissante, elle s'abat sur un rythme lent et sec, comme un moine du temple Jilesi jouant de son tambour le soir, *tac touc touctouc toudoudoudouc*; ou *toum toum toum toum toum toum toum toum toum*, comme une femme foulant des draps; *tatac tatac tatac tatac*, comme un vieillard tournant sa meule à un rythme régulier; *ploc ploc plicplicploc ploc ploc*, comme des gouttes de pluie tombant des tuiles d'un vieux temple. D'un seul coup, la lame devient féroce, semble décidée à couper la tête des vivants; dominant le billot, elle frappe fort et juste, pour séparer les fibres coriaces des os du cou, trancher les jeunes pousses tendres de navet et les racines de lotus ou encore couper les solides tendons de la viande de bœuf.

Même après la mort de mon père, couteau et billot ont continué à me poursuivre, aussi inflexibles que des roseaux. Un matin d'octobre 1938, alors que les impérialistes japonais débarquaient en masse dans la baie de Daya, je suivais des cours de cuisine occidentale dans une école professionnelle fondée par un missionnaire espagnol; le cursus devait durer vingt mois. Ce jour-là, mes vingt condisciples et moi devions préparer un plat espagnol, un *rabo de toro* – queues de taureau cuites à feu moyen accompagnées de sauce tomate et de pommes de terre – dans la cuisine en briques rouges. Alors que tous les groupes s'apprêtaient à verser les morceaux de queues dans leur marmite, Wu, qui était en retard, déboula en trombe :

— Les *riben guizi*[1] sont là ! Ils ont débarqué par milliers !

Le chaos s'empara aussitôt de la salle. Certains se mirent à rassembler leurs affaires, à deux doigts de fondre en larmes, tandis que d'autres, affalés par terre, ahanaient sous le choc, le corps trempé de sueur froide.

— Silence ! s'écria Ying Qi, notre jeune professeur de trente-cinq ans, en abattant violemment le plat de son couteau sur le côté de son bureau et en nous fusillant durement du regard, comme si nous étions des moins-que-rien. Je n'ai pas terminé mon cours. Que ceux qui ont peur aillent se cacher sous les jupes de leur mère, je continue avec ceux qui restent.

Le vacarme s'éteignit aussitôt. Les élèves revinrent à leur plan de travail et, le dos droit, reprirent leur tâche. Le *rabo de toro* que nous préparions ce jour-là était loin d'être un plat extraordinaire. Je n'aimais pas trop la sauce tomate sucrée et n'aurais pas osé présenter ce mets à des clients. Mais le calme et le courage dont notre professeur avait fait preuve touchèrent profondément plusieurs élèves. Plus tard, quand je le retrouvai à la tête d'une milice civile établie dans la montagne, je compris enfin qui il était vraiment.

1. Littéralement, « diables japonais » en chinois. Appellation très largement répandue à l'époque.

D'après Wu, avec qui je m'étais aventuré jusque-là, Ying Qi avait étudié en France avant de revenir dans sa région natale pour promouvoir la cause socialiste ; c'était un révolutionnaire.

— La sincérité du cuisinier est plus importante que le plat qu'il prépare. Toute chose croît puis décline, l'important est de garder son équilibre. Ce n'est qu'à cette condition que la menace des impérialistes se dissipera. Je veux que vous réfléchissiez en rentrant chez vous à la véritable utilité du couteau avec lequel vous découpiez les queues de taureau. Nous apprendrons à faire du *rabo de toro* à la fin de la guerre !

Quelques jours plus tard, plusieurs camarades et moi nous rendîmes chez notre professeur avec des *jiandao* – ces couteaux à la lame effilée servant à désosser le poulet – cachés sous nos vestes. Après cette rencontre, nous prîmes l'habitude de nous réunir tous les dix jours dans une vallée au cœur des monts Baiyun, au nord-est de Canton, pour y lire des livres taoïstes, en discuter ensemble et redonner vie à d'anciennes recettes. C'est au cours de ces réunions que j'ai entendu parler pour la première fois de Marx ; c'était dans l'ordre des choses. Dès l'année suivante, notre professeur nous chargea d'une mission : il nous fallait noter la position des armées impérialistes stationnées à Canton et celle de leur campement, puis faire discrètement passer ces informations à l'armée rouge de Mao Zedong. Certains camarades qui ne partageaient pas nos idées rejoignirent l'Alliance révolutionnaire de Tchang Kaï-chek, et notre professeur ne les en empêcha pas. Chaque nuit, nous allumions des bougies dans notre grotte et échangions nos spécialités culinaires. Nous nous entraînions également au tir et apprenions le japonais.

— Ne restez plus cachés dans cette grotte : sortez vous battre ! Si vous êtes doué pour le tir, visez nos ennemis ; si vous vous débrouillez bien en japonais, traduisez ce qu'ils disent ; si vous êtes bon couturier, raccommodez leurs uniformes ; si vous êtes bon cuisinier, préparez-leur à manger. La révolution a besoin de tous les talents. Patientez un peu, le jour viendra où nous ferons naître le monde dont nous rêvons.

Les deux années précédant mon arrivée en Mandchourie, je travaillai comme apprenti cuisinier dans un restaurant de poissons à l'ouest de Canton. Tout ce que notre professeur nous disait faisait bouillonner notre sang. Il avait en lui quelque chose que mon père n'avait pas. Il trouvait la violence légitime et considérait comme un ennemi tout oppresseur quel qu'il soit. Il jugeait important d'accompagner ses paroles d'actes et préférait l'esprit communautaire aux tendances individualistes. Au cours de ces deux ans, certains de mes compagnons trouvèrent la mort, d'autres furent arrêtés par l'armée japonaise. Pour ma part, je mangeais et cuisinais assidûment. Le restaurant où je travaillais était souvent fréquenté par des officiers japonais. Mon patron était un vieillard cupide complètement insensible à la situation politique mais très gentil avec moi. Chaque nuit, je m'introduisais dans le restaurant plongé dans l'obscurité et recopiais les informations concernant les officiers consignées dans le livre de comptes. Tout en découpant mes navets et en fendant en deux mes poireaux, je gravais ainsi leurs noms sur la planche à découper et les incorporais sans qu'ils ne se doutent de rien aux ragoûts, tripes de bœuf et sang de cochon que je préparais.

Me voilà à nouveau à l'orée d'un terrible combat.

La planche à découper de la cuisine de la cantine des officiers, d'environ soixante centimètres de long, est taillée dans un bois grossier, on peut en trouver n'importe où de semblables. Les coins sont protégés par de minces plaques métalliques sur lesquelles sont gravés des chrysanthèmes. Le soldat qui m'accompagne me tend un couteau à sashimi à bout pointu ; je le soulève à hauteur de poitrine et respire calmement. Ce couteau mince et effilé que les Japonais appellent *yanagiba* sert à lever les filets de poissons crus. La rencontre entre couteau et ingrédient ne doit pas durer plus d'une minute ; le reste est l'affaire du destin, qui m'a épargné tant bien que mal ces vingt-huit dernières années. Tous les officiers et soldats travaillant en cuisine sont rassemblés autour de moi, comme si un spectacle extraordinaire allait avoir lieu, savourant d'avance le défi périlleux qui va bientôt se dérouler sur une planche à découper. J'aimerais que mon couteau s'attaque à leur cœur plutôt qu'à de la nourriture.

— Attends, le commandant n'est pas encore arrivé, me dit le jeune aide de camp.

J'inspire un grand coup. Je me sens toujours très modeste avant le duel entre couteau et ingrédient ; rares sont les moments où j'éprouve autant d'humilité. Dès que le jeu commence, mes cinq doigts tranchent le fil d'une vie encore remuante, la soumettent à l'épreuve du feu puis la recouvrent de sauce avant de la présenter avec soin dans un de ces plats Xiuwu[1] qui détestent le vide ; mon ambition prend alors fin. Si j'emprunte les mots de mon père, le cuisinier doit

1. Style de porcelaine datant de la dynastie des Song (Xe-XIIIe siècle).

se battre, au moins à ce moment-là, pour satisfaire sa propre ambition plutôt que le goût des autres. Au moment où le désir enthousiaste du cuisinier de maîtriser l'ingrédient avant de le confier aux forces du feu et son travail zélé rencontrent une langue humaine, alors sa mission se termine.

Vers mes sept ans, mon père me donna un couteau de cuisine. Sur la planche à découper, un coq vivant, pas encore déplumé, tremblait de toutes ses ailes, apeuré, la tête coincée sous la main de mon père. Une heure auparavant, il déambulait encore bruyamment dans la cour. Ma mère élevait une dizaine de poules derrière notre portail fermé. Ce coq était le seigneur de la basse-cour. Il avait trois ou quatre ans de plus que moi et aimait se pavaner orgueilleusement dans toute la maison. Au printemps de la même année, j'avais eu une dysenterie dont j'avais souffert pendant une quinzaine de jours. Déjà de santé fragile, j'avais désormais la diarrhée tous les jours. A force d'aller à l'hôpital, mon transit avait fini par se remettre, mais je ressemblais à un spectre. Ce tyran de basse-cour avait dû remarquer mon état maladif.

Il profita de l'absence de ma mère, partie préparer le déjeuner, pour m'attaquer. Le dos baigné par les rayons de soleil, il avança lentement vers moi. Ses yeux, étirés en une fine ligne, faisaient penser à ceux d'une vieille femme ou d'une horrible sorcière, son bec et ses griffes étaient aussi puissants que ceux d'un aigle. Il secoua fièrement sa crête rouge foncé comme s'il s'agissait d'une décoration et leva son bec courbé. A l'instant où nos regards se croisèrent, il fondit sur mes yeux. Ce jour-là, j'ai eu la pire frayeur de ma vie.

— Tu dois le vouloir. Aie confiance en ce couteau que tu tiens.

Mon père tenait à ce que je porte le coup fatal à ce coq qui avait attaqué mes yeux.

— Ton geste réjouira ton palais et ta famille. Allez, dépêche-toi de frapper les yeux grands ouverts de ce coq. Ensuite, décapite-le ! On le fera mijoter pour savourer le goût de sa viande, celui d'une bête qui a cherché à t'attaquer. C'est important que tu saches ça. Ce n'est pas parce que deux viandes de chien viennent d'un même restaurant qu'elles ont le même goût. Pour un fin gourmet, la viande d'un chien qui a mordu un humain est la meilleure. Peut-être vas-tu enfin connaître la joie que la nourriture peut procurer à ton palais.

Si j'ai fini par abattre le couteau sur le cou du coq, cela a été pour couper court au discours assommant de mon père. A partir de là, il m'a appris un nouveau plat tous les week-ends. J'ai passé deux ans à apprendre la cuisine traditionnelle des Yi. Pour mes dix ans, il a décidé de m'enseigner la cuisine cantonaise. Je devais maîtriser une centaine de recettes le plus rapidement possible pour me libérer de l'ennuyeuse planche à découper de mon père. Bizarrement, ce fut le billot de Mudan qui me tira de là. Si mon père n'était pas mort aussi brusquement, je serais encore en train de subir ses leçons de cuisine.

— *Ooooh ! Matsutake, maji ookiyassuda !* (Oh ! Un énorme champignon de pin !)

Aussitôt, tous les cuisiniers s'immobilisent. Un homme au visage long et aux moustaches peu fournies apparaît ; ses épaulettes jaunes brillent.

Il s'assoit dans le fauteuil prévu pour lui sans quitter des yeux le champignon posé sur ma planche à découper.

— Un champignon de pin en plein hiver… On n'en trouve pas en ville, non ?

L'ombre de la défaite traverse fugitivement ses yeux. Je serai le vainqueur de ce combat. Au moins pour ce qui est de l'ingrédient choisi, je domine clairement mon adversaire.

— Je me le suis procuré auprès des cuisines du temple Jilesi.

L'aide de camp traduit mes propos.

— Jilesi ? Tu l'as pris dans les offrandes au Bouddha ? Allez, je te regarde !

La voix du commandant rend un son bref et officiel. Je regarde mon champignon les yeux dans les yeux. Tout aliment, qu'il soit vivant ou mort, légume ou produit de la mer, a des yeux. Mon père disait souvent que pour bien cuisiner, il fallait maîtriser les yeux du produit. Dominer le produit est le seul moyen de lui donner goût et parfum. C'est uniquement quand il s'abandonne entièrement au couteau qui le hache qu'il peut accepter le feu, l'huile, les sauces et les mains du cuisinier, puis renaître sous une nouvelle forme. Comme il avait raison ! Un plat est bien cette création ultime qui naît du mélange entre différents ingrédients. En comprenant cette vérité, bien après la mort de mon père, j'ai enfin saisi le sens de la phrase qu'il ne cessait de répéter : « Cuisiner, c'est donner naissance. »

— Ce type est complètement fou ! s'écrie un des officiers, stupéfait.

Je continue de regarder mon champignon. Dix secondes sont passées. Je reste impassible. Le couteau dans la main droite, je continue à fixer mon ingrédient. Je cherche ses yeux, mais comment pourraient-ils le savoir ?

Au bout de douze secondes, je soulève le couvercle du poêle qui se trouve à côté de ma planche. J'ai demandé qu'on me prépare un feu avec du bois de chêne. Une flamme tire sa langue rouge. Au même moment, le champignon entre l'index et le pouce gauches, je brandis mon couteau *yanagiba* perpendiculairement au pied du champignon et, avec la pointe, le perce de légers coups. Les champignons de pin ont plusieurs yeux. J'entaille sa chair sur toute la surface du pied, en faisant attention à ne pas abîmer le chapeau. Je contrôle soigneusement la force de mon poignet pour que la pointe du couteau s'enfonce précisément au cœur du champignon.

— Déjà vingt secondes de passées, dit l'aide de camp d'une voix tendue.

Plusieurs dizaines de regards sont rivés sur ma lame. Le silence accumulé sur toutes ces langues se raidit.

— Vingt-deux secondes…

Avant que l'aide de camp ait terminé sa phrase, j'arrête mon geste, remue les braises avec une pince et enfouis le champignon dessous. « Ha ! » Tous retiennent leur souffle. Le feu avale sa proie, qu'il va bientôt devoir recracher.

— Ce jeunot prend son champignon pour une patate douce ou quoi ? s'exclame le chef cantinier qui m'a aidé à trouver mon ingrédient.

Sa voix est chargée d'une pitié et d'une inquiétude qu'on ne peut sentir que chez un cuisinier. Il parvient à lire ce que mon corps essaie de dissimuler. Il me plaint. Le champignon a trente secondes pour cuire. Lier en profondeur l'ingrédient et le feu est le seul moyen pour que le champignon soit cuit uniformément et en très peu de temps. Mais cette méthode possède un défaut de taille : la suie. L'ingrédient devient un horrible morceau de charbon.

Trente secondes après avoir enfoui le champignon dans la braise, je lève le couteau à hauteur de poitrine. Je m'imagine planter sa lame dans la chair cuite dès que je l'aurai sortie du feu. Il ne s'agit plus alors d'un combat avec l'ingrédient mais avec le feu. Le champignon doit conserver son goût et son arôme uniques, ainsi que la douceur de sa chair ; il ne doit rien perdre de ces qualités. Son parfum doit préserver son essence liée à la terre et repousser le feu. Le champignon de pin est l'ingrédient qui perd le moins facilement ses qualités essentielles après cuisson. Ce n'est qu'au moment où la lame de mon couteau se frayera une voie vers sa substance, juste là où il faut, que je pourrai transposer parfaitement son essence dans l'assiette.

— Cinquante-deux secondes...

Quand mes pinces sortent le champignon du feu, des cris de stupeur emplissent la cantine comme de la fumée. Un morceau de charbon. Quelle horreur ! Ah, c'est raté ! se lamentent certains soldats avant de quitter la salle. Ils doivent se dire que je vais être fusillé le soir même. C'était vraiment stupide d'enfouir le champignon dans les braises. Il aurait dû laisser à l'ingrédient le temps de se battre contre le feu et de gagner. Plutôt que de gaspiller une bonne dizaine de secondes au début, s'il l'avait coupé en deux et l'avait fait griller en veillant à le retourner régulièrement, il aurait peut-être eu une chance, si minime soit-elle. Quel imbécile, son ambition lui a porté malheur. Un orgueil démesuré n'est pas une bonne qualité pour un cuisinier.

— Cinquante-quatre secondes...

Il est temps que mon *yanagiba* agisse. Il ne fait qu'un avec mon corps. De la main gauche, je saisis le morceau de charbon brûlant. Le feu me lèche les doigts. Mes durillons l'affrontent en poussant des cris de douleur. Je nettoie la surface du champignon à grands gestes tempétueux, mais je suis calme en dedans. L'odeur de brûlé de mon pouce et de mon index me titille les narines. A mesure que j'enlève les couches charbonneuses, une chair blanche se dévoile timidement. On dirait les cuisses d'une femme qui vient de connaître les plaisirs de l'amour. Je frappe légèrement le champignon du dos de mon couteau et un parfum singulier, ensorcelant, se répand aussitôt. Ses couches extérieures ont brûlé mais son intérieur a été intégralement préservé. Il doit avoir un goût tendre et exquis, de ceux qui ne s'acquièrent qu'après une victoire sur soi-même. Je présente soigneusement le champignon de pin sur une assiette. Il dégage une senteur entêtante qui donne irrésistiblement envie de l'avaler. Cinquante-huit secondes. Les deux dernières secondes me servent à tracer deux caractères à l'aide des écailles de charbon : 饷食, *xiangshi.* J'espère que mon invité en comprend le sens.

Le regard du commandant, fixé sur l'assiette, se trouble.

5

La pendule indique dix heures du matin.

Une foule de vieux officiers aux épaulettes bien amidonnées entrent dans la salle de réunion. Les rapports militaires se succèdent, évoquant la situation, les assassins et les victimes. Certains soldats sont morts par balle au cours d'opérations dans le Pacifique sud ou sur des navires de guerre incendiés, d'autres, se sentant responsables de la défaite japonaise, se sont fait seppuku, d'autres encore ont enfoui leur visage dans les seins de prostituées à l'intérieur de maisons closes et sont tombés de leurs bras comme si l'escalier qu'ils avaient sous les pieds s'effondrait. C'étaient pourtant des hommes solides comme l'acier. Plus la guerre se prolonge et plus la litanie des morts fait pression sur les vivants. Allongés dans leur cercueil, les morts crient : « Mourez dignement ! »

Dans ce genre de réunions, on parle de l'organisation quotidienne, hebdomadaire et mensuelle, des rapports à faire à l'état-major et de leur niveau de précision, des solutions à apporter aux incidents et situations imprévus. On aborde également les événements plus ou moins graves survenus dans la colonie coréenne, l'avancée de l'armée soviétique vers la frontière avec le Mandchoukouo, les problèmes rencontrés au sein du QG et les questions de sécurité intérieure. La guerre se décide dans des bureaux à l'heure même où le sang de soldats se répand sur le sol. Les réunions secrètes rassemblant les officiers, même celles en présence de l'empereur et des délégués des pays étrangers, sont aussi vainement solennelles que celles organisées par les cantiniers pour le réapprovisionnement du mois à venir.

Le point le plus important de la réunion d'aujourd'hui est la fête de Banjin[1]. Le nom de cette fête m'inspire très peu de sympathie. Ce jour commémoratif ne concerne que les Mandchous. Ils se consolent de leur situation actuelle en se rappelant qu'ils ont dominé le continent pendant un temps. Ils n'ont plus aucune légitimité à régner en Mandchourie. Sans le Mandchoukouo, leur nom aurait été rayé de la carte. Han Guang Wudi, un empereur chinois réputé pour son intelligence, a restauré la dynastie Han en triomphant de Wang Mang, son rival stupide et immature ; nous avons fait de même en établissant le Mandchoukouo, qui n'est que le prolongement de la dynastie Qing. L'empereur Puyi n'existe que dans son bureau. Le jour de la fête de Banjin, les dix millions de Mandchous vivant dans la région se sentiront rassurés de savoir leur empereur en vie. Alors que tout ce que veut leur empire, c'est qu'ils versent leur sang.

— Banjin est l'une des plus grandes fêtes du Mandchoukouo, dis-je. Il faut la célébrer avec beaucoup de soin. La coutume veut que cet événement soit planifié par le président du conseil d'Etat des affaires générales

1. Fête mandchoue la plus importante ayant lieu le 13 octobre du calendrier lunaire. Elle célèbre le jour où Huang Taiji, l'empereur des Qing, a changé le nom des Jurchen pour les rebaptiser Mandchous.

et que les ministères de l'Intérieur et des Finances lui prêtent main-forte. Le ministère des Affaires étrangères doit être prêt à recevoir les délégués des pays étrangers avec tous les honneurs qui leur sont dus. L'armée aura la charge de veiller à ce qu'aucun agitateur ne vienne perturber cette célébration.

Nagaoka Ryuichi, le président du conseil d'Etat, Ohashi Juichi, le vice-ministre des Affaires étrangères, et Inakaki Goro, le ministre des Finances, hochent la tête, acceptant au moins en apparence leur mission. L'armée et les hauts fonctionnaires de l'administration se tiennent toujours sur deux lignes parallèles. Le conseil d'Etat des affaires générales est censé jouer un rôle central au sein du Mandchoukouo : officiellement, tout tourne autour de cette instance dirigeante. Un grand nombre d'administrateurs, des hauts fonctionnaires progressistes, ont été envoyés du Japon pour contrôler les agissements de l'armée du Guandong. Ils ont beau se trouver à des postes clés, ils doivent consulter l'armée pour la plupart de leurs décisions. L'armée prime sur tout, même si le Mandchoukouo est censé reposer sur une organisation civile et technocratique – la situation est la même en Corée avec l'Agence de développement de l'Asie orientale.

— J'aimerais que l'on distribue généreusement de la nourriture et de l'alcool aux personnes âgées, ajoute lentement Puyi, le regard fixe derrière ses lunettes. Les récoltes ont été mauvaises à cause de sécheresses répétées. Les gens n'ont pas assez à manger. S'ils mangent à leur faim et s'amusent pendant toute une journée, même ceux que la mobilisation mécontente le plus parce qu'elle les appauvrit et les épuise se sentiront réconfortés…

Je ne manque pas de remarquer la grimace qui apparaît sur le visage de Naoki. Puyi a l'air frappé de solitude. Il est vrai qu'il doit faire face, seul, à la cinquantaine de responsables politiques du Mandchoukouo présents dans la grande salle. Quelques Mandchous participent également à la réunion mais leur statut n'a aucune valeur, ce ne sont que des secrétaires ou des traducteurs. Puyi défend son peuple en articulant clairement ses opinions d'une voix basse et en choisissant soigneusement ses mots dans sa langue maternelle en voie de disparition. Pendant ce temps-là, Naoki caresse le revolver qu'il porte à la hanche. Il croit que les armes peuvent tout résoudre. Plein de la fougue de la jeunesse, il manque de sagesse. Combien de fois l'empire japonais a-t-il été dans l'embarras à cause d'abrutis comme lui ? C'est à cause d'incidents aussi absurdes que l'assassinat d'un premier ministre dans sa résidence officielle ou le massacre de généraux à coups de couteau que le Japon est dans ce bourbier ! Ce sont des têtes brûlées comme lui qui ont souillé le pont de Lugou[1], qui portait auparavant le nom romantique de pont Marco Polo.

— Mon commandant, nous suivrons à la lettre vos recommandations. L'événement sera un succès ! lance Nagaoka en s'inclinant respectueusement. Nos ministres se chargent des derniers détails à régler.

Ce qui veut dire qu'il s'occupe du reste et que l'empereur Puyi n'a pas son mot à dire. Nagaoka vient d'avoir cinquante ans ; c'est un vrai technocrate, diplômé de l'université de Tokyo en administration publique. Il fait partie des trente hommes de confiance envoyés

1. L'incident du pont de Lugou, qui voit s'affronter en 1937 les armées chinoise et japonaise, est le point de départ de la guerre sino-japonaise.

par le gouvernement japonais pour surveiller le Mandchoukouo sous contrôle de l'armée du Guandong.

— J'ai un autre service à vous demander.

Puyi n'a pas l'intention de céder.

— J'aimerais inviter à Xinjing tous les chefs de clans mandchous pour l'occasion. Mon peuple, fier de son histoire de deux mille ans, est né de l'union de tous ces clans ; il est important de le dire. Invitons-les et remercions-les pour…

— Hors de question, intervient Naoki avant que Puyi puisse poursuivre.

— Pourquoi ? demandé-je à Naoki en lui fournissant une occasion de s'expliquer.

— Si les vieux chefs de clans se réunissent, ils vont passer leur temps à se plaindre et à conspirer contre le gouvernement. Il a forcément autre chose en tête en voulant faire venir ce ramassis de crétins à Xinjing. Et puis, plus il y a de monde et plus le risque d'attentat est élevé.

Le traducteur ne traduit pas notre conversation à Puyi.

— Trouvons un compromis. Peut-être pourrait-on inviter une dizaine de chefs de clans, les plus importants ? Il ne faut pas que nous accablions trop l'empereur.

— Entendu, conclut Naoki.

Fin stratège, il ne pousse pas plus loin.

J'observe les hommes en face de moi. Leurs visages sont impassibles. A quoi peuvent-ils bien penser ? Chacun porte un uniforme amidonné différent en fonction de son grade et arbore l'expression correspondante. On dirait des acteurs bien entraînés. Dans la grande salle, les drapeaux du pavillon naval et de l'Etat du Mandchoukouo se dressent côte à côte : c'est le décor parfait pour cette comédie. Tous jouent les *kuroko*[1], leur voix assortie à leur uniforme, cachant leur ambition. Leur vrai visage dissimulé sous une épaisse couche de maquillage, ils doivent se sentir bien seuls derrière leur bureau. Tant que cet empire restera debout, cette solitude sera leur lot. Aussi essaient-ils de l'oublier, ne serait-ce qu'un moment, en se réfugiant dans l'alcool et l'opium, ou de se consoler sous les jupes des femmes des terres colonisées que le train déverse par dizaines chaque jour. Ils doivent trouver ces solutions satisfaisantes.

— Et que mange-t-on pendant cette fête, d'habitude ? demandé-je à Puyi. Je serais très heureux que vous me recommandiez un plat traditionnel mandchou.

Il me faut briser cette ambiance froide et tendue le plus rapidement possible.

— Il y a bien le *xuechang*, mais ça sent un peu fort, me répond Puyi à contrecœur.

Son visage jaunit, comme chaque fois qu'il est indigné. Je réprime à grand-peine un rire. Aurais-je dépassé les bornes avec ma question ? Quand il est en colère, Puyi ressemble à un enfant pleurnichant dans son berceau pour que sa méchante marâtre lui donne le sein. Il s'efforce de dissimuler ses sentiments et de feindre le calme mais je lis en lui comme dans un livre. Je suis persuadé que le mot *xuechang* ne lui est venu qu'au terme d'une longue réflexion. Il s'agit d'une espèce de gelée de sang coagulé de porc, de bœuf ou de mouton, qui ressemble un peu à de la gelée de sarrasin. En me recommandant ce plat, l'empereur a réussi à se moquer de la cinquantaine d'abrutis qui passent leur temps à se caresser la moustache derrière leur bureau. Malgré

1. Personnages intégralement vêtus de noir qui changent les décors dans le théâtre kabuki, invisibles pour les spectateurs.

l'humiliation qu'il vient de subir, il domine désormais ces crétins qui croient leur pouvoir plus efficace qu'un coup d'épée tranchant. Car ceux qui sont attablés là aiment le sang plus que tout.

— J'en ai déjà mangé dans un restaurant du quartier de Huayiqu, intervient Inakaki. C'est un peu écœurant, mais avec de la sauce soja, c'est supportable.

— Et si vous passiez à mon palais le jour de la fête ?

— Bon, concluons. Les services des derniers échelons de chaque ministère sont chargés de s'occuper de la fête ; à vous de faire en sorte que tout se déroule sans anicroche. Avec la mobilisation générale, nous disposons d'un budget limité. Dans la mesure du possible, essayez de vous y tenir et économisez au maximum. D'autant plus que notre armée va bientôt inviter tous les hauts gradés pour donner un banquet en leur honneur. C'est à cette occasion que je compte faire exécuter les agitateurs qui nous ont causé des soucis ces douze derniers mois avant d'être emprisonnés.

Au mot *exécuter*, l'atmosphère de la salle devient plus grave. Puyi, l'air résigné, fixe le paysage au-dehors. Son fauteuil est trop mou et trop bas. Je serais curieux de voir à quoi ressemble le monde qu'il regarde à travers ses verres ronds. La plupart des condamnés à mort sont des brigands à cheval ayant attaqué des villages. Même si l'empire japonais s'effondrait, même si l'empereur s'agenouillait devant le drapeau de l'ennemi, même si les souillures de l'Histoire s'effaçaient, même si la folie de la guerre, si éloignée de la beauté, était repoussée à l'extérieur de l'orbite terrestre, même si les prisonniers et les bourreaux, les morts par balles et les porteurs de revolvers inversaient leurs rôles, des gens continueraient à mourir ; c'est ainsi. C'est dans leur mort que réside cette vérité à la fois simple et évidente, qui fait la beauté de l'Histoire.

Je me rappelle mes premiers pas en Mandchourie. Le train qui avait quitté Pyongyang roulait depuis plusieurs heures mais je ne voyais que d'immenses plaines s'étendant à l'infini. J'étais impressionné. J'avais l'impression d'être arrivé sur une planète inconnue. Les rares fois où le train s'arrêtait, des Mandchous à l'apparence miséreuse se pressaient contre les vitres, à leur bras un panier rempli de patates cuites qu'ils essayaient de nous vendre. J'avais du mal à m'adapter à ces scènes-là aussi. Le vent soufflait si fort que j'avais peine à ouvrir les yeux. C'était comme si j'étais arrivé au *naraka*, cet enfer parcouru de vents violents dont parle le bouddhisme. Les voix mandchoues sifflaient à mes oreilles comme des bourrasques s'engouffrant entre des dents ; les jeunes femmes qui avaient l'âge d'être jolies n'avaient aucun charme, dans leur accoutrement on aurait dit des taupes.

Heureusement, une fois installé au QG, mon angoisse s'est apaisée et je me suis détendu. C'est en partie lié au bâtiment, si semblable au *tenshu* de Kumamoto, ma ville natale. Je ne défends pas du tout le vulgaire parti pris d'imitation des architectes, mais la familiarité que j'ai éprouvée en voyant cette construction pourtant étrangère m'a permis de m'y attacher rapidement. Un solide bâtiment de trois étages construit en brique et en béton et ressemblant à une forteresse a d'abord vu le jour avant de se doter, au niveau du donjon et sur les côtés, d'un empilement d'extensions aux toits recourbés, à l'image du *tenshu* de

Kumamoto. Les architectes ont cependant renoncé à agencer les multiples extensions comme des pétales de fleur de cerisier, ainsi que c'est le cas pour les châteaux d'Osaka et de Kumamoto. Ils ont préféré les éloigner aux extrémités du bâtiment, de part et d'autre du donjon, et ont ainsi réussi à créer une harmonie entre la majesté militaire et le faste artistique.

Kumamoto... Je le prononce avec l'accent de Kyushu, qui donne l'impression qu'on s'est brûlé la langue sur un morceau de tomate grillée. Petit à petit, cette nouvelle ville de cinq cent mille habitants m'a dévoilé son intimité en se tortillant comme un ver à soie dans une atmosphère grise. Elle m'a tout de suite fait penser à mon enfance, quand j'étais écolier et que presque chaque matin, je montais avec mon père sur une tour de guet d'où nous contemplions, au sud, la gare de Kumamoto dont partaient des trains lents qui se traînaient dans les virages comme de vieux serpents. J'ai beaucoup de souvenirs liés aux serpents. Tout comme la leur, ma vie peut être scindée en deux, avec d'un côté mon moi jeune, plein de rêves à réaliser, serpenteau gavé de venin qui rampe lentement sous le soleil, et de l'autre mon moi actuel, vieux serpent qui a mué et que l'expérience a rendu rusé. Mon père disait souvent : « Petits ou grands, il faut tuer tous les serpents. » Il voulait faire de moi un grand militaire plutôt qu'un homme faible s'attachant aux détails de l'existence.

Ma famille habitait dans le quartier de Kasuga, à trente minutes de marche du château de Kumamoto. Mon père, un militaire, me réveillait tous les matins à cinq heures pour aller courir jusqu'au *tenshu* avec notre chien de race *tsukushi*. En plus de son uniforme toujours impeccable, il portait à la hanche son sabre, emblème des officiers. Il aimait par-dessus tout le cliquetis métallique que le sabre faisait quand il courait. Mais la raison principale pour laquelle il l'emportait était autre. Il n'existait pas encore de route et, dès que le printemps arrivait, les serpents grouillaient sur le chemin en pente que deux kilomètres séparaient du *tenshu*. Quand mon père tombait sur des serpents, il dégainait son arme et les décapitait. Sa lame tombait toujours au même endroit, juste avant la tête, comme s'il avait mesuré son geste avec une règle. Son habileté me faisait frissonner de peur, encore plus que les serpents.

« Il y a vingt ans, me murmura-t-il un beau matin en me montrant la colline qui s'élevait au sud, entre cette colline et ce rempart, une grande bataille a opposé l'armée impériale dirigée par le général Tateki aux rebelles. Si ma mémoire est bonne, cela a dû avoir lieu autour du 20 février. Malgré un froid terrible, l'armée impériale munie de fusils Chassepot et Snider a lancé l'offensive. L'attaque en vagues successives a duré jusqu'au matin, mais le château de Kumamoto a tenu bon. Plus de sept cents soldats y ont laissé la vie. Au matin, les chiens, excités par l'odeur du sang qui devait leur rappeler leur nature sauvage, se sont rués dans les rues en aboyant comme des damnés. »

J'ai appris l'histoire moderne du Japon dans les manuels ; pour être tout à fait honnête, la guerre ne m'intéresse pas. C'est pour moi aussi ennuyeux que de décapiter un serpent d'un seul coup. Le sujet peut exciter les amateurs mais je ne le considère pas comme digne de souvenirs. Quand mon père me parlait de cette bataille, j'avais l'impression qu'il l'avait vraiment vécue. Il aimait le sang, ça se voyait. Il a souvent cherché à être muté auprès d'une force d'intervention extérieure, en vain. Son supérieur, qui était également son beau-père, ne voulait pas qu'il s'en aille. Les soirs où il rentrait ivre, il maudissait ma mère : « Une mauvaise épouse ne rapporte jamais rien de bon. J'aurais dû le savoir ! »

Pourtant, s'il pouvait prendre de grands airs avec ses épaulettes à deux lignes rouges sur fond jaune, c'était uniquement grâce à mon grand-père maternel, qui était le chef de la dix-septième division locale affectée à la protection de Kyushu. Quand mon père, qui venait d'être promu capitaine, avait mis ma mère enceinte en la violant presque, mon grand-père aurait pu le faire fusiller. Il est étrange qu'il ne l'ait pas fait. Il l'a d'ailleurs regretté toute sa vie.

Ce matin-là, mon père fit la prédiction suivante : « Un jour, ce château sera détruit. » Ce n'est qu'aujourd'hui que je comprends ses paroles. Ceux qui connaissent ce lieu doivent savoir que les murs incurvés en pierre sont gravés des mots *musha-gaeshi*, qui signifient « repousser les attaquants ». Le château était en effet une forteresse imprenable. Mais aujourd'hui que la menace est devenue aérienne, même le mieux protégé des châteaux paraît bien vulnérable. Nos ennemis n'ont que faire d'un château comme ce *tenshu* ; leur cible est Tokyo, le cœur de l'empire. Si mon père était encore en vie, il se serait certainement écrié : « Qu'est-ce qu'il y a comme serpents à Kumamoto, hein ? Ça ne sert plus à rien de leur couper la tête. »

Après le déjeuner, j'appelle Shigeo.

Un bruit de pas régulier résonne dans le couloir ; on frappe à la porte.

— Il est là ! dit Shigeo, son menton carré légèrement relevé, avant de m'adresser un salut militaire.

Qu'est-ce qu'il est beau ! C'est ce que je me dis chaque fois que je vois son menton. Je l'imagine à côté de son amante, le sexe bien raide. Peut-être cache-t-il un corps musculeux sous son uniforme un peu trop grand. Les soldats impériaux ont tous des épaules et un sexe puissants. Ils sont aussi fous des femmes que de la guerre. Plus on croit à sa puissance sexuelle et plus on se rapproche de la mort.

— Fais-le entrer.

Shigeo sort et revient avec Chen.

— Détache-le.

Aussitôt libéré de ses menottes, Chen se prosterne devant moi.

— Merci, dit-il.

Je regarde d'un air moqueur cet homme petit et ventru. Les lâches dissimulent toujours quelque chose. Il a temporairement été affecté à la cantine des officiers. Pendant la fête de Banjin, on manque toujours de main-d'œuvre en cuisine pour nourrir les officiers revenant de leurs combats dans la région et les délégués étrangers. C'est pourquoi j'ai donné cet ordre.

— Comment se passe ton travail ?

— Bien, mon commandant, grâce à vous…

— Comment ça, grâce à moi, je n'ai pas encore décidé si j'allais te laisser en vie.

C'est la vérité. J'ai même menacé de le fusiller. Ce n'est pas parce qu'il a gagné son pari que je vais l'épargner. Je reconnais mon erreur, je l'ai sous-estimé. Mais si j'ai perdu cette bataille, je n'ai pas encore perdu la guerre.

— Vous avez donc l'intention de me faire fusiller ? m'interroge-t-il, feignant la peur.

— Eh bien… je réfléchissais au sens des deux caractères que tu as tracés sur l'assiette. Je suis un piètre érudit, bien loin de pouvoir pénétrer ta grande sagesse. Je verrai ce que je ferai de ta misérable personne quand j'aurai compris.

— N'y cherchez pas un sens trop profond. Je voulais simplement signaler que je vous présentais un plat pour la première fois.

— Ah bon ? Souvent, les mots sont pleins de nuances. J'ai l'impression que tu t'es moqué de moi en écrivant ça, comme si tu voulais dire : « Il va enfin goûter un plat digne de ce nom ! » C'est tout de même osé de mettre en péril sa vie pour deux pauvres caractères, non ?

— J'ai eu tort.

Chen s'agenouille, l'air très affecté.

— Lève-toi, garde tes prosternations pour ton empereur.

Le Chinois jette un regard furtif à Shigeo, ne sachant que faire. Il diffère complètement de mon aide de camp, debout à côté de lui : ses épaules étroites et solides et son menton dodu lui confèrent une apparence ingrate, à vous donner la nausée. Avec un tel physique, comment pourrait-il assassiner l'empereur ? Peut-être les communistes en sont-ils capables. Les gens qui défendent un rêve insensé sont aussi habiles de leur cerveau qu'ils le seraient d'un sabre ; mais, à s'abriter derrière de belles paroles, ils ne sont doués que pour la théorie et la propagande et c'est là leur plus gros défaut. Certains d'entre eux, cependant, ne craignent pas de s'exposer au péril, comme cet abruti. Ceux-là donnent bien du travail aux gendarmes.

— Que penses-tu du *xuechang* ? Pas en termes de goût, je préférerais que tu me parles de l'essence de ce plat. Et ne me dis pas que tu ne le connais pas !

Son échine courbée me donne envie de m'amuser.

— Le *xuechang*? C'est un plat Yi avant d'être un plat chinois. Il peut être fait avec du sang de bœuf, de porc, de cerf, de mouton ou de blaireau.

— Arrête-toi là ! Du sang de blaireau ? C'est dégoûtant !

Aussi bon cuisinier soit-il, je n'ai pas du tout envie de manger de son *xuechang*.

— Vous avez raison, ça peut paraître dégoûtant dans certaines cultures.

— Il paraît qu'à Canton, on mange de la viande humaine…

L'imbécile se frotte le front, l'air embarrassé.

— Je n'ai jamais vu ça…

— Tenons-en nous là. Tu ne m'as toujours pas répondu.

— Sur le *xuechang*? Le sang est… son essence est sa beauté, qui est la plus à même de faire frissonner la langue humaine.

— Une beauté qui fait frissonner ? Comment ça ?

Chen se prosterne profondément avant de répondre.

— Quand on a goûté au sang, on ne pense qu'à en consommer à nouveau.

Tu as bien raison. Tu mérites que je te laisse une fois de plus en vie.

— Montre tes compétences pendant la fête de Banjin. Prépare tout ce que tu sais faire, *xuechang* ou autre. Ta vie ne dépend pas de moi mais de ta cuisine.

— J'ai un service à vous demander…

Aussitôt, Shigeo lui tape légèrement sur l'épaule.

— Laisse-le, Shigeo.

— Merci. Je voulais simplement vous demander la permission de passer chez moi. J'habite près de

Meizhiding. J'aimerais récupérer le billot qui m'a été légué par mon père.

— Un billot ? Ne fais pas le malin, ça ne sert à rien.

— Je vous promets que je ne m'enfuirai pas. Sinon, que deviendraient ma femme et ma mère ? J'ai juste besoin de mon billot.

Ce type est tenace.

— Pourquoi veux-tu ton billot à ce point ?

— Aucun plat ne me fait peur si je l'ai avec moi.

Tiens donc. Quel original !

— Quel rapport entre la nourriture et la peur ?

Le petit Cantonais remue les lèvres sans qu'un son n'en sorte, comme s'il n'arrivait pas à trouver les bons mots parmi ceux tournoyant dans sa tête, ou comme s'il voulait garder un secret. Ses yeux fixés au plafond semblent chargés de regrets, son regard est énigmatique.

— Bon, tu peux y aller.

Après qu'il est sorti, je donne une mission secrète à Shigeo.

— Emmène-le et reviens aussitôt. Ensuite, tu passeras au palais du roi-dragon.

Shigeo comprend instantanément et hoche la tête. Le palais du roi-dragon est notre nom de code pour le temple Jilesi. Je n'ai pas encore totalement confiance en lui, mais comme il peut communiquer avec les charlatans qui se font passer pour des moines, il m'est précieux pour ce genre de commission.

— Je dois vous rapporter quelque chose ?

— Transmets simplement cette lettre au vieux qui tient le temple.

Shigeo se met au garde-à-vous.

— Et pour la demande du cuisinier ?

— Le billot ? C'est une demande intéressante. J'accepte.

— Entendu, mon commandant.

J'apostrophe de nouveau Shigeo alors qu'il tourne les talons.

— Au fait, tu passeras aussi au pavillon principal du temple. Assieds-toi juste sous le mandala du plafond et lève les yeux vers le Bouddha. Regarde s'il esquisse un léger sourire ou s'il te semble inexpressif.

— S'il sourit ? C'est vraiment important ?

— Oui. Ce Bouddha révèle son sourire uniquement quand on le regarde depuis le mandala. Peut-être que les crétins qui gardent le temple n'en savent rien. Essaie de voir ce sourire infernal que le sculpteur a soumis à un seul point de vue. Tout le reste est peut-être artifice mais dans ce sourire le tailleur de pierre a mis toute sa sincérité.

Shigeo incline la tête, l'air complètement perdu.

— Si j'ai bien compris, vous voulez que je m'assoie juste sous le mandala du plafond et que je regarde si le Bouddha sourit ou pas. C'est ça ?

— Exactement.

J'allume une cigarette chinoise au goût âcre et regarde la camionnette de Shigeo sortir par la porte principale. Shigeo sait tenir sa langue et obéit scrupuleusement à mes ordres. J'aimerais qu'il soit capable de risquer sa vie pour moi mais je ferais mieux d'oublier, car comme le dit un vieux dicton, les habitants d'Hokkaido ne mettront jamais leur vie en danger pour quelqu'un d'autre. Ils ne sont pas les seuls : depuis l'attaque du 26 février, se rebeller contre ses supérieurs est à la mode. C'est embarrassant. Sous prétexte d'un patriotisme stupide, n'importe qui peut désormais sortir son revolver et tirer sur son supérieur aux cris de « Pour l'empire ! ».

6

— Va acheter des os de poulet, me lance Beibei, occupée à nourrir le feu, en me faisant un geste de la main.

— Vous avez besoin d'autre chose ?

J'abandonne l'ail que j'étais en train d'éplucher, me lève lentement et m'approche d'elle pour recevoir quelques pièces de monnaie du Mandchoukouo qu'elle sort de sa poche.

— Laisse, je vais y aller, se ravise-t-elle.

Elle me passe le tisonnier et va se regarder dans le miroir grand comme ma paume suspendu à un pilier.

— J'aimerais trouver des courgettes séchées, des œufs, des tripes de porc et des légumes frais… *Aiyo*, combien de temps cette foutue guerre va-t-elle encore durer ?

Elle lisse ses cheveux emmêlés, les attache en chignon, détourne son petit corps et descend au rez-de chaussée. Comme sa jambe gauche est invalide, elle pose d'abord les pieds sur la première marche puis glisse sur ses fesses précautionneusement, comme une chenille. D'habitude, elle passe ses journées au lit, comme un enfant dans son berceau. Elle se lève tant bien que mal pour les repas et pour aller aux toilettes. Même après que son fils, parti au palais impérial un vendredi, a disparu, elle n'a rien changé à son quotidien.

Des colonnes de fumée montent des toits bas. Des passants couverts de manteaux légers, la tête rentrée dans les épaules, vont et viennent à la hâte en se faufilant entre les pousse-pousse. Ainsi s'achève une journée qui a vu se mêler, sur la place du marché, cris, soupirs, rires et petits pas rapides de gens d'origines différentes. La première fois que nous avons visité ce logement, Chen n'aimait pas le fait qu'il soit au premier étage et qu'il ne compte qu'une pièce, cuisine comprise. Il n'y avait même pas de chambre à part pour sa mère. Mais quand l'agent immobilier a ouvert en grand les fenêtres coulissantes, fier comme un coq, Chen s'est aussitôt exclamé : « *Ting hao* (Très bien) ! » et a payé l'acompte sans plus hésiter, complètement sous le charme de cette ruelle du marché s'étirant vers l'ouest. Le marché abrite toutes sortes de biens de première nécessité, mais Chen était surtout intéressé par la nourriture. Au coucher du soleil, il enfilait ses chaussures en caoutchouc et allait inspecter les nouveaux arrivages de produits de la mer. C'était son unique joie.

Il achetait parfois une bouteille de vin de riz, en aspergeait son billot en guise d'offrande et me racontait l'histoire de son père et du billot en sirotant le reste d'alcool. Beibei aussi l'écoutait, recroquevillée dans son lit comme une morte. Avec son billot, Chen était l'homme le plus fort du monde. Le jour où je suis arrivée chez lui, il était assis dessus ; il m'a presque ordonné de rester vivre avec eux. Ce soir-là, il a fait frire des morceaux de poulet désossés puis enrobés de farine et a écrasé les os du dos de son couteau en murmurant : « Kilsun, si tu restes ici, je t'apprendrai la cuisine cantonaise. »

Je pose une marmite remplie d'eau sur le feu et étale soigneusement la pâte que Beibei a préparée ce matin pour faire des nouilles. Le bouillon aux os de poulet ne sera pas prêt tout de suite, mais il me suffit d'imaginer le délicieux repas à venir pour que l'eau me vienne à la bouche. Les nouilles à la cantonaise se font avec des produits de la mer et toutes sortes de légumes mélangés à un bouillon à base d'os de poulet : c'est le plat préféré de Beibei. Comme il devient de plus en plus difficile de trouver des légumes, elle en est réduite à utiliser des tranches de courgettes séchées ; malgré cela, tous ceux qui ont goûté les nouilles de Beibei ont été séduits. Sa maîtrise de la cuisson, qui lui fait retirer les nouilles de l'eau bouillante et les plonger dans l'eau froide juste au bon moment, est inégalée.

Tu sais, la plupart des femmes ont leur cuisine avant d'avoir leur chambre à elles. C'est le cas de Beibei. Même si son mari était un cuisinier de renom, elle aussi avait sa cuisine et devait se démener pour nourrir son mari et son fils. Si j'ai de la sympathie pour elle, c'est parce qu'elle me rappelle ma mère. A Chongjin, ma ville natale, ma mère aussi a passé sa vie à préparer des soupes et à faire cuire du riz. A quoi pensait-elle en cuisinant, jour après jour, pour l'homme qui la maltraitait ? Elle me disait souvent que sa vie avait moins de valeur que celle des bêtes. Elle avait à la fois raison et tort : les animaux, eux, peuvent mordre et ne savent pas cuisiner.

J'ai aussi des bons souvenirs avec elle. Je me rappelle par exemple le goût des nouilles au poisson cru qu'elle nous préparait parfois. Aujourd'hui encore, j'en ai l'eau à la bouche en y repensant. La recette est plutôt simple : il suffit de recouvrir des nouilles de fécule de pomme de terre avec des tranches de merlan cru très relevées. On les accompagne d'un œuf dur et de tranches de poire glacées, et une sensation pétillante vous envahit la bouche, comme si vous vous étiez coupé la langue. Personne ne peut y résister. Ces nouilles au poisson cru ont une saveur aigre-douce, il vaut mieux les manger froides. En plein cœur de l'hiver, ma mère servait ce plat à tous les membres de notre famille tandis qu'elle en avalait quelques rapides bouchées debout dans sa cuisine parcourue de courants d'air glacials. Pendant l'hiver, enfants comme adultes se desséchaient petit à petit au contact de la bise.

Le marché s'appelle Huifa. Son nom viendrait d'un clan de l'ancien peuple Jurchen. Juste avant le coucher du soleil, les rues se remplissent de femmes portant le costume mandchou traditionnel, fleurs multicolores pleinement écloses. Beibei s'est fondue dans la foule, je ne la vois plus. A l'entrée du marché, là où l'arcade en bois représente un dragon, des gens se bagarrent en poussant des cris. Une voiture à cheval chargée de sacs de sel pleins à ras bord a heurté un pousse-pousse et un grand tas de sel s'est formé d'un côté de la route. Sous les derniers rayons du soleil, des grains de sel bondissent et piquent les yeux des badauds, un peu comme ces crevettes blanches accrochées aux filets que les pêcheurs remontaient au printemps sur la côte de Luçon, aux Philippines, il y a trois ans.

Ah, je n'aurais pas dû te parler des crevettes…

Pendant plusieurs années, j'ai rêvé de ces crevettes éclatantes de blancheur. Les Japonais nous avaient fait monter sur un grand bateau en nous disant qu'ils nous emmenaient travailler dans une usine de textile quelque part dans le Sud et qu'il fallait un mois pour atteindre ce pays chaud. Leurs paroles m'avaient donné une lueur d'espoir car il faisait vraiment trop froid à Chongjin. Où que j'aille, je voulais effacer de ma mémoire cette maudite ville où tout gelait. J'espérais aussi me libérer de cette vieille vipère qui cueillait des plantes médicinales dans la montagne par tous les temps, même lorsqu'il neigeait dru, de cet homme qui n'arrivait pas à se soigner et continuait à cracher des glaires rouges malgré son savoir. Je l'imaginais mourant de faim après mon départ : il était incapable de se faire cuire une simple pomme de terre.

C'était la lettre de mon grand frère qui m'avait donné l'idée de quitter ma ville. Il m'avait demandée de venir en Mandchourie. Aussitôt après, je m'étais acheté une paire de chaussures en caoutchouc noires avec le peu d'argent que j'avais. Alors que j'étendais ma veste blanche de *hanbok* après l'avoir lavée, mon cœur était déjà dans le train en partance pour la Chine. Je n'avais pas osé dire à mon père que je comptais quitter Chongjin, j'avais simplement préparé de la bouillie de maïs dans une marmite et en avais laissé sur la table dans le coin le plus froid de la pièce. Je lui avais murmuré que je m'absentais quelques jours, le temps d'aller à l'enterrement d'une amie dans un village voisin. Si je me souviens bien, mon père n'avait rien répondu. Mon corps dégageait un air glacial, comme s'il craignait que le venin que cet homme avait accumulé en lui durant toute sa vie ne se répande en moi. Mon cœur, lui, se réjouissait, emporté par le vent printanier. C'était la première demande de mon frère à ne pas susciter en moi d'opposition. Mais ma joie s'est arrêtée là. En attendant le train à la gare de Chongjin, j'avais la tête ailleurs ; soudain, je me suis aperçue que des inconnus m'encerclaient. Ils m'ont bandé les yeux avant de me jeter comme un ballot dans la cale d'un grand bateau. De nombreuses jeunes filles enlevées comme moi se tenaient recroquevillées là, tremblant de peur et pleurnichant. Mais il a suffi que les inconnus disent : « Dans deux mois, vous serez au chaud dans le Sud » pour que nos pleurs cessent.

Deux mois plus tard, nous avons en effet débarqué sur l'île de Luçon. Je m'inquiétais de ne pas pouvoir tenir ma promesse de rejoindre mon frère en Mandchourie, mais j'ai décidé de faire confiance à mes ravisseurs. C'est en arrivant que j'ai vu ces fameuses crevettes. Des hommes torse nu à la peau brune, presque noire, des pêcheurs jetant leurs filets, le blanc de leurs yeux et de leurs dents ressortant sous l'effort et des myriades de crevettes bondissant pour s'échapper, tels des grains de riz dans une poêle... Notre destin à nous, qui avions été transportées à fond de cale comme des marchandises, n'était guère plus enviable que celui de ces petites créatures. Deux heures après avoir quitté le quai, nous avons commencé à voir des cadavres partout dans les rues. Quand j'ai enfin compris où j'étais tombée, je me suis demandé si je devais me suicider en me mordant la langue ou rester en vie même si c'était pour subir des humiliations. A ma grande surprise, aucune des trois cents femmes qui m'accompagnaient, dont j'ignorais tout et qui avaient comme moi été traînées ici de force, n'a choisi la mort. Nous avons été divisées en groupes de vingt ou trente et affectées à d'immondes portions de jungle. Tous les jours, nous devions servir des hommes forts et brutaux. Ce destin cruel semblait n'avoir d'autre fin que la mort. Dans mon cas, c'est le cuisinier Chen qui y a mis un terme.

Six mois plus tard, on nous a transférées sur le continent. Les Cantonais nous ont ouvert leur port sans vraiment opposer de résistance. Ils ne pensaient qu'à manger et à boire, comme si demain n'existait pas. J'étais au service d'une petite unité d'instruction militaire appartenant à la 22e division de l'armée impériale dont le capitaine s'appelait Ishihara. Il faisait appel à mes services toutes les nuits. Ma vie était aussi accablante que la chaleur de l'été cantonais. Quand la brigade d'Ishihara a été affectée à la défense de Canton, il a loué une maison en haut d'une colline donnant sur le port et m'y a installée. Certes, j'étais mieux lotie que si j'avais dû coucher avec plusieurs hommes chaque jour, mais mon corps était tout aussi meurtri. Les soirs de fête, il rentrait complètement ivre et m'arrachait mes sous-vêtements en me menaçant de son sabre. Si je résistais, il me fouettait impitoyablement avec sa ceinture. Une nuit, n'en pouvant plus de toute cette violence, je me suis enfuie. C'est comme ça que j'ai rencontré Chen qui, en m'aidant à me cacher, m'a sauvé la vie.

J'entends Beibei rentrer du marché.

Elle ouvre le portail, traînant derrière elle sa jambe invalide, et reprend son souffle avant de monter très lentement l'escalier. Je connais la boutique où elle va. Son propriétaire, un homme bien en chair répondant au nom de Wang, accueille poliment Beibei d'un « Bonjour, madame, vous allez bien ? » à chacune de ses visites avant de la servir. Wang est avenant avec tout le monde. Dans le quartier, on se moque gentiment de lui en disant que c'est son ventre généreux qui explique toute cette bienveillance. Le bruit court que Wang finance les rebelles à cheval mais ce n'est qu'une rumeur. Tu sais, ici, il ne faut croire personne, car les espions sont partout aux aguets. Mon frère, par exemple. Il fait des courbettes en souriant complaisamment à son patron japonais mais recharge son pistolet la nuit venue. Ici, les morts poussent les vivants à les venger ; quant aux vivants, on dirait des spectres qui se déversent dans les rues en répandant une odeur de tabac et surveillent craintivement les gendarmes à cheval. C'est dans ce genre d'endroit que je vis. Dire que des enfants naissent et que des amants se chuchotent des mots d'amour dans tout ce chaos !

La Mandchourie ne montre pas son vrai visage aux étrangers. Elle s'enfonce dans ses blessures et y reste blottie très profondément. De l'extérieur, ses plaies semblent cicatriser et devenir supportables ; parfois, elles sont sacrifiées au nom de l'espoir. Après le petit-déjeuner, quand je lève la tête, je vois le ciel, je remarque le vent de sable qui s'est levé et le vol des grues, j'entends le bruit de sabots au loin, le brouhaha des enfants dans une ruelle adjacente et les appels agaçants des chattes en chaleur qui ressemblent tellement à des pleurs de bébé. Ceux qui n'ont jamais entr'aperçu ce qu'il y a derrière ces paysages croient que ce qu'ils voient est la Mandchourie.

Tant mieux pour eux. Tant mieux s'ils ne croisent pas, au hasard d'un coup d'œil jeté par-dessus un mur, le regard d'une jeune fille en train de se faire avorter derrière les toilettes d'une maison close de Meizhiding ; s'ils ne voient pas, derrière le portail d'un paysan mandchou, une vieille femme pleurer sur une photo de son fils parti à la guerre ; s'ils ne contemplent pas le spectacle d'un riche Chinois allongé sur son lit, les pupilles dilatées par la drogue. Tout cela finira bien par exploser le moment venu, comme une bulle de savon.

Il vaut mieux que les étrangers qui vivent en Mandchourie ignorent ces choses-là. Ils n'ont pas besoin de connaître cette Mandchourie, tout comme cette Mandchourie n'a pas à savoir qui je suis vraiment.

— Il nous reste du thé ? demande Beibei, occupée à nettoyer le sang des os de poulet.

— Je vais voir.

Je dois monter au grenier pour vérifier. A cause de la guerre, certaines denrées se font rares ; cela fait plus de deux mois que nous n'avons pas bu de thé alors que nous en consommons habituellement tous les jours.

— J'aimerais bien boire une gorgée de thé après mes nouilles, murmure Beibei en plongeant les os propres dans une marmite.

Je grimpe sur son lit pour atteindre la petite porte qui donne sur le grenier, plonge la main dans la cavité et tâte à l'aveuglette. Le grenier est si petit que deux enfants recroquevillés y tiendraient à peine. Il est rempli d'un véritable bric-à-brac qui compte beaucoup aux yeux de Beibei.

— Il reste de quoi faire cinq infusions, lui dis-je en grattant avec mes ongles le fond de la boîte pour récupérer des miettes devenues aussi cassantes que des feuilles d'algues séchées.

— Si seulement Chen pouvait revenir... marmonne la vieille femme comme si elle récitait une incantation chamanique.

Aurait-elle rêvé de lui ? C'est vrai que les nouilles au bouillon de poulet sont le plat préféré de Chen.

— Vous avez rêvé de lui ?

Beibei élude ma question.

— Nettoie bien le billot.

— Le billot ? Pourquoi ?

Tu sais, le billot trône devant le foyer comme si la cuisine lui appartenait.

— Même si Chen n'est pas là, il faut nettoyer ce billot.

Elle ne dit rien de plus. Elle vide sagement son bol de nouilles puis se couche et s'endort paisiblement, comme une enfant. Le jour où je suis arrivée chez Chen, Beibei dormait déjà ainsi, ses joues creuses bien en vue, aussi immobile qu'un meuble ou un fléau pendu au mur de la remise d'un paysan. Alors qu'Ishihara, sabre à la main, faisait claquer ses bottes dans les rues environnantes, que Chen avait éteint toutes les lumières en me voyant surgir et attendait, retenant son souffle et me tapotant les épaules, alors que nos cœurs battaient à une cadence folle, menaçant d'exploser, Beibei reposait, impassible. Deux mois plus tard, après que Chen avait décapité Ishihara, incendié sa villa à la si jolie vue et qu'à l'aube, nous avions pris l'interminable chemin de la fuite en montant dans le premier bus à destination de la Mandchourie, Beibei suivait son fils en silence. Avant de quitter sa maison sur le dos de son fils, elle avait simplement dit : « Emporte au moins le billot. »

J'ignore si une enquête a été ouverte après le meurtre. Je n'ai eu aucune nouvelle à ce sujet, et je n'en demande pas. Le monde était alors un enfer rempli de flammes. La distance entre Canton et Changchun, non, Xinjing, est pour moi celle séparant le paradis de l'enfer. J'ai appris plus tard que Chen faisait partie d'une faction civile clandestine œuvrant à défendre Canton. Couper la tête d'un capitaine japonais ne devait pas lui suffire ; une fois installé en Mandchourie, il n'a plus pensé qu'à s'introduire dans le palais impérial. En temps de guerre, tu sais, les hommes stupides n'hésitent pas à se jeter au feu au nom d'une prétendue justice. Et plus ils sont bêtes, plus ils sont convaincus que c'est là leur devoir. Ce sont tous les mêmes : les soldats japonais qui rendent régulièrement visite aux femmes mises à leur disposition, mon frère qui pense pouvoir mettre fin à l'absurdité du monde grâce à son pistolet Nambu, ou Chen qui croit pouvoir changer les choses grâce à son billot. C'est pour ça que je ne fais pas confiance aux hommes.

Vers vingt et une heures, une grande agitation se fait entendre à l'extérieur.

Le chien au pelage jaunâtre de la famille du rez-de-chaussée, un bâtard de Mandchourie, aboie comme un fou. On l'entend si rarement que tout le monde l'appelle le Demeuré. Beibei, plus de la moitié de sa tasse de thé encore pleine, reste couchée comme une morte. Je m'enfonce dans une obscurité de plus en plus épaisse, comme si je voulais me cacher.

J'aime le noir profond autant que le sable jaune de la Mandchourie. D'habitude, à cette heure-là, la plupart des maisons retirent les lanternes de deuil de leurs portails et se préparent à accueillir l'obscurité. L'obscurité aussi a son grain et son odeur, qui changent en fonction des quartiers et du temps qu'il fait. Celle de Chongjin n'y faisait pas exception : chaque fois que de rares pendules sonnaient l'heure, j'avais l'impression qu'un fil se tendait de plus en plus, comme quand on remonte un mécanisme ; après minuit, le monde, épuisé, finissait par tomber dans un gouffre profond.

Les coups sonnés par l'horloge d'une quincaillerie ont dû me faire penser à mon père. Les aboiements ne couvrent pas les bruits de pas ; ils sont si réguliers qu'on dirait une armée de robots en marche. On frappe violemment au portail. S'ils continuent comme ça, ils vont le casser. La jeune femme d'en bas se précipite pour ouvrir ; aussitôt, les bottes militaires montent chez moi sans même prendre le temps de fouiller le rez-de-chaussée. Un homme portant une lanterne et quatre soldats en uniforme font irruption dans notre petit logis. La pièce est pleine à craquer. Je manque pousser un cri de stupeur en voyant Chen parmi eux. Son visage est crispé. Il regarde Beibei du coin de l'œil avant de s'approcher du billot posé devant le foyer.

— Voilà le billot en question. Si vous connaissiez son histoire…

Un jeune officier le coupe d'un coup violent sur le bras.

— La ferme ! Dépêche-toi !

— Attendez, donnez-moi juste une petite minute pour saluer ma mère…

L'officier lui accorde quelques instants. Chen va se prosterner devant la vieille femme. Sans doute Beibei a-t-elle ouvert les yeux car son lit grince ; mais elle ne se lève pas pour autant.

— C'est bon, on peut y aller, dit Chen après avoir embrassé la main de sa mère.

Comme s'il avait mené à bien sa mission, il hisse le billot sur son épaule avant de descendre l'escalier, le dos courbé. Les hommes ont éclairci un pan d'obscurité avant de regagner le silence qui enfle au-dehors, un peu comme à la fin d'un opéra de Pékin quand les lumières s'éteignent et que le rideau tombe. Je suis restée près du foyer, figée comme un morceau de bois, jusqu'à ce que le véhicule soit reparti et que le chien ait arrêté d'aboyer. C'est arrivé si soudainement ! Voilà à quoi ressemble le quotidien à Xinjing, il ne faut pas être surpris. C'est sans doute pour ça que les femmes vivant ici aiment l'obscurité. La nuit, elles peuvent pleurer tout leur saoul. Les lamentations des Japonaises ayant perdu leur mari, tombé sous les coups de fusil des rebelles à cheval, et la confusion des Mandchoues à chaque nouvelle irruption des gendarmes japonais s'intensifient nuit après nuit au milieu des mêmes bruits de pas.

— Allume, me murmure Beibei dans le noir.

— Vous voulez grignoter quelque chose ? lui dis-je en sachant pertinemment que ma question est absurde.

— Allume la lumière… murmure-t-elle à nouveau.

Je sors une lampe à huile de sous mon lit et allume la mèche. L'obscurité entassée dans les coins de la pièce ondule, revêt différentes formes, s'épaissit puis s'éclaircit, et ainsi de suite.

— Cherche, me souffle Beibei comme dans un rêve.

C'est alors que je comprends ce qu'elle veut me dire. J'examine attentivement le sol de la pièce, notamment là où le billot reposait. Ah ! Un bout de papier plié n'importe comment à l'intérieur du foyer. Chen a dû le cacher là en s'affairant autour du billot, c'est sûr ! Mais comment Beibei l'a-t-elle su ? Elle ne me demande même pas ce qui est écrit dessus ; elle se retourne dans son lit, m'offrant son dos, son épaule remuant au rythme régulier de sa respiration. Je jette un coup d'œil vers le rez-de-chaussée pour m'assurer que la porte est bien fermée et j'approche le mot de la lampe. Un seul caractère y figure : 毒.

Il veut que je lui procure du poison ? C'est bien la première fois que je comprends son intention sans difficulté. Je lui ai dit un jour que mon père, que j'avais laissé à Chongjin, était herboriste. Chen a donc décidé de se battre. Il doit vouloir préparer un banquet et tous les ingrédients passeront par le fil de sa lame, sur son billot. Le poison est un moyen facile et fatal. Si la chance lui sourit, il peut anéantir d'un seul coup tous les officiers et sous-officiers qui goûteront à sa cuisine. La saveur d'un plat n'est pas toujours fidèle à la volonté de son créateur alors que le poison, si. Son billot va l'aider à réaliser ce plan, j'en suis persuadée. C'est une méthode plus efficace que celle de mon frère avec son pistolet. Pourquoi n'y ai-je pas pensé plus tôt ?

Je mets mon manteau et j'enfile à la hâte mes chaussures en caoutchouc.

Je dois arriver au parc Nanhu avant le couvre-feu. Il faut tourner à gauche dans la rue en face du marché et marcher pendant trente minutes avec l'ouest et le QG dans le dos. On ne voit pas la lune, c'est une bonne chose, je craindrai moins le regard des gendarmes sur le chemin du retour. Mon souffle se bat contre l'air nocturne ; au bout d'un moment, je parviens à l'entrée ouest du parc. Non loin de là, je cache un bout de papier sous la statue d'une tortue au pied d'un tremble, avant de faire demi-tour et de me mettre à courir. J'espère que mon frère trouvera rapidement le message de Chen. Une question me traverse alors : comment faire passer du poison à Chen ?

7

Chaque fois que je prenais place devant la planche à découper, mon père étalait sa science. C'était devenu une sorte de rituel : « Ne détourne à aucun moment tes yeux de ceux du produit, et garde toujours le regard et le nez sur ta planche et ton couteau. Le produit, qu'il soit vivant ou mort, plus ou moins facile à cuisiner, va finir dans une assiette. Le cuisinier doit s'unir à lui pour le meilleur et pour le pire. Tes mains ne sont qu'un outil, elles sont là pour t'aider. Le véritable héros est le couteau. Tu peux faire tout ce que tu veux sur cette petite planche en bois. Tu peux découper des os de bœuf ou dessiner sur le dos d'une daurade des motifs encore plus élégants que les poèmes de Bai Juyi[1]. »

Dès que j'abattais mon couteau, c'était la même rengaine. Il ne manquait jamais une occasion de me répéter ses conseils : « Tout ce qui atterrit sur la planche est vivant, d'une certaine manière. Le couteau n'ôte pas la vie, il se fait obéir. Si ta technique souffre de la moindre faille, le produit te résistera jusqu'au moment d'être servi. Ne lui montre jamais le dos de ton couteau. Essaie de maîtriser son regard en le

1. Poète chinois de la dynastie Tang (772-846), auteur du vers suivant : « La soie se balance, le parfum se répand doucement, les douces fleurs ne savent où se poser » (*Tapis de fils rouges*).

soumettant doucement à ta lame. Menace-le comme si tu devais lui porter un coup fatal pour qu'il rende son dernier souffle. En même temps, fais attention à ne pas abîmer sa couleur et sa fraîcheur. »

La belle éloquence de mon père servait en général à séduire les aides cuisinières du restaurant ; pour autant, il avait le don de dire des choses sensées dans les bonnes proportions. Ses paroles m'ont toujours fait revenir à ma planche alors que je n'avais qu'une envie, m'en aller. Devant son plan de travail, mon père était un artiste et un philosophe inégalables. Son art réveillait l'âme des ingrédients posés là, sans vie, devant lui. Il les revêtait de tenues magnifiques et faisait en sorte que ce moment reste inoubliable dans la mémoire des clients. C'était le moins qu'il pouvait faire pour remercier ces aliments qui offraient généreusement leur chair.

Lorsque les *riben guizi* ont jeté l'ancre à l'est du port et se sont déversés sur les quais comme une colonie de fourmis, coupant de leurs baïonnettes les rayons du soleil, tous les hommes présents ont fermé les yeux et se sont dispersés, impuissants. Aucun d'entre nous n'a osé regarder en arrière. Nous avions peur que ces centaines de milliers de lames s'envolent vers nous et nous aveuglent. En dompteurs expérimentés, les soldats japonais ont contraint notre liberté physique sans nous tuer. Ils voulaient devenir les maîtres de cette terre le plus rapidement possible et accumuler des montagnes de butin. Mes compatriotes, complètement prostrés, ne pouvaient rien faire d'autre qu'attendre la fin de leurs agapes. Nous naviguions à vue, notre horizon était de plus en plus sombre. C'est pourquoi je ne pouvais lâcher ma planche.

Notre installation en Mandchourie n'était pas prévue. Si je n'avais pas tué Ishihara, je serais encore à Canton. Mais je ne regrette rien. La langue japonaise fait le même bruit que quand on croque dans un radis ; ses caractères, inspirés des idéogrammes chinois, sont simples et légers. Après mon arrivée en Mandchourie, j'ai continué à apprendre la culture et la langue de nos envahisseurs en travaillant dans un restaurant japonais. Les civils japonais étaient très gentils, à l'opposé des militaires qui, à cause de la mort qui planait au-dessus d'eux, se comportaient comme des machines. Ils buvaient beaucoup, n'avaient aucun humour et passaient leur temps à ôter la vie. En aucun cas ils n'éprouvaient de culpabilité, et ils ne semblaient pas particulièrement croyants, si ce n'était pour les offrandes qu'ils faisaient aux ancêtres.

J'ai travaillé quelque temps dans un restaurant tenu par une Japonaise à Xinjing. Je n'ai jamais avoué ce secret malgré tous les interrogatoires que j'ai subis au QG. Je ne veux pas qu'ils sachent que je comprends un peu leur langue et que je sais tout de ce qu'ils mangent et des goûts qu'ils préfèrent. J'ai fini par atteindre mon premier objectif. Ils n'imagineront jamais que les couteaux qu'ils m'ont donnés s'abattront d'abord sur une planche, ce champ de bataille féroce, avant de leur transpercer le cœur. Le *debabocho* sert à nettoyer le poisson ; le *sashimibocho*, à le découper en minces tranches ; l'*usuba* est un couteau grossier utilisé pour nettoyer les légumes ; l'*ushigiri* sert à couper les makis ; le *saki*, à tronçonner les anguilles. La seule vocation de ces couteaux est d'achever des êtres palpitants de vie.

Je les range dans un certain ordre et me place devant ma planche. Couverts de graisse, ils dégagent une aura lourde et trouble. A force de les voir suspendus côte à côte à un mur de la cuisine, leur lame bien tranchante, on a parfois l'impression qu'ils sont les dents de ce lieu. Ils sont accrochés là de jour comme de nuit, attendant leur maître. Ils accomplissent chacune de leurs missions en martelant la planche mais ne coupent en définitive que du vide. Les aliments reposent d'abord dans l'espace de la cuisine avant de disparaître dans un autre espace, celui du corps humain, à l'intérieur duquel ils attendent d'être digérés par l'estomac. Réintégrant leur mur, ces couteaux émettent de temps à autre des sifflements : le vent vient en effet frotter contre leurs lames et s'y faire découper avant de fusionner à nouveau.

Chaque endroit possède son atmosphère propre. Malgré son ambiance rude, cette cuisine me plaît. Elle me rappelle celle de ma mère, où des paquets d'algues et des tresses d'ail pendaient du plafond. Dans cette pièce très rustique, ma mère était toujours occupée à préparer des raviolis ou à nettoyer des feuilles de brocoli chinois. C'est avec elle que j'ai appris le silence. Contrairement à la volubilité de mon père, le silence de ma mère ne m'imposait rien. Les vantardises que mon père racontait au-dehors mouraient aussitôt parvenues dans ces quatre petits mètres carrés hermétiquement clos. Le silence était sa meilleure sauce et ses larmes les plus convaincantes.

La cuisine de la cantine des officiers compte au total vingt-six fourneaux de tailles variables. Je suis arrivé à m'en approprier un au bout de quelques jours, et cela sans offenser personne. Ici, avoir son fourneau équivaut à être gradé. Si les épaulettes représentent l'ordre hiérarchique de la collectivité, les fourneaux, eux, sont attribués en fonction des exploits des cuisiniers, de leur capacité à répondre au goût exigeant des officiers et de leur habileté à tirer le meilleur des denrées disponibles afin que chaque repas se déroule sans complication. En ce sens, le sergent Yoshii Masato, qui est responsable de sept fourneaux, est le maître incontesté des lieux. Il est toujours en train de courir entre ses sept feux, un peu comme un comédien de l'opéra de Pékin, c'est là son plus grand talent. Quand il est concentré, on dirait la déesse Sarasvati aux multiples bras.

« Bon, l'assaut est lancé », murmure-t-il chaque fois que les fourneaux sont allumés. Puis il enlève sa veste et prend une position étrange, comme un sumo. C'est un peu un rituel. En versant de la graisse de porc dans le grand wok qui ressemble à un couvercle de marmite, il chante d'une voix enjouée des chansons de Li Xianglan[1], mais on croirait plutôt entendre un cochon qu'on égorge. Il passe d'un fourneau à l'autre et réussit toujours à présenter les plats prévus dans le menu : soupes, ragoûts et plats à la vapeur. Il arrive parfois aux jeunes officiers de se plaindre de la nourriture qu'on leur propose ; il crache alors dans les paumes de ses mains, les frotte et lance des bordées d'injures : « Bande de crétins, quel luxe de chicaner sur la nourriture alors que vos jours sont comptés ! » Puis, tout en roulant de gros yeux, il se mêle des affaires des autres : « Mélange la bonne quantité d'orge à ton riz. Ce n'est pas parce que ce sont des officiers qu'ils n'attraperont pas le béribéri. N'hésite pas à faire sauter des crevettes dans du gras de porc s'il en reste, au contraire, ça masque l'amertume. Qu'on fusille tous les connards qui cachent des biscuits dans leur poche

1. Yamaguchi Yoshiko de son nom japonais ; il s'agit d'une actrice et chanteuse née en 1920 en Mandchourie.

et les mangent en cuisine! Cuisiner en mangeant est une marque d'impolitesse vis-à-vis des aliments. Mais n'hésitez pas à faire tomber des cheveux sales dans vos plats. Nos prétentieux généraux comprendront alors l'importance du rôle des cuisiniers dans l'armée. Hé, toi là-bas, le crétin de Cantonais, tu n'es pas d'accord? »

Même en présence de Nanjo Seiko, le responsable de la cantine, Yoshii continue à bavasser. De toute façon, gradés et sous-officiers ne s'entendent jamais...

« Il paraît que les Soviétiques ont cinq cents chars d'assaut T34, du tout dernier modèle. Enfoirés... Ils doivent manger de l'ours à tous les repas. Dommage pour nos troupes d'assaut qui n'ont que du poisson à se mettre sous les dents. On ne joue vraiment pas dans la même cour. Ah, ne vous méprenez pas: je continuerai à faire revenir des graines de soja et à préparer mes soupes de miso jusqu'au jour où ces salauds marcheront contre nous. Il faut bien que je nourrisse les maladies vénériennes de nos officiers de retour de Meizhiding. »

Ce cynisme est loin d'être le seul à refléter la morosité qui règne au QG. Les signes sont légion. Officiers ou soldats ordinaires, aucun ne s'exprime ouvertement mais tous affichent un air grave. A cause de l'armée soviétique qui se rapproche des frontières du Mandchoukouo, bien sûr, même un enfant s'en rendrait compte. Après sa jonction avec les compagnies de Vladivostok et d'Irkoutsk au début du printemps, elle est désormais prête à s'aventurer vers le sud. L'armée du Guandong ne lui est pas inférieure en nombre mais elle pèche par son équipement, son artillerie et son ravitaillement. Sans compter que les troisième et cinquième divisions, les corps les plus importants, ont été envoyées sur le front sud. L'armée du Guandong ressemble donc actuellement à la mue d'une cigale.

Des voix reprochant au commandant Otozô son incompétence fusent de partout. Je me souviens d'avoir surpris Yoshii et Nanjo se plaignant du commandant au motif qu'il n'avait aucune envie d'affronter les Soviétiques, était obsédé par la nourriture et s'absentait souvent de son bureau pour aller causer avec les bonzes du temple Jilesi. Nanjo, visiblement outré, avait fait claquer sa langue, stupéfait que le gouvernement japonais ne le destitue pas. C'est le genre de bruits que j'entends maintenant que je suis au cœur de la forteresse ennemie.

Environ trois cents gradés séjournent au QG. Parfois, des groupes d'officiers subalternes au visage noirci par le soleil, sans doute rentrés de combats en rase campagne, prennent leur repas à la cantine avant de repartir en mission au bout de quelques jours. Tous les officiers cantonnés là ne prennent pas part à tous les repas, seuls deux cents s'attablent régulièrement. Les officiers supérieurs – majors et au-delà – se font apporter les plats par leur aide de camp ou sortent manger dans les restaurants de luxe de la rue Changtong. A l'endroit où elle croise la rue Shaanxi, plusieurs restaurants japonais authentiques ont ouvert et tentent de rivaliser avec les échoppes chinoises et coréennes environnantes. C'est également là que se trouvait le restaurant Kamome (où j'ai travaillé pendant un temps et qui a disparu aujourd'hui).

En matière de goût, les officiers sont aussi exigeants que de véritables gourmets. Ils veulent être traités avec plus d'égards que les soldats. La ration quotidienne d'un fantassin comprend 0,90 litre de riz mélangé à de l'orge, la moitié d'un poisson et un radis en saumure. Les tables des officiers sont, elles, richement garnies de crevettes, de palourdes et de merlans congelés livrés clandestinement par des marchands soviétiques même en plein hiver. Certains officiers ordonnent parfois au cuisinier en service nocturne de préparer des plats spécifiques, comme de la soupe de nouilles aux fruits de mer ou du poisson frit. C'est toujours Nakamura, un soldat de première classe, qui se fait réveiller et doit se mettre au travail, les yeux encore bouffis de sommeil, tout ça parce qu'il est nouveau et que ses soupes sont les meilleures grâce au restaurant de nouilles que tient son père dans le Kansai.

Shigeo, l'aide de camp d'Otozô, est l'un des plus fidèles usagers de la cantine. Cet enfoiré s'amuse à fourrer son nez dans mes affaires quand je cuisine ; je ne supporte pas son air intransigeant. On dirait qu'il n'a qu'une idée en tête, c'est de m'embêter.

— Hé, demi-portion, tu t'es lavé les mains, j'espère ? Mon chef est très exigeant. Même au moment de saler, sois bien concentré. Si un jaune d'œuf présente la moindre saleté, tu seras fusillé !

Devant mon silence, il reprend à mi-voix :

— On mange des crevettes pêchées par les Ruskofs tout en craignant leur armée, c'est un comble, non ? Hé, le Cantonais, comment vous cuisinez les crevettes à Canton ?

— Aux yeux des gourmets cantonais, les crevettes sont une nourriture médiocre, dis-je sans lui accorder un regard.

Il ne me réprimande pas malgré ma remarque acerbe.

— Ah bon. Qu'est-ce qu'ils mangent alors ?

Tout à coup, mon amour-propre se rebelle. Je n'ai aucune envie de lui expliquer que les Cantonais sont des amoureux des dim sum et qu'ils s'en contentent deux repas sur trois. A quoi bon parler du raffinement de cette cuisine à ce maigrichon qui a dû être nourri aux tranches de poisson ?

— Les Cantonais mangent bien. Du temps où les marchandises n'étaient pas rationnées, la norme était de prendre trois repas et différents en-cas quatre fois par jour. Même pendant l'expédition du Nord[1], nous n'avons pas sauté un seul repas. Ce qui n'est plus le cas maintenant que la pénurie se fait sentir.

J'espère qu'il saisira le sens caché derrière mes paroles.

— Mais qu'est-ce que vous mangez ?

— Le matin, on commence par des dim sum légers. Pour ne pas brusquer la langue, on mange d'abord du froid puis du chaud. Laissez-moi vous recommander la perche frite et la poitrine de porc cuite à la vapeur, ainsi que le *dasuan chao zhugan*, un plat dans lequel on fait sauter de l'ail avec du foie de porc, et le *shengchao jiding*, un autre plat très cher où l'on fait sauter les morceaux d'oiseaux les plus fins. Pour le dîner, le *hongshao shizitou*, un bouillon aux boulettes de viande, est le meilleur remède contre la fatigue ; comme en-cas du soir, de la viande d'oie et du tofu en saumure dans de l'alcool, et avant de se coucher, des biscuits confits dans du miel accompagnés d'un thé léger.

— Un type comme toi a déjà goûté à ça ? me demande-t-il, l'air intéressé.

— A Canton, on vit pour manger.

1. Campagne militaire menée conjointement par les partis nationaliste et communiste entre 1924 et 1928 pour réunifier la Chine.

— Les Chinois sont des goinfres. De vrais porcs. Pendant que quelques-uns se bâfrent, les tireurs de pousse-pousse doivent se contenter d'une pauvre boulette de riz. Vous ne valez pas mieux que ça.

— Vous avez parfaitement raison. Il faut que tout ça évolue.

Shigeo affiche tout à coup un air triste.

— Dans mon village, la nourriture est sacrée. Les repas y sont pris le plus rapidement possible et aucun gaspillage n'est autorisé. Dans les temps anciens, les guerriers et les seigneurs s'érigeaient en modèles de frugalité. Les vieillards qui avaient l'impression de gaspiller de la nourriture se cassaient les molaires tant leur honte était grande, m'explique-t-il soudain d'un air triste.

— Quelle barbarie ! Se remplir l'estomac juste pour subsister, sans savourer le goût de ce qu'on avale... On mange pour se nourrir, d'accord, mais aussi pour profiter des saveurs d'un plat. A Canton, nous louons jusque dans notre lit cet univers profond et mystérieux vers lequel nous guide notre langue.

— Tant qu'il y aura des affamés, on ne pourra qualifier l'appétit de belle chose.

Quel altruiste...

— Dans ce cas, où les Japonais trouvent-ils du plaisir dans leur journée ?

— Du plaisir ? s'exclame Shigeo, le regard aussi vide que celui d'un poisson séché accroché au mur. Tu as peut-être raison, je n'ai jamais éprouvé de plaisir en mangeant, avoue-t-il franchement, l'air de n'y avoir jamais pensé jusque-là. Peut-être les Cantonais mènent-ils une vie meilleure grâce à leur hédonisme. Mais vous êtes des imbéciles, car vous avez toujours vécu sous la domination d'autres peuples. En fait, vous êtes prêts à tout accepter tant qu'on ne vous prive pas du plaisir de manger, hein, demi-portion ?

— Bien sûr, dis-je en dressant mes tripes de poulet sautées à l'huile d'olive. De simples tripes de poulet suffisent à notre plaisir.

En dehors des neuf cuisiniers spécialement sélectionnés, six commis sont présents à tour de rôle dans la cuisine des officiers pour approvisionner les fourneaux et nettoyer les aliments. Il y a aussi une femme sourde qui connaît tout de la cuisine traditionnelle mandchoue et, plus rarement, son mari, un homme à tout faire dénommé Tong. Si ce dernier dispose d'un accès limité à la cuisine, sa femme, elle, en est un élément aussi indispensable que Yoshii. Petite et mince, sa tresse lâchée dans le dos, elle est toujours vêtue d'un *qipao* bleu, le costume traditionnel mandchou. Elle s'appelle Hu Yilan, mais tout le monde l'appelle la Bleue, en référence à sa robe. Auparavant, elle travaillait aux cuisines de Puyi, mais elle a été transférée ici pour le bon plaisir du commandant friand de spécialités mandchoues. La guerre civile chinoise lui a pris ses deux fils et son ouïe, mais son handicap n'affecte nullement son intelligence et sa capacité de travail. Etre sourd est presque une chance dans un lieu où tant de secrets sont échangés au-dessus des assiettes. Elle est surtout réputée pour les plats à base de sang, mais je ne l'ai jamais vue en préparer.

— Hé, demi-portion, si on te demandait de renoncer soit à l'organe du goût, soit à la parole, tu choisirais quoi ? me demande Shigeo.

Shigeo, dame Hu et moi sommes à bord d'un vieux camion que Tong conduit au marché. Le commandant veut des plats spéciaux pour la fête de Banjin.

Non content de s'assurer que son aide de camp s'immisce dans tous les détails de ces préparatifs, il l'a chargé d'étudier s'il était possible d'organiser un *manhan quanxi*. Comme son nom l'indique, il s'agit d'un festin donné sous les Qing dans le palais impérial où des dizaines de plats étaient servis selon un ordre prédéfini. Certes, c'est grâce à ce désir d'Otozô que je suis en vie pour quelque temps encore, mais un problème de taille se pose : l'hiver approchant, la plupart des ingrédients ont perdu de leur fraîcheur et de leur attrait, tout comme les vivants. Un *manhan quanxi* à cette période de l'année ? Une idée absurde.

— Je garderais la parole.

— Ah oui ? Mais pour un cuisinier, le goût, c'est la vie, non ?

— Je ne veux pas perdre le plaisir de parler de cuisine. Un seul plat peut susciter mille éloges différents dans la bouche d'un Cantonais.

— Mais si tu perds ton organe du goût, tu ne pourras plus parler, fait remarquer Shigeo d'un ton moqueur en caressant son menton lisse. Tu perdras donc les deux !

Sa plaisanterie ne me fait pas rire et je me réfugie dans le silence.

Quelques instants plus tard, Tong gare le camion à l'entrée du marché principal. Sa femme marche en tête, suivie de Shigeo et moi. Pour satisfaire aux exigences du commandant, dame Hu est absolument nécessaire. Nous sommes venus nous faire une idée de ce qui est disponible sur le marché. Dame Hu ne s'attend vraisemblablement pas à grand-chose. Elle qui connaît les produits de tous les coins de Mandchourie sait pertinemment que les acheminer vers le marché de Xinjing sera une perte de temps et d'énergie, et encore plus en temps de guerre. La priorité va au ravitaillement militaire, peu importe ce qu'on sert aux soldats. Vouloir organiser un *manhan quanxi*, un banquet qui nécessite une telle variété d'ingrédients, n'a pas de sens.

« Organisez un *manhan quanxi* à la manière des Qing, avec uniquement des plats mandchous. »

L'ordre s'est abattu comme un cataclysme sur les cuisiniers de la cantine des officiers.

Ils vont en effet voir leur travail multiplié par deux : en plus de satisfaire le goût d'officiers râleurs, il leur faudra désormais préparer des plats de fête. Des dizaines d'aides civils et de membres du QG sélectionnés pour l'occasion seront bien sûr mobilisés, mais cette mission semble malgré tout relever de l'impossible. Et pas question de faire semblant avec ce commandant aux papilles gustatives apparemment hors du commun. Étonnant qu'il soit encore gouverneur du Mandchoukouo et de ses trente millions d'habitants. Pour ses ennemis, c'est l'occasion du siècle.

Comme à chaque fois que j'en ai l'opportunité, j'explique à Shigeo : « Même avec un excellent cuisinier mandchou, la tâche est impossible. Les ingrédients sont trop durs à trouver ; si tant est que nous y arrivions, nous manquons cruellement de main-d'œuvre pour préparer les plats et les présenter comme pour un *manhan quanxi*. » C'est un soldat dénué de pouvoir mais peut-être fera-t-il passer mon opinion auprès du commandant, de quelque manière que ce soit.

Le *manhan quanxi* organisé pour le soixantième anniversaire de Qianlong, le sixième empereur des Qing, était de même nature qu'un autre banquet, le *qiansou yan*. D'après les archives, la fête dura au moins trois jours. Plus de cent quatre-vingts plats différents furent servis à deux mille huit cents invités à raison de deux repas par jour. Toutes ces têtes chenues venaient des quatre coins du pays pour glorifier l'empereur. Le commandant cherche sans doute à imiter l'empereur Qianlong. Il souhaite profiter de la fête de Banjin pour offrir des mets rares aux doyens et nobles Han venus de toute la Chine, aux Européens au grand nez cantonnés dans leurs bureaux et aux fonctionnaires japonais ayant fait le voyage. C'est ce que Nanjo, le responsable de la cantine, a expliqué aux cuisiniers en revenant du bureau du commandant qui l'avait convoqué pour lui transmettre cet ordre en personne.

— Qu'est-ce que ça veut dire, à la manière des Qing ?

L'après-midi, le marché est bondé et bruyant. Vu la pénurie de produits de première nécessité, c'est le seul endroit où les gens peuvent s'en procurer, aussi ont-ils développé l'habitude d'y passer.

— Il veut que nous accordions une attention particulière au goût des ingrédients. Les *manhan quanxi* à la mandchoue ont depuis longtemps disparu. Aujourd'hui, tout est devenu chinois. C'est contre ça que mon commandant veut se battre.

— Je risque de ne pas être très utile…

— Si, au contraire ! C'est rare de tomber sur un cuisinier qui connaît aussi bien la cuisine chinoise que toi. Aide dame Hu en muselant ton art au maximum, c'est là ta mission. Réprime ce pour quoi tu es le plus doué. Repère les plats auxquels ton palais est habitué et casse les assiettes qui les contiennent.

Après un tour de marché, nous sommes tous abattus. C'est le plus grand marché de Xinjing mais la plupart des produits sont médiocres. Le visage de dame Hu s'assombrit de plus en plus tandis que Shigeo et moi réfléchissons à une solution. Nous pourrions envoyer des soldats dans différentes régions occupées par les Mandchous pour y chercher des victuailles. Je fais part de ma proposition à Shigeo, mais il me répond, embarrassé, que c'est hors de question. Si jamais l'état-major japonais l'apprend, ils seront sanctionnés, sans compter que les regards soupçonneux des autres officiers mettront le commandant en difficulté. Shigeo a raison. La période est mal choisie pour être aussi tatillon en matière de nourriture.

— Je ne pensais pas que le marché serait un tel échec. Comment va-t-on faire ? dis-je à Shigeo pour l'agacer. C'est quasi impossible de trouver des hirondelles rouges en hiver, mais le lac Nanhu est grand, peut-être pourrions-nous y attraper des cygnes ? Si on s'y prend à l'avance auprès des commerçants, on pourra avoir plusieurs faisans et des ailerons de requin ; en revanche, pas de nids d'hirondelles. En se donnant un peu de mal, on trouvera peut-être des vessies natatoires de poisson et des concombres de mer. En revanche, pour les ormeaux, les bosses de chameau et les pattes d'ours… *Aiyo*, je suis au bord de la migraine. Comment trouver des bosses de chameau en plein hiver ?

Shigeo, irrité, réplique d'un ton plaintif :

— Ça suffit, Chen ! Il n'a pas non plus demandé à ce qu'on prépare tous les plats du *manhan quanxi* ! Il veut juste qu'on s'y essaye dans les grandes lignes. Je ne sais pas pour les bosses de chameau, mais il y a bien des élevages d'ours, on trouvera sans problème des pattes. Voyons voir… Où pourrait-on aller chercher des placentas de panthère ? Et des cerveaux de singe ? C'est impossible ! Les Manchous mangent vraiment n'importe quoi. Comment peuvent-ils être fiers de servir des plats aussi nauséabonds? Ça me donne envie de vomir...

Dans notre malheur, nous finissons quand même par dénicher quelques légumes séchés chez un herboriste chinois. Nous lui commandons des champignons têtes de singe, des champignons du chêne et des morilles. Les shiitakés et les pousses de bambou sont faciles à trouver sur le marché. C'est dame Hu qui a eu l'idée d'aller chez un herboriste, un certain He; apparemment, elle le connaît depuis quelque temps, c'est pourquoi elle nous a conduits dans sa boutique remplie de toutes sortes de plantes séchées. Alors que nous montons dans le camion, je leur dis de m'attendre:

— J'ai oublié les pachymes.

— Les quoi? demande Shigeo.

— Les pachymes, une plante qui met des décennies à pousser au pied des pins par accumulation de résine. Elle a des vertus médicinales et peut être utilisée comme aromate. Elle sert souvent de diurétique mais est également très efficace pour atténuer un goût trop fort dans un plat. C'est un ingrédient indispensable à un *manhan quanxi.*

Après leur avoir servi ce prétexte, je parviens à acheter un peu de poudre de laurier rose. A mon retour, Shigeo ne me demande rien. Il se moque complètement de mon achat.

— Où trouver des tendons de cerf? Je n'ai jamais vu d'élevage de cerfs dans le coin.

Shigeo semble regretter d'être impliqué dans ce projet.

— Si on allait faire un tour en banlieue? On tombera peut-être sur des revendeurs illégaux. Si on veut avoir le temps de séparer les tendons des chairs et de les faire sécher, il faut qu'on se dépêche.

Nous passons encore chez d'autres herboristes et ne rentrons que le soir au QG. Yoshii, torse nu, est en train de faire griller des graines de soja pour le dîner. Il nous interpelle d'un ton ironique : « Le *manhan quanxi* est un festin immérité pour nous autres samouraïs, tout juste capables d'avaler bruyamment nos *udon* et de nous réjouir de la présence d'une simple crevette en guise de farce. Si tu savais, Shigeo, à quel point j'attends la fête de Banjin avec impatience ! C'est vrai qu'il y aura un plat à base de cervelle ? Vous savez, si on me donnait l'occasion de goûter de la cervelle de singe, je la lécherais jusqu'à la dernière miette. Ah, ça me dégoûte tellement que je torcherais ça en cinq minutes. »

8

— Il faut renforcer nos défenses pour empêcher l'avancée de l'armée soviétique. C'est ce que l'état-major japonais préconise. Dès la fin de la fête de Banjin, il faudra réorganiser les troupes en plaçant les éléments indisciplinés à l'arrière et les jeunes recrues sur le front. Nous comptons sur vous pour que partout en Mandchourie et en Corée nos forces travaillent à enrôler les jeunes hommes de plus de seize ans.

La voix de Fukuhara, le lieutenant-général responsable du corps de collecte de renseignements, est aussi solennelle que s'il lançait l'assaut. Plutôt que de se battre, on débat. Fukuhara particulièrement. Il est très apprécié de l'état-major du Japon. Ses lunettes rondes à monture en plastique s'accordent parfaitement avec ses grands yeux. Mais avoir de grands yeux n'est pas toujours une bonne chose : ils risquent de trahir vos pensées.

— C'est l'idée de l'état-major japonais ou la vôtre ?

Fukuhara boit une gorgée de son thé un peu âpre aux feuilles de kaki avant de répondre.

— De l'état-major bien sûr, et la mienne aussi.

L'armée du Guandong ressemble actuellement à un tigre privé de ses crocs. Il y a quatre ans, elle était encore forte d'un million d'hommes et fière de sa toute-puissance dans l'Asie du Nord-Est. Mais suite aux défaites successives du Japon dans le Pacifique, beaucoup de jeunes soldats du Mandchoukouo ont été envoyés sur ce front. Il ne nous reste plus qu'une quinzaine de soldats capables de se battre par section. Sans compter qu'aucune de nos trente et quelques divisions n'est aérienne et que les trois quarts des soldats des vingt-cinq divisions que nous sommes en train de former sont des novices qui n'ont jamais touché un fusil de leur vie, dont la loyauté ne nous est pas acquise et qui ne savent pas pourquoi ils se battent. Des gamins qui mangent trois repas par jour en attendant de pouvoir rentrer chez eux, voilà ce qu'ils sont. L'armée soviétique, elle, est constituée de militaires aguerris qui se sont jadis battus contre les Prussiens. Elle nous domine par ses effectifs, par ses canons et par les cinq mille avions dont elle dispose.

— La bonne nouvelle, c'est qu'Alexandre Vassilevski devrait bientôt être nommé commandant en chef des forces soviétiques en Extrême-Orient à la place de Gueorgui Joukov.

Vassilevski ? Quel que soit le commandant, il finit toujours par mener ses hommes à la mort.

Gueorgui Joukov est l'homme qui a écrasé l'armée japonaise à Nomonhan. Staline doit vouloir l'empêcher de devenir le héros de cette guerre. Ce changement est une bonne chose pour calmer les angoisses de l'armée du Guandong.

— Il y a une autre bonne nouvelle, dis-je, l'air de rien. J'aime la topographie mandchoue, elle joue en notre faveur.

— C'est vrai… dit Fukuhara en acquiesçant, un sourire aux lèvres.

La Mandchourie est entourée de montagnes et de forêts sur trois côtés. A l'ouest, elle est protégée par une chaîne qui culmine à deux mille mètres, sans compter que le vaste désert de Mongolie rend son accès difficile à n'importe quelle armée. Pendant la mousson, elle se transforme en un immense champ de boue. L'armée du Guandong a établi ses lignes défensives en exploitant au maximum ces conditions, dans le cas où les Soviétiques chercheraient à avancer vers le sud. Sa double stratégie consiste à défendre les forteresses situées le long de la frontière et à renforcer cette ligne grâce à cinq divisions positionnées en retrait. La priorité est ainsi mise sur une défense en profondeur. Elle compte également sur la loyauté des officiers qui sillonnent la campagne mandchoue.

— D'après vous, à quel moment vont-ils attaquer ?

— Les Russes ? A leur place, je n'attaquerais pas. L'Union soviétique a perdu trente millions d'hommes contre la Prusse. Attaquer notre front serait trop téméraire.

— Et s'ils franchissent la frontière ?

— Il nous faudra les repousser à tout prix pour la gloire de l'armée impériale.

Chaque fois que je reçois un rapport, je pense à cette multitude d'hommes coincés entre la vie et la mort. Quoi de plus beau et de plus oppressant que de faire face à une mort imminente ? Si on trouve beau un plat délicieux, c'est bien parce qu'il est destiné à être englouti puis digéré. Ce qui ne se consomme pas, ce qui est juste là pour faire joli n'a aucune valeur esthétique. Le bodhisattva du temple Jilesi est magnifique parce qu'il se détériore avec le temps. Un jour, son corps sera rongé de rouille et son sourire tordu de manière grotesque. Ce sourire changeant mérite d'être aimé.

— Il paraît que l'empereur russe mange du bortsch.

— Pardon ?

Ma phrase décontenance Fukuhara.

— Apparemment, on met des tomates dans cette soupe pour qu'elle soit rouge. Je suis sûr que ce peuple de porcs adore le sang. Des tomates… Je déteste les légumes rouges.

J'espère que Fukuhara a compris le message.

— Où êtes-vous né ?

— A Tsushima.

— Ah bon ? Vous êtes donc d'une lignée de guerriers ?

— Tout à fait. Ma famille s'y est installée à l'époque des *Yakimono senso*[1].

— Quelles sont les spécialités de Tsushima ?

— Les *ishiyaki* me manquent parfois.

— Les *ishiyaki*, bien sûr ! Le canard grillé, voilà qui est léger et savoureux.

Fukuhara hésite un instant avant de reprendre la parole.

— Si vous êtes très occupé, mon commandant, laissez-moi me charger de définir notre stratégie. Il est urgent de réorganiser nos divisions. Pour faire face à la puissance de feu de l'armée soviétique, il nous faut mettre sur pied davantage de troupes d'artillerie. Nos baïonnettes ne suffiront pas à nous faire remporter la guerre.

— Bien, bien, nous en reparlerons quand la fête de Banjin sera passée. Avec la chute des températures, l'essence va geler. Nos ennemis ne pourront pas avancer.

1. Invasions japonaises de la Corée entre 1592 et 1598, connues en français et en coréen sous le nom de « guerre d'Imjin ». *(N.D.T.)*

— Bon…

Fukuhara donne l'air d'avoir à moitié renoncé. Il devrait savoir que les sujets militaires sont à l'ordre du jour pendant la réunion des officiers qui a lieu tous les lundis. Pourquoi me fait-il perdre un temps précieux en m'entretenant de ça lors d'une visite personnelle ? Il ne devrait pas exercer de pression sur moi en me rappelant les positions de nos supérieurs. Chaque chose obéit à des règles et à des principes. Puisque l'état-major japonais m'a nommé à ce poste, tout le monde doit m'obéir. En principe, je suis contre la guerre. Je sais qu'il est important de franchir la frontière pour repousser l'armée soviétique et de traquer impitoyablement les rouges cachés partout dans le pays, mais rien de tout cela ne doit me déranger quand, assis dans mon fauteuil à siroter ma tasse de thé, je me rappelle mes rêves d'enfant.

— Attendons encore un peu.

— Très bien. Je reviendrai vous voir après la fête de Banjin.

Comme s'il n'avait plus rien à ajouter, Fukuhara prend sa casquette et se lève.

Un nouveau rapport s'envolera-t-il cette nuit vers l'état-major japonais ? Je crois comprendre pourquoi mes supérieurs m'ont nommé à ce poste. Un officier au caractère bien trempé n'aurait jamais accepté d'envoyer dans le Pacifique les soldats d'élite de l'armée du Guandong. Il aurait désobéi aux ordres et enfoncé les lignes soviétiques. Les tarés de la sorte ne manquent pas. Pour le Japon, quelqu'un d'aussi docile et dénué d'ambition que moi est plus qu'idéal à cette position. C'est pourquoi, malgré les critiques de mes collègues, l'état-major reste ferme sur sa position. Il ne me reste plus qu'à profiter de la situation.

La porte s'ouvre et Shigeo fait son apparition. Il apporte sur un plateau un bol de bouillie de riz au poulpe. Cela fait quelques jours que je raffole de ce plat et de ses petits morceaux à mastiquer. J'ai bien fait d'avoir épargné Chen. Il a fait revenir dans l'huile de petits tronçons de poulpe, auxquels il a mélangé du riz cuit, avant de couvrir d'eau la préparation et de la porter à ébullition. Il a ensuite garni le bol de dés de légumes. Ce plat me ravit à tel point que j'en oublie presque le million de soldats soviétiques. A la différence de la version préparée par la cuisinière mandchoue, sans gras, le poulpe est ici revenu dans l'huile ; la bouillie de Chen diffuse ainsi en bouche un parfum incroyablement suave. L'harmonie entre les tranches de racines de lotus bien croustillantes et le poulpe est superbe. Les plats réalisés par ce Cantonais disgracieux parviennent parfois à battre en brèche les idées reçues : ce n'est pas parce que c'est une bouillie qu'il n'y a rien à mâcher.

— Faites attention, c'est chaud, me dit Shigeo comme à l'accoutumée en reculant d'un pas.

Je préfère à un petit déjeuner une bouillie légère vers dix heures du matin. Quel plaisir de pouvoir ensuite déjeuner tranquillement vers quatorze ou quinze heures ! Après ma bouillie, je me rafraîchis la bouche avec des bananes ou des litchis séchés en buvant du thé. Vers dix-huit heures je dîne et prends un en-cas vers vingt-deux ou vingt-trois heures. Bref, ma journée s'ouvre et se ferme sur un repas. Manger est pour moi le meilleur moyen d'oublier, pour quelques instants, cette guerre et la charge qui est la mienne. Je ne manque pas de discuter avec Shigeo des plats qu'il m'apporte. La cuisine nous sauvera peut-être. Il faut que je dise ça à cet idiot de Fukuhara.

Je prends une cuillerée du liquide chaud et la dépose sur ma langue. Entrant en contact avec mes papilles, le goût et le parfum des légumes et du poulpe envahissent lentement mes sens ; mes pensées, séparées de moi, se mettent à flotter dans le vide. Les saveurs sucrée, aigre, douce et salée me plongent dans des rêveries et n'ont de cesse de me ramener à l'intérieur de mon corps. Allez, fonce, là est ton salut. Elles me font oublier l'enfer qui règne au-dehors. En mastiquant et en savourant lentement les textures des différents ingrédients, j'essaie de convaincre mon corps que, même si le monde extérieur que je pensais absolu s'effondre un jour, je ne me laisserai pas sombrer dans le désespoir tant que mon palais sera intact.

Je pense à la soupe sichuanaise d'hier, le Cantonais s'est vraiment surpassé. Elle aurait pu être encore plus épicée, c'est dommage. C'est quand il mâche qu'un être humain est le plus sincère. Quand la viande de bœuf marinée dans le piment fond doucement sur la langue, même la souffrance devient agréable. Si nos ennemis franchissent la frontière, j'aurai beau avoir le cœur lourd, comme ceint d'une armure et de chaînes, je prendrai encore le temps de manger tranquillement. Je repense aux moments paisibles où je mangeais du *bungogyu*, la tête posée sur les genoux de ma mère. J'imagine des assiettes vides laissées sur une table ronde où je serais assis et je trouve beau le bruit qu'elles font en s'entrechoquant ; je me dis alors que je suis en paix, même si je sais que la mort m'attend demain. Ce ne sont pas les cadavres déchiquetés par les bombes mais mes repas gourmands qui me font sentir la présence divine.

— Tu as quelque chose à me dire ? fais-je à Shigeo qui a l'air d'hésiter à sortir.

— Euh… L'empereur Puyi est là.

— Il n'a pas sollicité d'entretien, il me semble ?

Il est déjà arrivé à Puyi de venir dans mon bureau après avoir rendu visite à un autre service.

— Je ne crois pas qu'il ait quelque chose de précis à vous dire.

Quelques minutes plus tard, son chapeau à la main, vêtu d'un manteau qui lui descend jusqu'aux genoux, Puyi entre. Il jette un coup d'œil rapide au bol posé sur mon bureau et va s'assoir dans le fauteuil destiné aux invités.

— Vous êtes en train de manger ? Je m'excuse de vous déranger à l'improviste.

— Je peux vous faire goûter ?

Puyi décline mon offre d'un geste de la main.

— J'ai pris un petit déjeuner copieux.

— J'ai entendu dire que les plats servis au palais étaient délicieux. Rien de plus normal, les meilleurs cuisiniers du pays y travaillent.

Puyi a sûrement quelque chose à me dire, sans quoi il ne se serait pas laissé aller à une telle impolitesse. Mais je n'ai pas l'intention de lui donner l'occasion de s'exprimer sur le sujet. Il est rusé. Il croit que je suis bien disposé envers lui, contrairement au précédent commandant et aux autres officiers de l'état-major. Mais il a tort : c'est juste que je ne m'intéresse pas à la guerre. Je n'éprouve pas de compassion pour les Mandchous, mais je ne les déteste pas non plus. Assis de part et d'autre du bureau, nous discutons et cherchons à lire dans les pensées de l'autre ; une relation nourrie de proximité et de distance nous relie. Choisis bien tes mots, Puyi.

— C'est une bouillie de quoi ?

Mon repas a l'air de l'intéresser. Une conversation de cette sorte me va très bien.

— Poulpe et racines de lotus. J'ai autorisé un cuisinier cantonais à travailler dans la cantine des officiers. Son talent est remarquable.

— Bouille au poulpe… Je pense avoir déjà goûté quelque chose de semblable.

— Du poulpe revenu dans l'huile, en plus.

— Ce n'est pas trop gras ?

— Un peu, mais la chair en devient si tendre…

Je vide mon bol de ses derniers grains de riz.

— Il paraît que vous avez ordonné l'organisation d'un *manhan quanxi*.

— Eh bien… je n'aurais pas dû ? Le jour de la fête de Banjin, nous accueillerons nos officiers qui ont durement bataillé pour le Mandchoukouo ainsi que les conseillers militaires de nos trois alliés principaux. Des plats spéciaux leur seront servis. Ne vous en souciez pas, Votre Majesté.

— Peu d'aliments sont disponibles à cette époque de l'année, je crains que la préparation n'en soit compliquée. Je pourrais vous recommander un ingrédient : le *lujin*, les tendons de cerf. Vraiment ! En plus, il y a dans la région des élevages de cerfs sauvages. Si vous vous y prenez à l'avance, je peux vous assurer que vos invités apprécieront l'intention à défaut du résultat.

Il n'a rien d'autre à me recommander que des tendons de cerf ? « Apprécieront l'intention à défaut du résultat » ? Quel culot ! Ce n'est pas la première fois que l'empereur tente de réaffirmer son autorité de la sorte.

— Pourquoi dites-vous ça ?

Shigeo entre, nous sert du thé noir et débarrasse mon bol.

— Les riches qui se prétendent gourmets préfèrent les tendons les plus tendres possibles. Mais ils n'y connaissent rien. Les cuisiniers qui en ont fait leur spécialité n'utilisent que les tendons du talon des pattes arrière, qui sont les plus coriaces. Les cerfs passent toute leur vie dans la crainte, environnés de nombreux prédateurs. Même quand ils broutent, ils gardent les muscles de leurs pattes arrière en tension afin de pouvoir fuir au plus vite. Ils doivent leur survie à ces petits tendons.

— Quel goût ont-ils ?

— Je n'en ai mangé qu'une fois. En Mandchourie, on appelle ce plat *songren chao lujin*, mais les restaurants dont c'était la spécialité ont aujourd'hui disparu. En principe, il faut les faire sauter avec des pignons, mais comme ce n'était pas la bonne saison, on me les a servis avec des pousses de bambou. Je ne sais pas si cette image est parlante mais j'avais l'impression qu'une force entrait en moi, celle des puissants muscles de pattes capables de galoper à toute vitesse. Le goût de cette viande mariée aux pousses de bambou était très mystérieux… A chaque bouchée, je me gorgeais de la texture des tendons s'écrasant sous mes dents. Les gourmets considèrent la langue et le nez comme les premiers contributeurs du goût. Pour moi, l'oreille joue aussi un rôle capital. C'est ce que j'ai compris en goûtant ce plat.

Je me tape la cuisse exagérément fort.

— Vous avez raison sur toute la ligne, Votre Majesté ! Les imbéciles qui se prennent pour des gourmets s'appuient uniquement sur les piètres sensations de leur langue. Le matériau dans lequel sont faites la table et les chaises, les objets d'ornement, les assiettes posées sur la table, le lieu en tant que tel, le visage et l'intelligence des convives, la qualité des conversations, tout ça agrémenté d'une douce mélodie de *shakuhachi* à peine audible, voilà les composantes d'un tableau parfait. Quand le plat arrive sur la table, il doit être le point culminant de ce paysage. Sa saveur, son parfum et son aspect doivent être si exquis que tout un chacun devrait en oublier l'expression des autres invités occupés à discuter de choses banales, voire les informations qu'on lui a confiées en les faisant passer pour des renseignements top secrets, bref, tout ce qui l'entoure…

Je me sens de mieux en mieux. Aurais-je enfin rencontré un être à ma mesure dans ce bâtiment si froid ? Si nous nous étions retrouvés face à face, sans nos titres, dans un restaurant, nous aurions pu devenir deux amis passionnés de cuisine. Quel dommage ! Si je survis à ce carnage, je repasserai sans faute au Mandchoukouo et ferai préparer des *songren chao lujin* pour cet empereur quasi squelettique. A condition que cet Etat fantoche établi sur une vaste plaine soit encore debout.

— Tout à fait. Le meilleur effet que peut avoir un plat, c'est de réduire les gens au silence, de rendre leur misérable langue incapable de la moindre critique. Permettez-moi d'ajouter encore une chose…

— Je vous en prie.

— Manger est un acte permettant d'atteindre la seule beauté à laquelle les humains peuvent prétendre. C'est aussi un bonheur que notre palais et notre estomac offrent à notre cerveau, un cadeau divin dont nous sommes en mesure de jouir pleinement. C'est un acte simple.

— La beauté… Quelle justesse dans votre image !

Cet homme a tout oublié du but initial de sa venue.

— Les Mandchous cuisinent beaucoup à l'huile sur un feu vif, n'est-ce pas ? Ils seraient même capables de faire frire la Cité interdite.

— Tout à fait. C'est le cas presque partout en Chine, surtout dans le nord-est. Comme la région est en climat humide loin du littoral, nos ancêtres devaient être préoccupés par la conservation des aliments. Les cuisiniers maîtrisant différents styles de cuisson sont encore aujourd'hui considérés comme les meilleurs. Cuire à feu vif, faire mijoter, braiser, laisser refroidir avant de faire sauter à nouveau… La gestion du feu est primordiale. C'est le feu qui est à l'origine de toutes les saveurs.

— Je vois. C'est vrai qu'il paraît ardu de réaliser un *manhan quanxi* à l'heure actuelle. Je vais peut-être remettre cette idée à plus tard. Mais j'aimerais beaucoup goûter un authentique *songren chao lujin*. Si nous réussissons à en trouver les ingrédients, je vous ferai porter une assiette.

— Je vous remercie. Mais ne faites pas du *songren chao lujin* le plat principal d'un banquet. Si vous tenez absolument à présenter un plat traditionnel lors de la fête de Banjin, choisissez plutôt le *fotiaoqiang*, le « Bouddha qui saute par-dessus le mur ». Un seul bol de cette soupe peut incarner l'essence du *manhan quanxi*, si tant est qu'elle est bien préparée.

Je suis d'accord mais je fais comme si je ne connaissais pas.

— *Fotiaoqiang*?

C'est une soupe aux ailerons de requin qu'on servait à la cour des Qing. Œufs d'oiseaux, pousses de bambou, concombres de mer, ormeaux, coquilles Saint-Jacques, lèvres de requin, peau de poisson, vessies natatoires, ginseng coréen de Goryeo… Elle compte plus d'une trentaine d'ingrédients en tout. C'est un plat censé concentrer cent saveurs différentes en son sein. Une dizaine d'exhausteurs de goût sont utilisés tout au long de sa préparation. Il n'a pas tort de dire qu'un seul bol de cette soupe peut incarner l'essence du *manhan quanxi*.

— C'est un plat d'une grande rareté. Vos invités l'apprécieront presque autant qu'un *manhan quanxi*. Les produits risquent d'être difficiles à trouver mais au moins, il s'agit d'un seul plat ; avec un minimum d'efforts, vous devriez pouvoir y arriver. Et quel goût délectable !

— Votre Majesté, j'accepte volontiers votre conseil. Mais une question pique ma curiosité : comment prépare-t-on du sang de cerf ? dis-je en jetant un coup d'œil à ma montre.

Puyi a l'esprit vif ; il comprend le message et se lève en prenant son chapeau.

— Du… du sang, dites-vous ? répond-il, soudain tendu.

— Oui, du sang. Quel gâchis de laisser perdre ce liquide chaud et rouge…

En se dirigeant vers la porte, l'empereur se retourne lentement.

— On consomme le sang de cerf cru. C'est bon pour les intestins.

Quand notre véhicule traverse la rue Balibao, j'enfonce un chapeau sur ma tête et me change. Shigeo, au volant, est aux aguets. Il caresse de temps en temps son revolver sous son siège, prêt à ouvrir le feu s'il le faut. Pour calmer son inquiétude, je me dépêche de coller mes fausses moustaches. Personne ne devinerait que le commandant de l'armée du Guandong se trouve dans une vieille voiture de type 95 sans la moindre escorte. C'est uniquement à la campagne que les rebelles chinois tirent en voyant ce genre de véhicule, même quand il n'y a que des civils à bord. A Xinjing, les rouges ne sont pas aussi courageux. D'autant plus que c'est la pleine journée. Au mieux, ils sortent comme des rats à la nuit tombée et donnent des coups de pied aux murs de la gendarmerie avant de déguerpir.

— Shigeo, tu feras quoi quand la guerre sera finie ? lui dis-je pour le mettre à l'aise.

— Ma foi… Vous pensez vraiment que la guerre va se terminer ? répond-il en mettant son clignotant à gauche.

— Rien n'est éternel, Shigeo. Après la première guerre sino-japonaise, notre empire a été trop gourmand. Une cinquantaine d'années se sont écoulées depuis. Il est temps que tout ça prenne fin.

— Mon commandant, si vous prenez votre retraite…

Chaque fois qu'il me pose une question d'ordre personnel, Shigeo se montre très prudent.

— Eh bien, si le destin me le permet, je rentrerai à Kumamoto, où je ferai construire un petit temple. Je lui ai déjà trouvé un nom : Intekiji.

— C'est un joli nom.

— N'est-ce pas ? J'ai trouvé un Bouddha pour son pavillon principal.

— Ah bon ? Déjà ?

Shigeo a dû deviner que je convoitais depuis longtemps le Bouddha du temple Jilesi.

— Oui. Pour moi, ce Bouddha est d'une parfaite beauté. Il ne fait pas de promesses inconsidérées comme celle de sauver le monde ou d'apaiser la souffrance des hommes, c'est son existence en tant que telle qui est sainte. Quinze jours après être arrivé ici, j'ai été reçu en audience par ce Bouddha. Il était très tard, les moines dormaient. J'étais assis seul à le regarder, éperdu d'admiration, quand un air de flûte s'est élevé. C'était sans doute une illusion mais il m'a semblé qu'elle émanait du Bouddha. Une mélodie immuable vieille de plus de mille ans. Le Bouddha, dans sa solitude, inspirait un souffle de vent par le nez et le faisait descendre dans son ventre, où il résonnait. Ce soir-là, je suis tombé sous son charme. J'ai envie de réveiller ce Bouddha plongé dans ses pensées et de lui faire une offrande généreuse.

— Je vois…

Cette fois, je sens que cette andouille a compris où je voulais en venir.

— Vous ne risquez pas de vous sentir désœuvré ?

— Tu t'inquiètes pour rien… Une fois le temple construit et les moines installés, je m'occuperai de tout autre chose. Je pense ouvrir un restaurant traditionnel mettant à l'honneur les spécialités de Kumamoto. Il mêlera harmonieusement la nourriture frugale et pure du temple et la cuisine sobre et légère des mères de Kumamoto. J'aimerais qu'elle rivalise avec les autres cuisines asiatiques… et même du monde entier ! Il y a d'autres manières de faire la guerre qu'avec des fusils et des sabres. Tu vas peut-être rigoler mais j'ai aussi le projet de fonder une revue culinaire.

— Ce n'est pas une mauvaise idée.

Inutile d'espérer que Shigeo prenne plus de risques que ça. Il doit se moquer de moi au fond de lui. Rêver d'ouvrir un restaurant alors que les combats risquent à tout instant de reprendre ! Mais il ignore une chose. Les restaurants et les guerres sont des prétextes que s'inventent les hommes pour supporter leur existence harassante dans ce monde créé arbitrairement par les dieux.

— Combien de temps voulez-vous que je vous attende ? me demande-t-il en se garant sur le parking du temple.

— Une demi-heure suffira.

Situés un peu à l'écart du centre-ville, les lieux sont déserts. Aucun moine en vue. Ces charlatans qui ne savent que méditer bien au chaud dans leur cellule ne mettraient pas le nez dehors à cette heure-ci. Le contraire serait bizarre. Il est dix-sept heures. Dans précisément trente minutes, je devrai revenir à la voiture et repartir pour le QG. Je n'ai pas le choix, sinon je serai en retard au banquet de dix-neuf heures. Nous avons la visite des représentants allemands et autrichiens. Ils souhaitent que le Japon soit plus présent sur le front sud et que davantage de soldats de l'armée du Guandong interviennent et brandissent haut le drapeau de la justice.

Le temple Jilesi, malgré son architecture coréenne et sa construction récente, a l'air vieux et sinistre. La toiture étant sans doute peu entretenue, des succulentes poussent abondamment entre les tuiles ; sur la pagode en pierre de sept étages, une mousse noire gagne du terrain. Dans le jardin s'entassent plusieurs couches de feuilles mortes. Une dizaine de moines, dont quelques jeunes, gardent le temple. Une quinzaine de personnes en tout, en comptant la vieille dame en cuisine et les hommes à tout faire d'un certain âge, en dépendent. Mais l'endroit n'est pas aussi soigné qu'il pourrait l'être. Le conseil d'Etat des affaires générales lui alloue pourtant deux mille yuans par an pour les frais d'entretien. Les moines jouissent d'une opulence sans limite même en pleine guerre.

C'est Dechuan, le responsable du temple, qui accueille les visiteurs. Son corps est si maigre et son visage si pâle qu'on le croirait tout juste sorti d'une méditation de cinq cents ans. Dernièrement, il a sombré dans la folie des jeux d'argent. Chaque week-end, vêtu en civil, il se rend dans une des maisons de jeux clandestines du quartier des Han. Je n'ai aucune idée de l'état de ses finances, mais il passe tous ses week-ends à fumer de l'opium avec des voyous. J'ai déjà ignoré deux rapports que la gendarmerie m'a présentés à son sujet. Quand on a une addiction, on est plus facile à manipuler.

Absorbé dans mes pensées, j'ouvre soudain les yeux.

Une femme en *qipao* rouge – ai-je mal vu ? – une jeune femme, des fleurs de thé blanches et jaunes à la main, avance droit vers le Bouddha. Les quelques rayons de soleil qui pénètrent à l'intérieur lui font comme une enveloppe de soie, l'entourant de mystère. Ses jambes sont fines, sa nuque blanche. Quelques cheveux y sont collés, comme mouillés. Mon cœur bat la chamade. La scène m'est familière, elle figure quelque part dans mon cerveau ; mais quand ai-je bien pu voir cette femme et ces fleurs de thé si blanches ? Je me souffle à moi-même : « Des fleurs blanches par un tel froid, c'est vraiment superbe ! »

Chaque branche de théier donne une fleur à cinq pétales dont la blancheur est parfaitement assortie à l'hiver. C'est la seule plante au monde dont les fruits de l'année précédente et les fleurs nouvelles partagent la même branche. Quel arbuste singulier… Ma grand-mère maternelle me disait souvent que le thé contient les cinq saveurs de la vie. Elle et ma mère adoraient la grâce de ces fleurs. Celles que présente respectueusement cette jeune femme au Bouddha existent à la fois dans le passé de ma mémoire et dans le présent. Dès lors, comment appeler ce moment ? Comment nommer cet étrange sentiment de vide que j'éprouve devant le Bouddha ?

Je me redresse et m'efforce de calmer les battements de mon cœur. Elle va et vient à pas feutrés sur le parquet, telle une lumière mystérieuse. J'avais oublié que les théiers fleurissaient au début de l'hiver. Cette femme doit être une fidèle fervente. Comme elle est belle ! Elle a trouvé des fleurs à une saison où celles-ci disparaissent et elle est venue les offrir au Bouddha. Je ne pensais pas qu'il existait de beauté capable de surpasser celle de la statue du Maitreya, toujours assise dans la même position pensive. Mais regarde cette femme et ces fleurs posées devant elle. Ne sont-elles pas éblouissantes ? La beauté de cette jeune femme pourrait rendre aveugle celui qui la regarde ; elle trouble même l'aura du Bouddha.

Je me retiens de sortir mon revolver et de lui tirer dessus. Est-ce une illusion ? Son image disparaît aussitôt, cédant la place à un calme absolu. Le silence dense s'évapore et des pétales blancs emplissent l'espace entourant le Bouddha, me rappelant le dernier souvenir que j'ai de ma mère, qui date du printemps de mes sept ans. Vêtue d'un sobre kimono au motif de cerf-volant gris, elle donne à manger aux poules qui s'égaillent dans la cour en laissant de temps en temps échapper des *gwa gwa gwa*. Je porte le costume occidental que j'ai eu pour mon anniversaire dans l'hiver. Assis sur une chaise, j'enregistre cette scène qui me semble éternelle tout en me disant que les rayons du soleil sont un peu trop chauds. Ma mère, enceinte, n'a pas encore un trop gros ventre.

Une semaine plus tard, elle meurt en couches, emportant le bébé avec elle. Je suis confié à ma grand-mère maternelle. Un mystère demeure jusqu'à aujourd'hui : j'ai beaucoup de souvenirs de ma mère mais aucun de son visage. A neuf ans, ma maison est détruite par un incendie et tous les albums photo brûlent avec elle. C'est ainsi que son visage disparaît à jamais. Parfois, quand elle me manque, je me souviens du goût des plats que je mangeais, la tête posée sur ses genoux, et j'essaie de me remémorer comment elle nourrissait les poules du bout des doigts, le dernier geste d'elle qui soit gravé dans ma mémoire. Dans mes rêves, je ne vois pas non plus son visage. Elle disparaît sans cesse, ne me montrant que son dos ou son profil.

J'avais renoncé à me rappeler son visage jusqu'à ma rencontre avec le Bouddha Maitreya. La première fois que je me suis trouvé face à lui, une sensation de déjà-vu m'a étreint. L'impression d'avoir déjà été en présence de cette statue, une impression laissée sur ma langue et sur le bout de mes doigts émergeant des bribes de ma mémoire, les lèvres silencieuses de ma mère, empaillées quelque part au plus profond de moi grâce à ses *gwa gwa gwa*, un jour où mes cheveux étaient caressés par les rayons du soleil... C'est ce Bouddha qui m'a aidé à me souvenir, ne serait-ce que vaguement, de la chaleur du sourire et de la voix de cette femme, des cheveux comme humides et du visage de celle qui déposait de la nourriture dans ma bouche, autant de détails que j'avais jusqu'alors oubliés.

— Il est l'heure...

Shigeo me tire de mes songeries.

— Quelle ponctualité !

Chaque fois que je m'assieds sous le mandala du plafond, je me sens rasséréné. Le Maitreya, tête ployée, assis dans une solitude totale, passe son temps à sourire. Il ne peut qu'être authentique : un faux n'afficherait jamais ce sourire-là de profil. Pourquoi ce Bouddha sourit-il uniquement sous cet angle-là ? Pourquoi me fait-il comprendre ça, à moi, alors que les moines du temple ignorent tout de ce sourire ? J'ai envie de le réveiller, même contre son gré. Ainsi, je pourrais admirer de face le beau visage de la femme que je croyais perdu à jamais dans mes souvenirs.

Je me prosterne trois fois avant de quitter la salle.

9

A quel moment les gens pensent-ils à la mort ?

Cela ne m'est encore jamais arrivé. Les gens autour de moi l'ont tous repoussée avec succès. Quand mon père, en ramassant des champignons, a chuté d'une falaise de plus de quinze mètres, tout le monde l'a cru mort. Mais il a survécu, malgré des douleurs au dos. A huit ans, alors que je cueillais de l'armoise, j'ai marché sur la tête d'une vipère et son venin s'est répandu dans mon corps ; même alors, l'idée de la mort ne m'a pas traversé l'esprit. La mort m'est toujours passée à côté. Comme pour mon frère, qui est allé attaquer le journal *Manseon Ilbo* armé de deux bombes mais en est revenu bredouille. Quelques personnes dures à cuire de mon entourage ont malgré tout réussi à mettre fin à leurs jours et à quitter ce monde dont elles n'avaient plus rien à faire, comme Suk-yeong. Ce sont de rares exceptions.

Que sont donc ce corps et cet esprit qui croit que je suis moi ? Qu'est-ce que ce passé que je crois avoir vécu et comment expliquer que j'aie échoué dans cette ville inconnue ? Pourquoi mon frère se bat-il au juste ? La vie humaine a-t-elle plus de sens que celle d'une araignée rouge emperlée de rosée attendant ses proies sur son théier ? En quoi notre vie est-elle plus passionnante que cette attente ? Je n'ai jamais vécu pour des grandes causes, de celles que mon frère aime tant défendre. Tu sais, ceux qui jouent aux héros préfèrent les combats les plus visibles et passent ainsi à côté de ce qu'il y a de plus important dans la vie.

Suk-yeong s'est jetée sous les roues d'un train. Je ne sais pas si le terme *jeter* est vraiment le bon. D'après le conducteur du train, elle marchait tranquillement sur les rails, comme une somnambule. En vérité, elle était ivre d'un rêve, de mon frère et de son éloquence. Elle était sous le charme de cet homme qui se cachait derrière sa langue et partageait les mêmes ambitions que lui. Son rêve semblait si proche. Le monde était absurde et les quelques livres que mon frère lui lisait étaient les rayons de soleil qui semblaient pouvoir le sauver. Toutes les nuits, mon frère traduisait en cachette du japonais des livres comme *L'idéologie allemande* ou *La volonté de puissance*. Parfois, il nous lisait des recueils de poèmes hermétiques, comme *Petits poèmes en prose* ou *Divagations*, et Suk-yeong remplissait son cahier de ces mots mélancoliques qui venaient de quitter la bouche de mon frère. Voilà à quoi ressemblait le monde que Suk-yeong imaginait à travers lui :

« Il était une fois un albatros, un très grand oiseau à l'envergure deux fois supérieure à la taille d'une femme adulte. Les marins en rencontrent parfois en mer et les attrapent pour s'amuser. L'oiseau, maintenu de force sur le pont, regarde alors les hommes d'un air suppliant en laissant traîner derrière lui ses longues ailes… »

Suk-yeong et moi partagions ces histoires mystérieuses que mon frère racontait à partir de livres étrangers. En son absence, pourtant, nous ne parlions jamais de choses comme ces albatros. Il arrive parfois que deux situations extrêmes soient parfaitement concomitantes. Par exemple, mon frère venait de décider de partir en Mandchourie quand Suk-yeong lui a annoncé sa grossesse ; cette scène n'est-elle pas digne d'un *shinpa*[1] ? Peut-être Suk-yeong n'était-elle pas enceinte. Personne n'a vérifié. Mon frère lui-même ne l'a pas crue. De toute façon, il ne serait pas revenu sur sa décision.

Même le jour où Suk-yeong a voulu empêcher par sa mort le train de rallier la Mandchourie, mon frère est resté assis sans ciller. Il a gardé un air froid et indifférent face à cette ingérence car une cause plus grande l'animait : le patriotisme. Cet attachement était tellement profond qu'il n'a pas hésité à me demander d'abandonner notre père mourant pour le rejoindre en Mandchourie, et tellement alléchant qu'il rendait la mort insignifiante. Alors que mon frère traversait l'océan pour réaliser ses rêves, un pauvre albatros a essayé de l'accompagner, traînant derrière lui ses longues ailes sombres comme des avirons, et a fini par sacrifier sa vie en voulant pousser le train avec ses frêles forces.

Mes pas m'amènent au lac, vaste de deux cent mille *pyeong*[2]. Au moindre souffle de vent, des vagues l'agitent. Quelle bonne idée d'avoir construit une ville tout autour ! Peut-être les Japonais espéraient-ils que les vagues apaisent le vent des steppes. En passant à côté de ce lac, les jeunes recrues serrées comme des

1. Forme de théâtre au Japon, datant de la fin du XIXe siècle, qui représente souvent des histoires mélodramatiques. *(N.D.T.)*

2. Unité coréenne traditionnelle équivalant à 3,3 mètres carrés. *(N.D.T.)*

sardines dans les trains qui les emmènent vers cette terre inconnue doivent se dire que ce pays semble bien agréable à vivre. Jusqu'à ce qu'ils reçoivent le baptême du feu sur la ligne de front et voient leurs camarades mourir dans un bain de sang. Dire que le matin même, ils plaisantaient encore. J'ai l'impression que les hommes deviennent plus forts après avoir vu le sang jaillir du corps de leurs amis, après avoir appris ce qu'est la mort.

Aussi vif qu'un chat, mon frère observe les environs, caché derrière un peuplier. Sous la lumière de la lune, son corps amaigri et le tronc blanc de l'arbre sont si bien assortis qu'ils en paraissent tristes. Quel drôle de type… Enfant, par une nuit d'hiver où même la lueur de la lune était glaciale, il avait astiqué son sexe en m'épiant alors que je prenais un bain dans la cuisine. Sait-il que j'ai encore du mal à me défaire de la confusion et de la tristesse qui m'avaient alors étreinte ? Aujourd'hui, il parle de révolution, son pistolet à la hanche, mais je n'ai aucune confiance en lui, ni en aucun homme. Le cœur de celui qui lorgnait le corps de sa petite sœur de quinze ans ne peut être le même que le cœur de l'homme qui parle de révolution. A moins qu'il ne le transperce et que du sang chaud s'en écoule.

— Ne sois pas en retard la prochaine fois, murmure mon frère, l'air tendu.

— Tu crois que c'est facile de sortir ?

Ce soir, l'atmosphère était électrique à la maison. D'habitude, Beibei reste couchée. Cette fois, elle était agitée et s'est réveillée plusieurs fois avant de me lancer : « On ne sait même pas si ton mari est mort ou vivant, où est-ce que tu vas comme ça, en pleine nuit ? » Je sais ce qu'elle veut dire par là. Elle n'est pas rassurée à l'idée que je sorte, même si elle est au courant que je me démène pour trouver du poison. Quand je sors maquillée, elle s'appuie à la fenêtre et suit du regard ma silhouette jusqu'à ce que je disparaisse complètement. Pourtant, je fais beaucoup d'efforts pour la comprendre. Tu sais, une femme est toujours du côté de son enfant, qu'elle l'aime ou pas. C'est ce que j'ai compris en voyant ma mère protéger mon frère de son corps quand il se ruait sur notre père.

— Et si tu te barrais de la maison de cet enfoiré ?

Mon frère voit toujours d'un mauvais œil que je vive chez Chen.

— Et qui va payer mon loyer ? Tu veux que je fasse le tapin ?

Je n'ai aucune intention d'obéir à mon frère. Quoi qu'on dise, Chen est mon sauveur. Et je n'ai pas envie de laisser seule une vieille infirme pour quelque grande cause que ce soit.

— Plus ça va et plus tu deviens grossière…

Le visage de mon frère s'assombrit comme l'eau dans la nuit.

— Et à ton avis, pourquoi je suis comme ça ?

— Tais-toi !

Mon frère meurt d'envie de me donner une claque.

— Mais bon, c'est vrai que les femmes n'ont pas grand-chose à se reprocher dans cette affaire…

Il me tourne le dos et sort prudemment une cigarette. Que pense-t-il de moi ? Sans doute que je suis souillée. Je ne crois pas qu'il ait avalé tout ce que je lui ai raconté, encore moins le mensonge que je lui ai servi selon lequel j'aurais travaillé pendant trois ans dans un restaurant du Sud. Un communiste aussi intelligent que lui ne peut pas ignorer le double sens du mot Sud. Il se tourmente peut-être de temps en temps, écrasé par le poids de la culpabilité. En même temps, il faut bien qu'il trouve à se justifier, ce qu'il fait en invoquant ses grandes ambitions. Déjà, à l'époque de la révolution bolchevique et du Mouvement du 4 mai, ils n'avaient qu'un slogan à la bouche : « Seule notre cause compte ! »

— On risque de te fouiller, cache-le dans ton vagin.

Il a envie de me dire que là, au moins, ça ne risquera rien. Autant me demander d'avaler une bombe ! Mon frère voudrait que je sois – j'en suis sûre – une Coréenne d'une détermination inflexible, capable de s'introduire dans le QG vêtue de sa plus belle robe, maquillée comme une fleur de printemps et avec une bombe à retardement dans le ventre. Si j'obéissais à son souhait, je deviendrais le jouet du plus haut gradé des Japonais que j'aurais séduit en ouvrant mes jambes comme des pétales. C'est le plus sûr moyen d'en finir sans qu'aucun de nous deux se rende compte de rien. En accomplissant le même acte héroïque que Nongae[1] et en se consolant à l'idée de mourir en pleine apothéose, une femme peut-elle être vraiment heureuse ?

— Tu as trouvé du poison ? lui dis-je sans prendre la peine de défaire le papier jaunâtre.

J'ai l'impression qu'il contient un placenta. Y trouverai-je un morceau de chair aussi desséché que celui que ma mère a un jour sorti de la remise pour le jeter au feu ?

— Je l'ai moi-même extrait de parisettes que j'ai cueillies. Tu te souviens ? Notre père nous en avait parlé.

1. Lors des invasions japonaises du XVIe siècle, cette courtisane se serait jetée à l'eau en entraînant avec elle un général japonais. *(N.D.T.)*

Mon père les qualifiait de plantes toxiques. Elles peuvent servir à la production d'un liquide inodore, incolore et létal. Il suffit de faire bouillir les racines en les laissant longtemps infuser à petit feu, avant de faire reposer la mixture un jour durant. Il faut ensuite réserver la première couche du liquide ainsi obtenu en laissant de côté la terre et le dépôt. A la campagne, il servait à tuer rats et faisans. On y trempait des graines de soja, dont raffolent les faisans, ou des céréales pour les rats.

— Cache ça quelque part sur toi et, le moment venu, mets-en dans ta bouche. Aborde le plus haut gradé possible. Tu es belle, tous te convoiteront. Les hommes sont comme ça. Quand un haut gradé tombera sous ton charme, demande-lui d'abord si tu peux faire ta toilette et mets le poison sur ta langue. Ensuite, en l'embrassant sur la bouche, fais couler ta salive dans sa gorge. Le poison met quelque temps à agir, aussi peut-être ne seras-tu pas soupçonnée. Si tu as de la chance, la mort pourra être imputée à l'épuisement ou au choc de l'orgasme. Ce petit paquet contient environ dix doses.

C'est tout ce qu'autant de réflexion lui a inspiré? Quelle lâcheté! C'est bien digne de mon frère... Parmi les plantes que mon père cueillait et allait vendre au marché, certaines étaient toxiques. Un jour d'automne, il avait fait bouillir des parisettes et tué plusieurs des rats qui grouillaient alors chez nous. Mon frère a dû se souvenir de l'anecdote. Yamada Otozô est le dix-huitième commandant de l'armée du Guandong. Contrairement à ses prédécesseurs, il est connu pour se montrer rarement en public. Peut-être que l'occasion d'entrer au QG armé de mitraillettes ou de faire exploser une bombe dans un journal ne se présentera jamais pour mon frère. Le poison est le dernier recours de ceux qui ne vivent que pour leur cause.

— C'est Chen qui a besoin du poison, pas moi.

— Tu crois que je ne le savais pas ? Je te propose simplement une double stratégie au cas où Chen échouerait. Tu n'as qu'à guetter l'occasion d'entrer en contact avec ces salauds de Japonais.

— Le poison de Chen pourra tuer beaucoup de monde, alors que je ne pourrai atteindre qu'une seule personne.

— Mieux vaut tuer un seul salaud que n'en tuer aucun.

— Et si c'est moi qui meurs ?

— Tant que tu n'avales pas, tout va bien.

Depuis quand mon frère est-il un combattant pourvu d'autant de sang-froid ?

— J'ai préparé deux paquets : donne le grand à Chen et garde le petit. Essaye de t'introduire dans le QG par tous les moyens. On a de la chance, avec la fête de Banjin la surveillance va se relâcher. Allez, oublie ce vieux Chinois qui sent le brûlé et concentre-toi sur le QG.

— Tu penses que Chen va s'en sortir vivant ?

— Occupe-toi de tes oignons !

Comme s'il n'avait plus rien à me dire, il me tourne le dos et s'en va à pas rapides, ignorant complètement ma question. Peut-être sait-il que je n'arriverai pas à lui désobéir. Nous sommes ainsi, lui et moi. Depuis ce fameux jour où il m'a épiée, nue, je ne peux me libérer de son regard. Aussi impuissante qu'une araignée d'eau aux pattes emmêlées dans des plantes, je m'inquiète seulement de savoir si mon petit étang sera détruit un jour.

— En Mandchourie ? Pourquoi tu veux qu'on aille en Mandchourie ? ai-je répété, perplexe, quand Chen a commencé à en parler après avoir supprimé Ishihara.

Je pense que j'étais triste de retourner auprès de mon frère après trois longues années de péripéties. Si je n'avais pas été enlevée par les Japonais et jetée à fond de cale dans un bateau de pêche, aurais-je accueilli nos retrouvailles sans réticence et aurais-je pu le regarder en face ? Evidemment que je n'avais pas cru les Japonais quand ils nous avaient dit qu'ils nous renverraient chez nous après quelques années passées à travailler dans une usine de chaussures dans le Sud. Je savais que c'était un mensonge. La veille de mon départ, j'étais en proie à des sentiments contradictoires. J'oscillais entre la joie de quitter Chongjin pour découvrir un nouveau monde et le désarroi de savoir que celui qui m'attendait était un blanc-bec de dix-huit ans, mon frère. Le temps entre nous s'était arrêté à mes quinze ans, le jour où il avait posé son regard sur mon corps nu. A tel point que j'étais presque soulagée de me faire enlever : une certaine partie de moi souhaitait se tenir le plus loin possible de mon frère.

En arrivant en Mandchourie, j'étais mal à l'aise. A l'idée que mon frère respirait quelque part à proximité, je me sentais tiraillée entre la crainte et le soulagement. J'aurais voulu que nous puissions, lui et moi, mener notre vie comme nous l'entendions. Il l'aurait consacrée à une grande cause et je me serais contentée d'une existence ordinaire, où j'aurais pétri la pâte et fait mijoter des os de poulet pour le cuisinier qui m'avait sauvée. C'était ce que je me disais alors. C'est là, alors que j'étais résolue à l'oublier une bonne fois pour toutes, que je l'ai vu, tout maigre, s'élancer sur un ennemi.

Ce soir-là, vers vingt heures, je me rendais au marché avec Beibei. Soudain, j'ai vu un Coréen sans défense, son pousse-pousse près de lui, en train de se faire tabasser. Il avait coupé son chignon mais sa veste blanche ouverte sur son torse était un indice suffisant. Un Chinois corpulent, son client sans doute, le tenait au collet et le secouait dans tous les sens. Le Coréen le suppliait pitoyablement de le laisser en vie, en vain : le Chinois l'a poussé violemment contre un mur et s'est mis à le gifler. Les nombreux badauds alentour se contentaient de rire d'un air amusé. Le conducteur de pousse-pousse avait dû arriver en retard, à moins qu'il n'ait fait peur au client en roulant sur un caillou. Quoi de plus banal dans ce quartier !

Une voix tonitruante a fait alors sursauter la foule : « *Tingzhe bu!* (Arrête !) » Un homme mince en costume occidental noir et chapeau melon s'est élancé, un bâton à la main, et s'est mis à frapper le gros Chinois. Je ne parvenais pas à voir son visage mais sa silhouette me semblait familière. Pendant que le Chinois, agrippé à sa jambe probablement cassée, hurlait de douleur en se roulant par terre, l'individu en costume s'est approché du Coréen, l'a aidé à se rhabiller et a fait un signe du menton vers la voiture. L'autre a aussitôt compris ce qu'on attendait de lui et a repris ses brancards. Son sauveur est monté alors tranquillement dans le véhicule en annonçant sa destination : « 28, rue Changchun. »

Combien parmi les spectateurs savaient que c'était l'adresse du QG de l'armée du Guandong ? Les deux hommes ont disparu en un clin d'œil sans que personne ne cherche à les retenir. Une dizaine de minutes plus tard, les gendarmes sont arrivés en donnant des coups de sifflet. Le Chinois continuait de crier de douleur mais personne ne s'en préoccupait. J'avais vu ce soir-là une facette de mon frère que je ne connaissais pas. Comprendrais-tu si je te disais que cet autre aspect de sa personnalité, qui l'a poussé à se jeter dans le feu au mépris de sa propre sécurité, m'a de nouveau bien disposée à son égard ? Mon frère a ainsi franchi d'un bond trois années d'absence pour se rapprocher de moi, qui était partagée entre la haine et la compassion.

Le bâtiment du QG surplombe la ville. On dirait un gigantesque château.

Il dénote fortement avec la Mandchourie et ses vastes plaines. En arrivant devant une boutique de vêtements tenue par un Japonais depuis laquelle on peut voir le QG, je songe à m'enfuir. Je suis très impressionnée, ce qui ne m'arrive jamais quand je passe devant les bureaux de l'empereur et du conseil d'Etat des affaires générales, que tous les habitants de Xinjing connaissent. J'ai le pressentiment que derrière ces murs chaulés se dresse une prison carrée dont on ne peut sortir. Comme le *bulgasari*, cet animal coréen légendaire qui avale tout ce qui est en métal, ce monstre géant paraît prêt à broyer les humains qu'il aspire en son sein afin de devenir un pilier indestructible capable de soutenir la faible Mandchourie.

Je fais un bond de côté, surprise par mon reflet dans une vitrine. Quelle expression sereine chez cette femme, alors qu'elle cache dans son vagin une quantité de poison susceptible de consumer son corps tout entier ! C'est comme si elle m'était étrangère. Mais pourquoi paniquerais-je ? Du temps où chaque jour amenait son lot d'hommes décidés à faire usage de mon corps, je restais impassible. D'habitude, je renonce plutôt facilement. Peut-être qu'en ce moment même, mon frère, caché comme un rat à un coin de rue, me surveille. Je dois lui montrer que je suis capable de marcher dignement vers des soldats japonais armés de baïonnettes, que je suis une Coréenne forte. Ils ne sont pas différents de tous ceux qui ont glissé leur sexe à l'intérieur de moi. Je n'ai aucune raison d'avoir peur.

Je rajuste ma tenue et avance en direction des deux gardes postés à l'entrée principale. Cadenassés dans leur uniforme jaunâtre, ils me regardent d'un air fatigué. A l'intérieur du poste, un homme d'un certain âge qui doit être l'officier leur fait un signe de la main. Sans doute veut-il qu'ils me chassent. Il y a quelque temps, un Mandchou complètement saoul s'est élancé vers cette porte en brandissant une bouteille d'alcool et a été gravement blessé par un coup de baïonnette. Alors qu'il n'appartenait pas à la rébellion, il a été accusé d'avoir voulu attaquer la forteresse avec un cocktail Molotov.

— Stop ! Qu'est-ce que tu viens faire là ? demande le plus grand des deux en me menaçant du regard.

— Je viens voir quelqu'un, lui réponds-je calmement. Mon mari travaille ici.

— Comment ça ? On n'est pas au courant.

— Il est chinois, il s'appelle Chen. Je crois qu'il travaille à la cantine.

Les deux soldats échangent un regard moqueur.

— Quel âge ?

— Trente-cinq ans, dis-je dans un japonais maladroit.

— Le tien, pas le sien !

La voix du soldat me transperce le cœur comme un morceau de glace.

— Vingt… deux ans, dis-je en baissant la tête et en fermant les yeux.

Je sais ce que veut dire cette question.

— Donne-moi ta carte d'identité.

Le garde disparaît avec elle à l'intérieur du poste. J'observe et enregistre la structure du bâtiment en béton, qui m'intimide encore plus que tout à l'heure. J'imagine Chen affairé sur son billot quelque part là-dedans. Sans poison, tout l'art de Chen ne lui sert à rien. Ses plats délicieux sont incapables de faire tomber le moindre officier. Chen va risquer sa vie en cuisine, les Japonais doivent payer ! C'est là l'idée de Chen, ou plutôt de tous ceux qui veulent devenir des héros, mon frère le premier.

Quelques instants plus tard, l'homme revient avec une feuille.

— Tu veux voir qui ? Ecris son nom là-dessus.

Je m'exécute et donne des renseignements personnels sur Chen.

— Attends ici, dit l'homme avant de disparaître puis de revenir. J'ai transmis ta demande à la cantine, rentre chez toi, on te fera signe, m'explique-t-il, un peu gêné par ce refus déguisé.

Quand je tourne les talons, je sens son regard sur mes jambes. Il me rappelle :

— Ton mari est emprisonné ici ?

— Non, il travaille à la cantine. Mais il ne rentre jamais.

— C'est normal, vu la période, commente sombrement le soldat. Les réjouissances approchent, on n'a pas le choix.

— Ha ha, tu as bien raison, intervient son camarade avec un rire qui crisse comme du sable.

Je hoche la tête et m'éloigne d'eux à grandes enjambées.

10

Le matin du premier jour de la fête de Banjin, l'empereur prononce un discours sur la place Datong.

Puyi monte sur l'estrade dans sa tenue officielle kaki à épaulettes dorées, inspirée de l'uniforme de l'armée de terre japonaise, avec sur la poitrine les cinq blasons qui symbolisent l'unité des cinq ethnies. Sa ceinture brodée de quatre fils d'or le soutient solidement, même si sa maigreur donne l'impression qu'il pourrait s'effondrer à tout moment. A chaque souffle de vent, les plumes accrochées à son chapeau semblent prêtes à le faire tomber. Puyi regarde lentement son public, ôte son chapeau et effleure la garde de son poignard suspendu à sa hanche gauche. Il commence à lire son texte :

« La fête de Banjin est un jour traditionnel mandchou considéré comme sacré depuis des temps immémoriaux. Notre pays est fondé sur l'union de cinq peuples ; il est donc à la fois précieux et important que chacun puisse mettre en valeur ses traditions et sa culture à cette occasion, que nous devons à l'empereur du Japon. Nous sommes actuellement en état d'alerte : les puissances occidentales ont envahi l'Asie avec leurs navires et ont fondé des colonies partout, auxquelles elles vendent aujourd'hui de l'opium. Nos jeunes se battent contre elles et versent leur sang sur un front dont ils ignorent jusqu'au nom. En ce jour de fête, réfléchissons à ce que nous pouvons faire pour, tous unis solidement, chasser nos ennemis et faire régner la paix sur cette terre... »

Ce discours assommant, relayé par la radio, résonne jusque dans la cuisine. L'empereur du Mandchoukouo, en cherchant à concilier son rôle de souverain fantoche et l'identité de sa nation, marche sur un fil bien ténu. Qui sont les véritables ennemis de l'empereur? Qui menace cette terre? A sa place, mon ancien professeur, Ying Qi, aurait dit: « L'ennemi du peuple, ce sont les capitalistes corrompus foulant à leurs pieds les pays pauvres. J'anéantirai un à un ces immondes impérialistes grâce à mes couteaux bien aiguisés et à ma planche à découper. »

Personne ne s'attendait à ce que le commandant Otozô accepte de célébrer cette fête. En période de mobilisation totale, un tel événement est une lourde charge. Si un malheur devait arriver, il en serait le seul responsable. Au printemps dernier, lors de la fête de Confucius, un ministre des Affaires politiques a été assassiné pendant son discours. Outre cette fête, on présente des offrandes à Guanyu tout au long de l'année dans le Mandchoukouo. A chacun de ces événements, des conférences, des pièces de théâtre, des spectacles de propagande sont organisés pour nourrir le patriotisme. L'Etat distribue également aux plus pauvres une partie des céréales prélevées avec l'impôt, comme pour faire montre de sa générosité. La stratégie est plutôt bien conçue: elle permet de dissiper la grogne populaire à l'égard des Japonais installés en Mandchourie et de conférer à l'Etat un rôle rassembleur.

Après son discours, Puyi se rend au palais où doit avoir lieu le banquet. D'après un sergent cuisinier qui y est passé de bon matin, plusieurs centaines de convives d'un âge vénérable venant de toute la Mandchourie y attendent l'arrivée des plats, assis sous les tentes provisoires montées dans la cour exiguë et à l'extérieur du palais. Des représentants étrangers, des chefs de clans, des fonctionnaires civils et militaires, japonais pour la plupart, les hauts responsables de l'armée du Guandong, de la police et du ministère de la Justice y ont également été conviés.

Le banquet doit durer deux jours. On a beau parler de l'union des cinq ethnies, les Mandchous, qui sont les acteurs principaux de cette fête, semblent complètement laissés de côté. L'événement se déroule à l'initiative du gouvernement mandchou mais est sous le contrôle de l'armée du Guandong. Du temps où les Qing étaient encore puissants, toutes sortes de manifestations culturelles traditionnelles avaient lieu : course de chevaux, tir à l'arc, lutte, etc. Pour cette édition, rien de tel ne semble avoir été programmé. La fête est simplement le moyen de s'attirer les faveurs des représentants étrangers et des officiers japonais, ce que souhaite le commandant Otozô. Comme pour le prouver, toutes sortes de plats complètement nouveaux auxquels nous travaillons depuis plusieurs jours attendent d'être servis, dont le principal est un *fotiaoqiang*.

A onze heures, tout le monde commence à s'affairer en cuisine. Le *fotiaoqiang*, qui dégage depuis l'aube une odeur délicieuse, a enfin l'occasion de franchir les portes de la cuisine pour être savouré par toutes ces langues qui l'attendent. Nanjo, le responsable de la cantine, qui a tout particulièrement soigné ses moustaches pour l'occasion et revêtu un uniforme fraîchement repassé, fait son apparition et tape avec une cuillère sur un wok suspendu derrière Yoshii pour signaler que le banquet a commencé. Il veut profiter de l'occasion pour faire montre de ses compétences. Les officiers du QG commencent à arriver ; dans une demi-heure, la plupart des hauts responsables des opérations locales se joindront à eux.

— Passez-moi les cacahuètes, vite ! dit Yoshii. Rien de mieux pour ouvrir l'appétit ! Elles vont calmer l'estomac des chefs, encore plus gras que des tripes de porc. On pourra ensuite les gaver d'un canard pékinois farci de paillettes d'or. Voilà qui serait parfait ! Mais quel dommage : notre cher commandant préfère les plats écœurants de ces maudits Mandchous…

Le sergent Yoshii est arrivé très tôt ce matin. Il s'active avec autant d'efficacité qu'une machine fabriquant du matériel militaire. Il gère dix fourneaux ; cinq ou six soldats cuisinant habituellement pour les troupes s'affairent à ses côtés. On dirait des artilleurs bien disciplinés disposant leurs canons de 155 mm.

— Allez, c'est parti !

Sous la direction de Yoshii, dame Hu et moi allumons nos quatre fourneaux pour réchauffer les plats préparés hier. Nous déposons sur la desserte des légumes assaisonnés à point, de la viande mijotée, des soupes à base de bouillon de viande épicé et de nuoc-mâm, des galettes pour grignoter entre les plats principaux ainsi que de nombreuses sauces. Aucun de mes gestes n'attire le moindre soupçon. Je ne suis rien de plus qu'un fidèle cuisinier de la cantine des officiers baignant dans son élément. Mon billot qui trône, inébranlable, devant un fourneau me donne du courage. Savent-ils qu'hier soir, j'ai risqué ma vie dans cette même pièce ? Quand les rideaux s'ouvriront sur la scène du banquet, mes plats partiront à l'assaut sans faillir. Je n'ai plus peur, je ne baisserai plus les yeux devant leurs lances et leurs épées.

La cantine des officiers se trouve à deux cents pas de la cuisine. Je dois pousser prudemment la lourde desserte sur cette longue distance tout en veillant à ce que les plats ne refroidissent pas entre-temps. La cantine des officiers est différente de celle des soldats : on peut y voir des tableaux accrochés aux murs qui représentent des guerriers de l'époque d'Edo ; une petite scène a également été installée et des marionnettes de *bunraku* décorent les lieux. Les officiers japonais mangent sans bruit et assez rapidement. Il règne souvent un drôle de silence dans cet endroit. Chacun prend place en fonction de son grade ; un officier tout juste promu major avec son étoile et ses quatre galons doit être bien mal à l'aise la première fois qu'il s'attable avec ses supérieurs.

La place d'honneur réservée au commandant Otozô est pour le moment vide. Les pieds plaqués or de la belle table en pierre autour de laquelle sont disposées vingt-quatre chaises sont somptueux. Les officiers supérieurs ne sont jamais là en avance car il est hors de question qu'ils attendent. Devant la petite scène a d'abord été dressée la table des plus hauts gradés ; les deux suivantes sont réservées aux convives les plus importants ; derrière elles, une cinquantaine de tables accueilleront le reste des participants. Des bougies éclairent l'endroit. Cachées derrière un rideau, les danseuses qui doivent donner un aperçu des danses traditionnelles mandchoues jettent des coups d'œil dans la salle. Leurs lèvres maquillées sont parfaitement accordées à leur *qipao* rouge. La moitié des trois cents convives attendus sont arrivés. Je remarque que certains officiers me suivent du regard mais je ne leur accorde aucune attention.

Je mène la desserte jusqu'à une des tables d'honneur et vérifie minutieusement les assiettes et les couverts disposés par des soldats. Tout est satisfaisant, le dressage parfait. Une rumeur voudrait que des officiers supérieurs aient pratiqué le *nyotaimori*[1] sur cette table couverte d'une nappe dorée avant de se faire remonter les bretelles par le gouvernement du Japon. J'ignore si cela a eu lieu sous le commandement d'Otozô ou d'un de ses prédécesseurs. C'est Yoshii qui m'en a parlé, mais il n'en sait pas plus. Il en a eu vent par le chef qu'il a remplacé. Pour lui, c'est une pratique dégoûtante qu'il n'a aucune envie d'essayer. Ce qui a inspiré Nanjo : « Reviens sur terre, Yoshii, ça n'arrivera jamais à un pauvre cuisinier comme toi ! »

Des soldats tirés à quatre épingles prennent des tasses sur la desserte et les alignent à côté des assiettes. En l'absence des officiers supérieurs, je fais servir les fruits secs, amandes d'abricot, noix et kakis séchés, et garde pour plus tard les plats susceptibles de refroidir. J'ai réussi tant bien que mal à préparer un *fotiaoqiang* à la manière des Qing, notamment parce que j'ai eu la chance de trouver des ailerons de requin dans une boutique japonaise. Quand ils seront installés, les officiers attaqueront avec des fruits secs et du thé. Des soupes chinoises leur seront ensuite servies, puis des amandes de ginkgo, des litchis séchés et des graines de lotus. Viendra ensuite le tour de plats légers destinés à accompagner des alcools comme le *shaoxingjiu* ou le *huadiaojiu*. C'est devant le spectacle de danse que les hauts gradés déjà ivres pourront savourer le plat principal du banquet. J'ai caché mon arme secrète

1. Littéralement « présentation sur le corps d'une femme » ; cette pratique consiste à manger des sashimis ou des sushis présentés sur le corps d'une femme nue.

à l'intérieur. La table compte vingt-quatre chaises : si toutes sont occupées, vingt-quatre ventres débordant de gras seront supprimés.

— Tu as besoin d'aide ?

Je suis tellement tendu que cette main sur mon épaule manque de me faire perdre l'équilibre.

— Non, tout va bien, dis-je machinalement en me retournant.

C'est Shigeo. Evidemment. Il n'allait pas manquer ce rendez-vous avec le destin. Sa présence signifie que l'arrivée du commandant Otozô est imminente. Ma décision n'a pas été facile à prendre. J'y réfléchis depuis plusieurs jours en nettoyant mes ingrédients. Tuer une chèvre stupide, pourquoi pas ; mais si cela faisait venir un tigre féroce ? J'en ai parlé avec mes supposés camarades, qui sont tous tombés d'accord : pas de quartier. Si l'occasion de supprimer un ennemi se présente, peu importe qu'il soit stupide ou intelligent, il faut foncer. Plus on élimine d'ennemis et plus il en apparaît. Ces assassinats devraient leur faire comprendre une chose importante : les populations occupées sont pour eux une menace. Et c'est cette menace qui les détruira un jour, dans un avenir très proche.

— Quel est le plat suivant ?

— Comment ça, le plat suivant ? On n'a pas encore commencé !

— Ah oui… Quel idiot ! répond Shigeo en se donnant une tape sur le crâne. C'est vraiment compliqué, la cuisine chinoise.

— La cuisine mandchoue, vous voulez dire.

Je parle le plus possible pour me détendre.

— Mandchoue ou coréenne, qu'est-ce que ça change ? Cela reste la cuisine inférieure d'un peuple inférieur. Vous ne savez rien faire d'autre que saisir, frire ou mijoter. Vous emprisonnez la viande dans des sauces fortes et lui faites perdre son goût naturel. Voilà ce qu'est la cuisine chinoise. Entre vos mains, à force de baigner dans l'huile de vos woks, la meilleure viande du tigre le plus féroce a le même goût que les autres.

— C'est comme ça partout dans le monde, non ?

— Non. La cuisine de ma région est bien plus simple et plus légère. Peut-être notre art culinaire est-il moins sophistiqué que le vôtre, mais notre goût est tout aussi bon.

La riposte de Shigeo me surprend. Je ne m'y attendais pas. Elle me fait penser à un proverbe Yi : « Même l'homme qui change de goût n'oublie pas celui de sa cuisine natale. » Mon père me serinait ce refrain chaque fois qu'il préparait un plat Yi. Cet imbécile de Shigeo fait semblant d'admirer la cuisine chinoise mais au fond de lui il préfère celle d'Hokkaido. Il me plaît. Il méprise les peuples colonisés comme les autres Japonais mais conserve une certaine pureté. Shigeo, je t'en prie, une fois le banquet fini, ne touche à aucun plat même s'il en reste. Si tu t'étouffes dans ton sang, je ne pourrai jamais me réjouir de la victoire que je vais remporter sur cette table.

— Sergent Shigeo, dis-je en tournant la desserte vers la cuisine.

— Pourquoi ce ton si sincère tout à coup ?

— Quand le commandant prévoit-il d'arriver ?

Il devrait déjà être là.

— Pourquoi veux-tu le savoir ? Tu as un revolver caché dans ta manche ? plaisante Shigeo avec perspicacité.

— Vous avez trop d'imagination ! J'ai besoin de savoir quand réchauffer la soupe.

— Je vois. C'est vrai que tu nous régales d'un plat rare à l'aileron de requin aujourd'hui… Il ne devrait plus tarder. Il a reçu un télégramme urgent du Japon, c'est pour ça qu'il est un peu en retard.

Il jette un coup d'œil sur sa montre et reste planté là, l'air penaud. Dans les coulisses, une jeune femme aux lèvres particulièrement rouges nous regarde discrètement tour à tour. Non, je crois plutôt qu'elle lorgne le profil de Shigeo, ensorcelée par sa beauté.

— Ah bon. Avez-vous bien déjeuné ?

— Moi ? Bien sûr ! Mais je n'ai pas l'intention de m'abstenir de goûter à un plat aussi rare préparé par tes mains. S'il arrive jusqu'à moi, évidemment…

Je lui fais un grand sourire en serrant la desserte comme un damné.

— Je vais vous en mettre de côté, ne touchez pas à ce qu'il y a sur la table.

— Je dois cela à notre amitié ? Ça me touche beaucoup, dit Shigeo en me suivant jusqu'aux portes. Mais tu n'as pas besoin de mettre quoi que ce soit de côté. Tu crois que je ne sais pas m'occuper de mon estomac tout seul ? Inquiète-toi plutôt de ton sort.

Il a raison. J'avais oublié que je ne disposais d'un fourneau que pour un temps limité.

— Si les plats que j'ai préparés avec tant de soin satisfont les hauts gradés de l'empire, je ne regretterai pas de mourir, même si c'est bientôt. J'ai fait de mon mieux.

— De ton mieux ? Parfait. J'en toucherai un mot au commandant.

Je sors de la salle sans me retourner.

Au bout du couloir, je m'arrête. Des soldats vont et viennent avec d'autres chariots. Un pâle rayon de soleil filtre par la fenêtre et reste suspendu en l'air, tenace. On dirait un enfant qui pleurniche pour avoir plus à manger. Je regarde dehors les alignements de rhododendrons desséchés. Je reprends mon souffle. Kilsun a échoué, elle n'a pas réussi à se procurer du poison. Même si elle en avait trouvé, comment aurait-elle fait pour me le remettre ? La pauvre. Si mon plan marche, ma vieille mère et elle mourront.

Les rues sont désertes alors même que la fête bat son plein. C'est sans doute à cause du coup de froid. Si j'avais su que j'irais au marché, je ne lui aurais pas laissé de message. Quelle erreur ! J'aurais dû lui dire de s'enfuir le plus loin possible. Des oiseaux noirs dont j'ignore le nom s'éloignent à l'angle sud du QG. Leurs ailes me rappellent des émissaires de l'au-delà. C'est rare que le ciel soit si clair. Mourir par un si beau temps est une chance, autant me consoler auprès de ce rayon de soleil.

— Cache bien le poison ! m'a dit mon père le jour où il m'a appris à cuisiner le *fugu* à la cantonaise.

Pour lui, il fallait le cacher plutôt que le retirer. A l'époque, je n'avais pas compris pourquoi. Si on laisse le poison, on met en danger les consommateurs. Mais si on l'ôte en entier, le goût du *fugu* change. Comment faire alors ? Il faut en laisser un tout petit peu pour tromper non seulement la langue mais aussi l'appareil digestif. C'est possible grâce au procédé de la neutralisation.

L'ingrédient qui accompagne le mieux le *fugu* est le rhizome de roseau. Servi froid, son goût sucré aide à refroidir les poumons et apaise l'estomac. La force vitale d'une plante aux racines enfoncées dans la boue permet de neutraliser le poison et de préserver le goût original du *fugu*. Préparer un *fugu* en enlevant son poison ne relève pas du véritable art culinaire. Avec la neutralisation, le poison ne disparaît pas mais reste caché grâce un autre ingrédient. Mon père disait souvent qu'il faut toujours un peu de sucré dans un plat. Les rhizomes de roseau ont donc cette double fonction-là.

— Et si on met trop de rhizomes de roseau et que le plat est trop sucré ? lui avais-je alors demandé.

— Très bonne question, tu as vraiment ça dans le sang, m'avait répondu mon père. Tu n'es pas né sur un billot, comme moi, ça doit être pour ça que tu cherches à nous fuir, moi et ma cuisine. Personnellement, je trouve très stimulant que tu sous-estimes l'art de cuisiner et méprises mes exploits. Tu vas voir, tu finiras par me dépasser. Les vrais hommes sont comme ça. Ce n'est pas celui qui fait les meilleurs plats qui est le meilleur cuisinier ; le meilleur cuisinier vit pour et par son art.

Ce qui est sûr, c'est que mon père était d'une rare éloquence pour un cuisinier cantonais.

Je n'ai pas *caché le poison*, comme mon père le conseillait, car je n'en ai pas eu besoin. Je n'ai pas non plus cuisiné de rhizomes de roseau pour donner à mes plats un goût sucré. Je me suis plutôt concentré sur les jujubes qui concourent à la préparation du *fotiaoqiang*. Je leur ai injecté une petite quantité de poison à l'aide d'une seringue. C'était un moyen d'atteindre mon objectif sans que le plat change de goût. Les toxines du laurier-rose, bien au chaud à l'intérieur des fruits, agiraient ainsi indépendamment du plat. On sert le *fotiaoqiang* en dernier, après que les plats chauds et froids ont été avalés. Les plus gourmands mourront donc par excès de gourmandise. J'espère que les vingt-quatre chaises perdront leurs maîtres, dont la place est de l'autre côté de l'océan.

Ai-je vraiment fait ça ? Non. Je n'ai pas injecté de poison dans les jujubes. Cela aurait trop insulté ma cuisine. Dans la cantine, des regards invisibles me surveillent. Certains, comme Shigeo, se préoccupent ouvertement de mes faits et gestes. Hier soir, quelqu'un aurait pu fouiner et trouver des traces de poison, ou un cuisinier gourmand goûter un jujube gorgé de bouillon de viande. Il y avait des chances pour que cela arrive, non ? Les cuisiniers sont sensibles au moindre changement dans leur corps. Mon plan maladroit aurait été découvert.

En revanche, j'ai mis du poison dans le sang d'un des plats d'accompagnement qu'a préparés dame Hu. C'était moi qui étais censé m'en occuper, mais j'ai échoué à deux reprises à transformer le sang en gelée. Dame Hu, elle, a tout de suite réussi. La quantité de chlorure de magnésium utilisé et le temps de coagulation sont déterminants dans ce processus. Il existe deux manières de consommer les *xuechang*: soit avec de la sauce soja ou du sel, soit dans une fondue. Dans les deux cas, le poison serait ingéré. J'en ai donc mélangé une quantité importante au sang de cerf avant que dame Hu n'y touche. Personne n'a encore goûté à ce plat immonde. Le poison du laurier-rose aura-t-il conservé ses propriétés après avoir bouilli dans le sang de cerf ?

Ai-je vraiment osé faire ça ? Non. Suis-je capable de traîner une innocente dans le gouffre de la mort, de la sacrifier à ma place ? Aucune animosité, aucune haine ne nous oppose.

Il est temps de dire la vérité. J'ai mis du poison dans quelques bouteilles de *shaoxingjiu*, car les hommes peuvent se passer de nourriture mais pas d'alcool. Normalement, tout ce qui a du goût dégage une odeur, sauf le poison. Il peut prendre la vie sans révéler sa présence. C'est ainsi que j'ai pu le dissimuler en toute tranquillité.

Ici-bas, rien n'est immuable. Regardez l'armée du Guandong, jadis toute-puissante et qui tremble aujourd'hui de peur devant nos camarades soviétiques. L'Etat fantoche du Mandchoukouo, la Chine et la Corée, tous finiront par disparaître. Les soupirs et les bruits de bottes de ceux qui hurlent au milieu de la guerre laisseront à peine une courte ligne dans l'Histoire, ou s'évanouiront en fumée. Une seule chose ne changera pas : ma conviction inébranlable que j'ai raison. Me voilà encore en train de laver des ingrédients et de verser de l'huile dans un wok ; c'est pour un plat en devenir qui ne trahira jamais son cuisinier scrupuleux. Je continuerai donc à me servir de mon billot rien que pour le goût authentique que chaque bouchée transmet à notre langue.

Me voilà face à mon rendez-vous avec le destin.

J'avance d'un pas léger en poussant la desserte chargée de victuailles. Le poison du laurier-rose est infiniment plus puissant que le cyanure. Incolore et inodore, il sait garder son anonymat. Quelle chance j'ai eu d'en trouver ! D'habitude, il sert à lutter contre les nuisibles. Au printemps, même si sa fleur baisse la tête sous les assauts du vent printanier, ses racines, elles, sont capables de faire tomber un pays entier. Si Kilsun avait réussi à dénicher du poison, aurais-je préféré le sien ou le mien ? J'ai l'impression d'entendre le bruit de ses pas et de voir sa silhouette frêle s'éloigner sur la pointe des pieds à l'autre bout du couloir. Elle s'acharne à vouloir s'envoler par la fenêtre, comme un papillon échouant à déployer ses ailes repliées éblouissantes de blancheur.

J'ouvre en grand les portes de la salle du banquet. Le spectacle bat son plein. Les trois cents chaises sont presque toutes occupées, de même que les vingt-quatre réparties autour de la table d'honneur. Sitôt entré, je lis une attente pressante dans le regard des officiers braqué sur les plats de ma desserte. Bientôt, tout sera terminé. Mes jambes se vident tout à coup de leur force et je lutte pour rester debout. Advienne que pourra ! J'aimerais que mon billot, qui a tant fait pour éveiller ma conscience à la cause de mon pays, continue à jouer ce rôle même quand je ne serai plus là. C'est avec lui, là où des vies ont été supprimées pour en nourrir d'autres, que tout a commencé. Ah, la vie est bien peu de choses…

J'avance prudemment derrière mon chariot. La lumière éclaire mes chefs-d'œuvre.

11

Je m'appelle Yamada Otozô. Mon titre officiel est celui de commandant de l'armée du Guandong.

Je suis en train de rêver. Peut-être. Ça a l'air bien trop vivant pour n'être qu'un rêve. Je vois une voiture à cheval à neuf roues garée devant l'entrée de ma résidence. Assis à la place du cocher, un homme m'attend. Le canotier bien enfoncé sur son crâne me dissimule son visage, on dirait un chapeau de clown. La voiture est de couleur noire. Je sens vaguement la présence de deux chevaux, sans les voir. A l'arrière de la voiture a été montée une tente noire avec une petite fenêtre.

Pourquoi neuf roues ? J'ai une haine maladive du chiffre neuf *(kyu)*, qui n'a rien à voir avec ce qu'il évoque pour la plupart des Japonais, des choses négatives comme la souffrance *(kuro)* ou la merde *(kuso)*. Non, c'est parce qu'il renvoie aux neuf serpents que j'ai vus enfant, un an avant mon entrée au primaire. Cette année-là, des ouvriers étaient venus nous installer des toilettes modernes. Pendant les travaux, ils avaient dû déranger un nid de serpents et neuf d'entre eux se sont élancés dans la cour en tortillant leur corps répugnant. La vue de ces longs reptiles noirs rampant sous les rayons du soleil était affreuse. Impavides, les ouvriers les ont tués avec leurs pelles. En apprenant l'incident ce soir-là, mon père les a insultés, fou de rage. Pour lui, ces serpents étaient les esprits des ancêtres protégeant la maison. Il s'est écrié que ce massacre risquait d'attirer le malheur sur notre famille.

J'avais du mal à comprendre pourquoi lui, qui montrait d'habitude un tel plaisir à décapiter tous les serpents qu'il croisait sur son chemin, accordait cette rocambolesque faveur à ceux qui vivaient sous notre toit. Quoi qu'il en soit, quelques mois plus tard, ma mère est morte en couches, et j'ai fait le lien avec cet incident. Les serpents n'avaient pas complètement disparu ce jour-là : après le bain de sang dont ils avaient été victimes, ils sont entrés dans mes rêves et ont continué à me hanter. Certains rampaient sur mon lit, d'autres descendaient à toute vitesse le long des piliers comme s'ils faisaient la course et pénétraient par mes narines pour me ronger le cerveau. Depuis ce jour, le chiffre neuf et ses mauvais présages me poursuivent. Je ne vais jamais dans un restaurant situé au numéro neuf d'une rue ; je refuse d'être affecté à une division si son numéro comporte le chiffre neuf ; j'ai même été jusqu'à supprimer le neuf de ma pendule de bureau.

Neuf coups sonnent à l'horloge. Le temps et l'espace se contractent. Je me retrouve assis dans la voiture à cheval. Le cocher fouette la joue d'un des chevaux. L'attelage traverse une rivière et dépasse au grand galop une rue bordée de maisons en terre. Sommes-nous sur le chemin menant vers l'au-delà ? J'ai l'impression que chaque instant dure une éternité. La voiture s'arrête à côté de ce qui semble être un lac. J'aperçois la lune. Elle éclaire un bâtiment immergé que des vagues découvrent de temps à autre et un escalier en pierre blanche doté de trente-six marches.

Sa clarté pénètre sous l'eau avant de se répandre dans le palais du roi-dragon. Apparaît ensuite un pavillon à l'allure sombre. Je sais enfin où je suis.

« C'est le chemin qui mène au temple Jilesi ! Qu'est-ce qui m'a amené ici ? Peut-être ma pensée. Ai-je inventé les neuf serpents et la voiture à cheval, avant d'y monter tout seul ? Ce monde sous l'eau n'est peut-être pas réel. »

J'avance pas à pas, comme ensorcelé par l'écho de mes murmures. L'escalier qui a coûté sa main au tailleur de pierre coréen est enveloppé de mystère. Il m'attire vers le bas en faisant fi de la gravité. Je trébuche comme un caillou tombant dans l'eau. Je suis venu ici à plusieurs reprises, mais c'est la première fois que j'emprunte cet escalier. C'était plus commode de passer par le parking et je ne voulais surtout pas penser à quelque chose d'aussi sinistre que cette main coupée. Qui m'impose cela ? Le Bouddha immergé ? Moi-même ? Ce Bouddha recroquevillé sous l'eau et indifférent à notre monde sanglant – ce qui n'est pas digne d'un Maitreya – a-t-il quelque chose d'important à me dire ?

Je pénètre dans la cour du temple, ouvre les portes grillagées du pavillon principal et entre dans la salle, qui sent la pivoine. Ce n'est qu'en parvenant sous le mandala que mon angoisse se dissipe. Je m'affale sur le sol en expirant tout l'air que j'ai retenu jusque-là. Les yeux pénétrants de Maitreya se rivent aux miens alors même qu'ils sont fermés. Depuis ma rencontre avec ce Bouddha, je marche sur un fil, pétrifié à l'idée que quelqu'un puisse le voler. Aussi ai-je amadoué le responsable du temple pour qu'il surveille la statue. Par chance, personne ici ne connaît sa valeur. Elle est donc entièrement mienne, ce dont je ne manque pas de profiter. J'éprouve souvent une certaine forme de solitude et de souffrance à l'idée de monopoliser le seul trésor présent ici-bas.

Ce Maitreya pensif en position assise ressemble beaucoup à ceux sculptés pendant l'époque des Trois Royaumes de Corée. Il existerait un bodhisattva parfaitement semblable à celui-ci à Gyeongseong[1], et un autre au Japon, dans le temple de Kôryô-ji à Kyoto, qui serait l'œuvre d'un artisan de Baekje ou de Silla. Jeune officier, je suis passé par hasard dans ce temple et j'ai fait connaissance avec la statue. Le Bouddha pensif de Corée est en bronze tandis que celui du Kôryô-ji est en bois. Le Maitreya que j'ai sous les yeux, lui, est en pierre. Cette statue a-t-elle été volontairement acheminée jusqu'en Mandchourie ou a-t-elle été dérobée par les Jurchen avant d'échouer ici ? Je n'ai aucune idée du pourquoi de la présence de ce Bouddha en ces lieux. N'est-il pas étonnant que ces trois Maitreya soient tous sur le même modèle mais dans un matériau et un pays différents ? Ce Bouddha immergé serait-il à l'origine de la première sphère de coprospérité de la Grande Asie orientale ?

Le Maitreya est là, immobile, son visage concentrant toute la beauté du monde. Son regard perdu dans un vide absolu plane loin au-dessus des soucis terrestres. Il me fait à la fois penser à un esprit qui, tombé dans un abîme sans fond, aurait dépassé toute forme d'illumination et à un être qui aurait soudain compris l'essence de sa nature. Même en plein milieu d'un enfer brûlant grouillant de serpents, il trône, inébranlable et silencieux. J'y vois le calme pâle et composé

1. Nom de Séoul sous l'occupation japonaise.

d'un gourmet venant de goûter au plus succulent plat de toute sa vie. Un visage qui sait garder le silence malgré ses peines, un visage souffrant qui parvient à éprouver du plaisir ! Son cœur doit abriter tant de paroles inexprimées. L'existence de ce Bouddha se suffit à elle-même.

« Il est vraiment parfait. »

J'aurais dû continuer à observer ce Bouddha en silence. Hélas, incapable de me contrôler, je lui ai apposé des adjectifs futiles. Une fois de plus, ma bouche a échoué, à l'image de ces gourmets de pacotille dont la langue frivole articule des phrases ronflantes pour vanter les mérites de plats gratuits. J'aurais dû me taire. Mes lèvres auraient dû résister au mystère de la statue exposée sous mes yeux. J'aurais dû étouffer ma sensibilité. Je n'aurais pas dû penser à ces mots cachés au fond de mon cœur. Ma gorge aurait dû les réprimer. Mon odorat n'aurait pas dû frémir devant cette statue vieille de plus de mille ans. Je n'aurais jamais dû venir ici.

« Tiens, son parfum me rappelle celle qui prenait le jeune Mori dans ses bras. »

Je renifle et me concentre sur mon odorat. Les lèvres du Bouddha se tordent, ses paupières frémissent comme les ailes d'un oiseau agonisant, un profond désespoir transparaît dans ses pupilles noires. Va-t-il enfin briser son long silence et veiller sur le monde ? J'ai hâte de voir ça. Comme il sera rayonnant à son réveil ! Son sourire lui conférera peut-être le visage le plus parfait qui soit. J'attends depuis toujours que ce Bouddha ouvre les yeux. Je me fous du salut. A la place de traits immortels enfermés dans la pierre, je veux simplement voir un visage qui ne soit plus tourmenté, un visage non pas divin mais humain, s'affranchissant d'un long sommeil, le visage incrusté dans ma mémoire d'une femme de chair et de sang.

Devant moi, la statue s'effrite ; le visage raffiné d'une femme en émerge. Mon pressentiment était juste. Le Bouddha cachait bien une beauté dans son enveloppe de pierre. Mais la femme semble bouleversée. Ses lèvres se tordent monstrueusement ; de ses yeux coulent des larmes de sang ; ses cheveux défaits lui donnent un air lugubre. Qui est-elle ? Elle m'est très familière. Le parfum des fleurs de thé qui chatouille mes narines m'est à la fois connu et étranger. Le seul visage que j'ai perdu, qui m'a manqué toute ma vie, se trouve juste devant moi. Je désespère car il est repoussant et pleure. Quelle vision terrifiante ! Je t'en prie, disparais à nouveau dans la pierre. Je préfère voir un Bouddha silencieux qu'une femme profane. Je me lève d'un bond.

« Mère, mère ! »

Mon moi de sept ans se hâte d'enfiler ses chaussures avant de quitter le pavillon principal, de peur que les quatre gardiens du temple ne le saisissent au collet. Je sors précipitamment dans la cour, trébuchant plusieurs fois au passage. Une grosse averse me fouette violemment les épaules. Un éclair jaillit ; après quelques pas, je m'effondre à côté d'un ruisseau bordé de touffes d'herbes. Les nuages sinistres stationnés au-dessus du toit du pavillon me regardent d'un air moqueur. Je les observe attentivement : ce sont les neuf serpents ! Ils se faufilent à l'intérieur par les tuiles et je les entends ronger la tête du Bouddha. Je me bouche les oreilles et me mets à courir en tremblant de peur.

« Mori, vite, par ici ! », me lance une femme au cou pâle, sa tête sortant timidement des cuisines à l'arrière.

Je reconnais les manches du kimono multicolore qui enveloppe ses poignets et ses bras frêles.

« Mère ! »

Je me blottis dans ses bras et éclate en sanglots.

Elle ferme la porte de la cuisine, la verrouille et me caresse doucement la tête.

« Ça va aller, tu es en sécurité ici, ne pleure plus. »

Elle me glisse quelque chose dans la bouche. Le délicieux jus de viande du *bungogyu*, dont il m'arrive de rêver la nuit, coule dans ma gorge. Je mastique soigneusement le morceau de chair.

— Mon commandant, vous êtes réveillé ?

Tout en mâchouillant, j'aperçois la silhouette de Shigeo.

— Où suis-je ?

L'odeur de la femme qui me tenait quelques instants auparavant dans ses bras ne s'est pas encore entièrement dissipée. Que faisais-je dans la cuisine du temple Jilesi ? Pourquoi m'attendait-elle précisément là-bas ?

— Vous êtes à l'hôpital du QG.

— Pourquoi ?

— Vous avez avalé une petite quantité de poison.

— Du poison ? Qui a fait ça ?

Je recouvre progressivement mes esprits. Je me souviens d'avoir bu cinq verres de *shaoxingjiu*. Le lieutenant-général Toshio, du fait de son retard, en a enchaîné plusieurs d'affilée avant de s'écrier : « Cet alcool a un goût bizarre… Ne buvez plus ! »

Il est allé rendre tout ce qu'il avait mangé puis il est revenu alerter les autres, mais personne ne l'a écouté. Ses collègues généraux ont continué à vider leurs verres en se moquant de lui. Voilà pour l'ambiance. Qui aurait osé mettre du poison dans des plats ou des boissons en plein cœur du QG ? De l'avis de tous, c'était un délire nourri par une peur qui le rongeait de l'intérieur. Même quand il s'est effondré en se tenant le ventre, on lui a reproché d'avoir trop bu la veille. Mes souvenirs s'arrêtent là.

— Chen. Il a tout avoué ce matin à la gendarmerie.

Shigeo s'exprime d'une voix calme et dépourvue d'émotion.

— A-t-on perdu des effectifs ?

— Non. Mais il aurait utilisé du poison de laurier-rose.

— Il a avoué ? Mais alors, comment se fait-il que personne ne soit mort ?

— Les plats accompagnant le *fotiaoqiang* ont dû agir comme antidote.

— Quel idiot ! Il a osé souiller son plat de ses propres mains !

Quoi qu'il ait fait, je ne lui pardonnerai jamais.

— Que voulez-vous faire de lui ?

— Laissez-moi l'interroger en personne.

— Entendu.

— Il a osé me défier… Arrêtez sa famille et enquêtez sur tous les cuisiniers, y compris le personnel extérieur. C'est un ordre. Arrêtez aussi tous les Chinois présents en cuisine.

Shigeo m'adresse un salut militaire et me laisse.

Je ne dors plus, mais suis-je réellement réveillé ?

Le Cantonais entre dans la salle d'interrogatoire solidement ligoté. Il a déjà dû être torturé, son visage est méconnaissable. On dirait un morceau de gâteau tout écrasé. Ses yeux sont gonflés comme s'il s'était fait piquer par une chenille et ses globes exorbités comme ceux d'un crustacé. Je regarde ses mains. Pour avoir commis un crime de tes mains dévouées à la cuisine, tu mérites la mort ! Il reste silencieux. Je sors une cigarette et l'allume. Un rire ironique m'échappe. Du poison ? C'est un peu cliché, non ? Rêvait-il vraiment de décapiter d'un seul coup la tête de l'armée du Guandong ? C'est tellement lamentable que j'ai pitié de lui.

— Vous avez arrêté les membres de sa famille ?

— Oui, ils sont ici. Nous les avons interrogés, mais… répond le lieutenant-colonel de la gendarmerie chargé de cette affaire, le visage soudain pâle.

— Il a une femme et une vieille mère, c'est ça ? Elles ont avoué docilement ?

— Eh bien, la vieille est morte. Elle s'est lancée contre un mur la tête la première alors que nous rédigions le procès-verbal. Ça s'est passé trop vite, nous n'avons rien pu faire…

Le lieutenant-colonel, embarrassé, transpire. Quelle chance que le petit Cantonais ne comprenne pas le japonais ! Pauvre type, il ne peut s'en prendre qu'à lui.

— Et la jeune femme ? Avez-vous pu en tirer quelque chose ?

— Elle est coréenne. Elle a l'air de n'être au courant de rien.

— Ah bon ?

C'est donc que l'interrogatoire a été un échec.

— Une Coréenne femme d'un communiste… Vous pensez vraiment que c'est un hasard ?

— *Hai !* Je vais tout reprendre avec elle, répond le lieutenant-colonel en se mettant au garde-à-vous.

Je fouille dans une poche de mon uniforme et en sors les quelques morceaux de kaki séchés que

Shigeo m'a remis et qui viennent de dame Hu. Ils sont plus sucrés que ceux de Kumamoto, sans doute parce qu'ils viennent d'une région froide. Quel ennui de devoir interroger un meurtrier… Heureusement que j'ai un bon goûter pour tourner cruellement en dérision le récit décousu des aventures de cet assassin immoral responsable de la mort de sa propre mère. Je reconnais avoir perdu mon premier pari avec lui ; en revanche, j'ai maintenant une raison légitime de l'exécuter.

— Détache-le.

Shigeo me regarde, surpris.

— Ne t'inquiète pas. Il n'a aucun endroit où se cacher dans le QG.

Des gendarmes entrent et le libèrent de ses liens.

— Qui es-tu ? Un cuisinier ou un apprenti communiste ?

Il ne me répond pas. Je le scrute attentivement. Il ne parvient pas à dissimuler le sourire narquois qui se dessine sur ses lèvres scellées. Il se moque de moi.

— Tu as osé déshonorer ton art ! Même pour les tiens, laisser en vie un tel profanateur serait indigne, n'est-ce pas ? Et à un banquet servant du *fotiaoqiang*, en plus ! Tu ignorais que ce plat était la fierté des Mandchous ?

Il continue à se taire.

— Ta vieille tête toute moche et bosselée n'a pas été capable d'aller chercher plus loin que du poison ? Imbécile ! Tu aurais peut-être réussi à tuer un individu, mais toute une tablée ? Sache qu'une vie a bien été sacrifiée. Ton courage est vraiment louable.

Il ne sait pas encore qu'il s'agit de sa mère.

— S'il vous plaît, tuez-moi, articule-t-il péniblement à cause de ses lèvres tuméfiées.

Il veut devenir un héros ? Plus un pays s'enfonce dans le chaos et plus des types comme lui se pavanent dans la rue avec des slogans du genre : « Chassons les fonctionnaires corrompus et faisons régner la justice ! » Mais une fois au pouvoir, ils persécutent le peuple comme ceux qui les ont précédés. C'est d'une logique imparable mais ces ignares ne la comprennent pas. La paix est impossible à atteindre de cette manière-là. Autant devenir un Bouddha. Si les choses pouvaient demeurer éternellement immuables, comme le Maitreya qui occupe la même place depuis des millénaires, la tristesse disparaîtrait de ce monde. Les abrutis coupables de matricide sous couvert d'un acte héroïque, aussi.

— Tu penses que ta mort a un intérêt pour quelqu'un d'autre ?

Je fais un signe de tête à Shigeo pour qu'il traduise.

— J'aimerais mettre fin à mes souffrances.

— Dans ce cas, ta mort n'aura d'intérêt que pour toi. Enfoiré ! Tu n'as même pas le courage de te jeter la tête la première contre un mur ! Si je te tue maintenant et que le Japon en vient à perdre ce territoire, une statue sera érigée là où ton corps sera tombé et on te rendra tous les honneurs. C'est ça que tu veux ? Tu penses que je suis assez stupide pour te laisser faire ?

— Je veux payer pour mon crime.

— Lequel ?

— Celui d'avoir profané mon art.

Tiens, tiens ? Sa réponse attise ma curiosité. Il mérite que je le laisse encore un peu en vie.

— Si c'est ce que tu souhaites, je vais te donner l'occasion de payer pour ce que tu as fait.

Je me racle la gorge et ordonne d'un ton solennel :

— A minuit, vous lui couperez le bout de la langue, deux tiers exactement. Laissez-lui en une petite partie pour qu'il ne perde pas totalement la parole. Voilà qui devrait auréoler sa cuisine d'encore plus de gloire.

Le Cantonais se décompose, on dirait un démon grimaçant. Partagé entre le soulagement et le désespoir, la vie et la mort, il se domine à grand-peine. S'il apprend la mort de sa mère, peut-être s'abandonnera-t-il d'abord au désespoir avant de chercher à se venger en continuant à mettre de l'huile dans ses woks et en s'accrochant à son art. Créer des plats ultimes, au goût inimitable, pourrait être une manière de se venger pour lui ; il réussirait ainsi à me faire agenouiller devant son assiette, ivre de sa cuisine. S'il y arrive, quel besoin aurait-il de recourir au poison ? C'est pourquoi je ne veux pas le priver de toute sa langue. Même mutilée, elle s'adaptera afin de parvenir à juger d'un plat même sans le connaître parfaitement, un peu comme un aveugle à même d'appréhender l'invisible grâce au braille. Voilà ce que je veux pour lui.

— Quand on lui aura coupé la langue, que fera-t-on de lui ?

Le cou du lieutenant-colonel est luisant de sueur. Il se raidit, comme s'il ne comprenait pas ma décision. Normalement, après l'interrogatoire, un prisonnier est transféré au tribunal. En temps de guerre, il ne bénéficie pas d'une telle clémence. Chen est un criminel pris en flagrant délit. Si la nouvelle filtre, les journalistes se précipiteront ici. Et si elle atteint le Japon, nous serons dans de beaux draps. Sans compter que la population mandchoue en profitera sans doute pour s'agiter. Un secret n'a de valeur que s'il n'est pas ébruité. Toshio a été pris de maux de ventre à cause de problèmes de digestion, voilà tout. J'espère que le lieutenant-colonel et Shigeo sont assez intelligents pour comprendre mon plan. Ils sont tellement rigides, de purs produits de l'empire.

— Enchaînez solidement ses chevilles et installez-le dans la cuisine de la cantine des officiers. Ne le libérez sous aucun prétexte et confiez-lui un fourneau. Apportez-lui tous les ingrédients qu'il demande, quitte à aller fouiller le fond du lac Nanhu pour ça.

A chaque nouvelle phrase traduite, Chen a l'air un peu plus dérouté.

— Deux fois par jour, tu pourras manger les restes, mais sans tes mains, comme un chien. J'épargne ta vie mais en échange tu devras me préparer un nouveau plat tous les jours. Tu ne pourras manger que quand tu te seras acquitté de ta mission. Ecoute-moi bien : ta vieille mère et ta femme ont été arrêtées et se trouvent ici. Si jamais tu te laisses aller et que ta cuisine n'a pas le goût que j'attends d'elle, je les ferai mettre à mort. Tes plats vont pouvoir offrir un sursis à deux vies. Tu mettras vos trois vies en jeu chaque fois que tu te retrouveras devant ton fourneau, compris ?

Shigeo intervient, l'air déconcerté :

— Mon commandant, il a tenté de vous empoisonner ! Comment pouvez-vous lui confier un fourneau ?

— C'est justement pour ça que je le fais !

Le visage de mon aide de camp se crispe.

— J'ai très envie de continuer à goûter ce qu'il prépare. Aucun fils ne mettrait en jeu la vie d'un de ses parents.

— Pardon ?

— Tu n'es pas curieux de voir à quoi ressembleront ses plats, Shigeo ?

Shigeo se met au garde-à-vous sans rien répondre.

II

1

Des animaux crient au loin, comme s'ils avaient oublié de dormir… Pourquoi ne se manifestent-ils que dans l'obscurité ? Des rats, des belettes et des oiseaux cachés dans les branches qui lancent des sons imprononçables s'activent au milieu des cerisiers et des pins entourant le QG. Personne n'y fait attention. Est-ce la faim qui les pousse à crier ainsi ? La perte de leur compagnon ? Quelqu'un essaie-t-il de détruire leur nid ? Le moindre bruit m'inquiète, je ne cesse de me retourner dans mon sommeil.

Je suis à nouveau enfermée dans l'antre d'une bête : il s'agit de la résidence d'un homme que je crois avoir déjà vu. J'ai dû le croiser au carrefour de Balibao, ou à Kuanchengzi, ou dans le quartier des restaurants peut-être, à moins que mon vêtement ne se soit fait accrocher et souiller de boue par une roue de sa voiture à cheval. Ou peut-être ai-je assisté pendant la fête de Banjin à un spectacle de marionnettes, debout à côté de lui. Ce qui est sûr, c'est qu'il m'est familier. Peut-être s'agit-il de l'ombre d'un de ces innombrables soldats qui ont ouvert leur braguette et sauté sur mes cuisses frêles. Chacun avait son visage, ses moustaches et son odeur à lui, pourtant ils étaient tous les mêmes. Peut-être l'homme qui me rend visite chaque nuit est-il l'un d'eux ? Peut-être est-il cet homme que j'ai croisé un jour.

Il y a un peu plus d'un mois, les gendarmes ont débarqué chez moi alors que je mangeais avec Beibei. Avant qu'ils n'arrivent, elle avait préparé les meilleurs aliments qu'il nous restait. Nous nous étions régalées, un peu comme si nous prenions notre dernier repas. Des courgettes séchées, des racines de lotus enterrées, une tranche d'ombrine séchée et du riz blanc conservés pour les grandes occasions, voilà ce que nous avions mangé au dîner et au petit déjeuner suivant. Nous nous étions surtout goinfrées de riz alors que tous l'économisaient à cause de la guerre. Beibei s'était comportée comme s'il n'y avait pas de lendemain. Elle avait même sorti les feuilles de thé qu'elle gardait au grenier. On aurait dit qu'elle s'apprêtait à partir pour un long voyage. Comme elle avait raison… En effet, dès onze heures, des gendarmes ont débarqué telle une meute de loups.

« Cherchez le poison ! »

Ils se sont aussitôt mis à fouiller dans les moindres recoins de la maison.

Sans doute voulaient-ils recueillir la preuve leur permettant de nous incriminer, Beibei et moi, dans le procès de Chen. Evidemment, ils n'ont rien trouvé ! Mais leur présence voulait dire que Chen avait atteint son objectif. Avait-il réussi ? Mon frère en aurait été ravi. Pourtant, j'avais l'impression que quelque chose clochait. En effet, aucun des soldats qui fouillaient chez nous n'avait l'air abattu. Ils semblaient ennuyés et las. Ils auraient sans doute préféré se coucher à même le sol s'ils n'avaient eu des ordres bien précis. Leur fatigue était manifeste. Après avoir passé les fentes du parquet au peigne fin, ils nous ont ligotées toutes les deux et nous ont fait monter dans leur véhicule.

J'ai ensuite été séparée de Beibei et torturée pendant un mois. Peut-être plus, peut-être moins ; depuis ma cellule glaciale dans les souterrains du QG, je ne pouvais distinguer le jour de la nuit. A la lumière de l'éclairage électrique, je voyais le visage fatigué de mes bourreaux, leurs muscles tendus, les différents outils dont ils se servaient ; leurs insultes résonnaient à mes oreilles toute la journée, comme un bourdonnement. Voilà le genre d'endroit où j'étais retenue prisonnière. Ils n'avaient pas l'air de vouloir me soutirer des informations importantes, ils se contentaient de me donner des ordres mécaniquement, auxquels j'obéissais, à mon tour changée en machine. Selon ce qu'on me disait, je rampais, me couchais, me tournais, m'asseyais, me mettais à quatre pattes, ouvrais la bouche, levais ou baissais mes bras et mes jambes. Parfois, ils m'attachaient et me suspendaient la tête en bas. Quand je n'arrivais pas à faire ce qu'ils me demandaient, ils m'aidaient gentiment. A certains moments, une souffrance terrible traversait mon corps ; à d'autres, j'avais si honte que ma salive coulait toute seule. Il y avait des fois où je m'accrochais à une simple gorgée d'eau qu'on me donnait à boire pour ne pas sombrer. Je me forçais à étouffer mes gémissements. Quand, la gorge trop enrouée, je ne pouvais plus parler, je grattais mes ongles par terre en guise de réponse. Le plus dur dans cette obscurité glaciale et dans cette solitude était de réussir à cacher mes larmes.

« Tu es la compagne d'un agitateur, répétaient-ils sans cesse. Si tu nous dis où se planquent les camarades de ton mari, on te libère. Ton corps est trop fragile, il ne supportera pas la torture. Avoue ! Avant de rencontrer ton Chinois, tu étais où ? Tu faisais quoi ? me demandaient-ils aussi. Où es-tu née ? Que font

tes parents ? Pourquoi es-tu venue en Mandchourie ? »
Pendant qu'ils me torturaient, ils affectaient un air sévère tout en chuchotant entre eux :

— Hé, Hiyashi, essaie de ne pas la défigurer. Le chef n'a pas arrêté de nous le répéter, tu as déjà oublié ?

— Il est trop exigeant ! Pas le droit de toucher au visage ou au bas-ventre, pas le droit au fouet... Comment on va la faire avouer ?

— C'est une trop belle femme pour qu'on la tue. Naoki a sûrement une idée derrière la tête. Il lui est déjà arrivé d'épargner de jolies filles pour pouvoir les offrir à ses supérieurs.

Ils ne se doutaient pas que je les comprenais. J'étais enfermée dans une caisse rectangulaire, suspendue la tête en bas, obligée de rester assise avec un morceau de fonte sur les genoux si lourd qu'il manquait de m'écraser. Si j'ai réussi à ne pas avouer mes malheurs dans le Sud malgré ces terribles souffrances, ce n'est pas parce que je craignais qu'ils en apprennent plus sur le passé de Chen, encore moins par patriotisme ; je savais simplement que mes aveux ne mettraient pas fin à la torture. Eux aussi luttaient contre un temps embourbé. Tu sais, le temps se range dans le camp de ceux qui résistent jusqu'au bout.

J'engouffrais la totalité des deux repas qu'on me servait chaque jour. Je ne pouvais pas me permettre d'être faible, j'avais besoin de toute la force de ma volonté pour outrepasser les limites imposées par ces hommes. J'essayais de pratiquer l'auto-hypnose. J'en avais pris l'habitude dans le Sud : chaque fois que je me refusais à un soldat, j'étais enfermée dans une pièce exiguë et suspendue la tête en bas jusqu'à ce que je cède ; parfois, on me fouettait le dos et c'était comme si un fer à repasser brûlant ne me quittait plus ; je passais mon temps à m'évanouir et à me réveiller en me soufflant à moi-même : « Ce n'est pas la réalité. Je suis en plein cauchemar. Une fois réveillée, je pourrai mettre mes chaussures en caoutchouc et sortir dans la rue baignée de soleil, marcher d'un pas léger dans le printemps, enivrée par sa douceur. »

Le moment a fini par venir où j'ai été libérée de mon cauchemar. Un matin, j'ai mangé un bol de bouillie de riz blanc dans une pièce où l'on m'avait abandonnée comme un bagage qui attend son propriétaire. Pendant une dizaine de jours, j'ai eu droit quotidiennement à trois repas de qualité ; je pouvais même me laver. J'ai vite compris ce que signifiait ce changement. Pareilles situations n'arrivent pas que dans les rêves : à l'époque, tout était possible. Pour moi, ce n'était ni une bonne ni une mauvaise chose. Je n'avais pas vraiment le choix même si, en me donnant un peu de mal, j'aurais pu trouver le moyen de réintégrer l'enfer que je venais de quitter. Quand la tentation était trop forte, je me rappelais les paroles de mon frère et j'essayais de me raisonner. Cette réalité si cruelle dont je ne voulais pas était l'opportunité qu'il attendait depuis si longtemps ! C'était une véritable chance pour lui.

Après quelques jours, j'ai été transférée là où je vis actuellement, un logement de fonction. Depuis, je ne subis plus aucune injure ni aucune forme de torture. Je ne connais plus la honte d'avoir fait dans ma culotte. On me traite avec beaucoup d'égards. Un homme grand, au visage long et sentant l'alcool vient enfouir tous les soirs vers minuit son visage dans mes seins. Le premier jour, il m'a allongée par terre dans la salle de bains et m'a intégralement nettoyée au savon. Chaque fois que ses doigts fins et clairs touchaient mes plaies, je poussais un cri de douleur, comme un animal. Il les a désinfectées et a étalé de la pommade dessus sans que son visage trahisse le moindre sentiment.

Devant le miroir, une question me vient : combien de souvenirs disparates de mon visage – en proie au plaisir, à la tristesse, à la colère ou à la joie – existent-ils dans la mémoire des autres ? Tu sais, en se détachant de certaines choses, on se raccroche souvent à d'autres. L'expression de Beibei, qui ne quittait que très peu son lit, n'était en définitive pas si différente de celle de cet homme obsédé par mon corps. J'ai l'impression que les hommes en uniforme affichent toujours la même expression, comme s'ils n'en connaissaient qu'une. En ce sens, ils ressemblent au Bouddha de pierre du temple Jilesi. On dirait qu'aujourd'hui, l'homme est plutôt disposé à parler : « Qui a ainsi abîmé une si belle femme ? »

Sa main caresse mon dos couvert de plaies. Il se montre aussi tendre et raffiné que si j'étais sa bien-aimée. Il frotte doucement ma peau déchirée et ouverte par les coups de fouet et travaille mon corps comme un potier à son tour.

Il sort ensuite et revient avec un bol de bouillie sur un plateau. Il m'ordonne avec l'accent de Kumamoto : « Mange ! » Avant, j'étais servie par une Japonaise s'occupant du ménage ou par un soldat en service. Il semble désormais avoir décidé de me nourrir en personne. Ishihara, qui dirigeait l'unité d'instruction militaire, venait lui aussi de Kumamoto. Tout le monde se bat pour être libre alors que notre destin ressemble fort à celui d'un conducteur de pousse-pousse condamné à toujours faire les mêmes trajets. J'ai compris ça le jour où il a touché mon corps. A quoi bon résister ?

« Un excellent chef travaille dans la cuisine de la cantine des officiers. Il prépare une délicieuse bouillie au poulpe, murmure l'homme en défaisant son ceinturon. Quelle chance tu as de pouvoir goûter à sa cuisine ! »

Il s'agenouille devant moi et rapproche le bol de lui avant de me nourrir à la cuillère. La mixture rappelle des chairs meurtries longuement mijotées : des morceaux de poulpe aux reflets rouges, de la ciboulette et des carottes finement émincées se mêlent aux grains de riz blanc. L'eau se marie bien aux ingrédients et des paillettes noires d'algues *nori* émaillent la surface du mets dont l'exécution semble parfaite. La délicieuse odeur me donne faim. J'avale volontiers les cuillerées qu'il me tend.

Je sens d'abord une amertume, bientôt masquée par la chair exquise du poulpe. Son croquant, sa tendreté et puis son silence qui s'attarde dans la gorge une fois la première gorgée avalée… Sur le moment, rien ne me semble pouvoir surpasser cette saveur. Tu prendras peut-être ça pour une excuse, mais s'il m'arrive un jour d'éprouver un tant soit peu de compassion à l'égard de cet homme, ce sera à cause de cette bouillie. En mangeant, je me dis – ou plutôt mon estomac se dit : « Ce bol posé devant moi semble contenir tout à la fois violence et tendresse, un peu comme un homme. La douceur et la fermeté qu'il donne à goûter symbolisent une forme d'harmonie entre force et faiblesse. Ou l'apaisement d'un homme violent dans les bras d'une femme. »

— Alors, qu'est-ce que tu en penses ?

Je le fixe sans répondre.

— Tu as bien un avis sur son goût ? Un seul mot suffira.

Quels mots peuvent lui plaire sans pour autant révéler le fond de ma pensée ?

— J'en veux d'autre…

— Je ne peux pas te le garantir, le cuisinier est imprévisible.

Il racle bien le bol et me donne la dernière cuillerée. Il apporte une bouteille d'eau, en verse dans un verre qu'il me tend puis va jusqu'à me tamponner les lèvres de son mouchoir.

Il m'ordonne alors :

— Approche-toi et lèche jusqu'à la dernière goutte. Il n'y a que comme ça que tu pourras en avoir d'autre.

Je comprends ce qu'il veut dire mais j'hésite un peu. Je crois soudain entendre la voix de mon frère me hurler à l'oreille : « Tu attends quoi, là ? »

J'avance à genoux, défais sa ceinture, sors son sexe et le prends dans ma bouche. Je me souviens de ses mains caressant mes plaies et du goût délectable du repas que je viens d'avaler. Je ferme les yeux. Mon visage hésite entre exprimer la joie que j'éprouvais il y a encore un instant ou la souffrance qui me traversait avant mon repas. C'est seulement quand il se tord violemment pour éjaculer qu'une expression cachée en moi depuis longtemps refait surface : la grimace d'un visage à nu, sans aucun artifice.

« Vu la moue que tu viens de faire, je devrais pouvoir t'aimer. Ton visage au naturel trahit fidèlement ce que tu ressens ; c'est là ce que je veux de toi. »

Il continue de murmurer comme un moine psalmodiant une invocation au Bouddha : « Tu es coréenne, c'est ça ? Ta langue est chaude comme la braise. Tu dois avoir suscité beaucoup d'amour. Si jamais tu sors d'ici, cache-la bien. Elle peut te coûter la vie comme te sauver ... »

J'ai envie de le bâillonner.

Si j'arrivais à planter mes dents dans cette gueule ouverte... L'envie, la jalousie et la patience que j'ai connues, les cris et les larmes que m'ont tirés mes cauchemars, les souffrances que j'ai ressenties allongée sur un sol en ciment, les pleurs que j'ai versés dans des latrines puantes les nuits d'hiver, les coups de fouet en cuir, les rires étranges d'hommes peut-être déjà morts qui ont léché mes plaies avec appétit ; ces images se lèvent en moi telles des lames et perturbent toutes les cellules de mon corps avant de se faire expulser avec plus ou moins de violence. Ces blessures m'ont rendue forte. Si seulement mes dents, solides elles aussi, pouvaient se planter dans son cou. Si seulement je pouvais mourir ainsi...

« Ouvre-toi à ta langue. Essaie de te glisser en elle et d'éprouver chacune de ses sensations. La langue est le plus parfait de tous les organes créés par les dieux. Elle est si belle... Sais-tu pourquoi ? m'explique-t-il en amorçant un mouvement de va-et-vient sur mon ventre. Parce qu'elle peut sentir les goûts. C'est le sang qui rend ça possible. Si elle est rouge, c'est parce que ses cellules sont gorgées de sang, et c'est le sang qui est avide de goût. Tu comprends maintenant pourquoi les humains mangent autant ? Je vais te manger toute crue. Tes cheveux, ton sourire et ta tristesse, toi qui te moqueras de moi au moment de ta mort, tes prunelles, tes lèvres, ta langue et jusqu'à la dernière goutte de sang chaud qu'elle contient. Tout ça va devenir mien, je soumettrai même ton âme. »

L'homme dort à côté de moi mais je n'ai pas l'intention d'en profiter pour l'observer. J'entends la servante japonaise aller et venir dans le couloir en toussotant. Soudain, je sens un regard perçant fixé sur moi… L'esprit de mon frère est tapi quelque part sous le parquet du couloir. Chaque fois que la porte s'ouvre ou que le vent souffle, il me chuchote en fondant sa voix dans ces bruits : « C'est une chance unique, dépêche-toi de le tuer ! Sors son revolver de son étui et appuie sur la détente. Vise son cœur. Allez, tu peux le faire. Les Coréennes sont fortes, rien ne peut les détruire. Seules les idiotes se jettent sous des trains. Ouvre grand les yeux et regarde la réalité en face. Tue-le. » Je lui réplique que je ne me suis jamais servie d'une arme à feu, mais il fait la grimace et continue à m'exhorter, furieux.

Je pose ma tête sur la poitrine de l'homme et respire profondément.

Est-ce parce que ce corps contient un cœur rouge qui pompe du sang que cet homme mange du riz chaud, parle d'amour et menace des gens avec son revolver ? Ce genre de question incongrue me permet d'éprouver de la compassion à son égard. En écoutant sa respiration bruyante, je cherche à imaginer les montagnes qu'il a traversées. Je me figure ses empreintes de pas durcies dans la boue du continent. A-t-il eu une enfance ? Se souvient-il encore d'avoir tété le sein de sa mère ? D'avoir mâchonné la nourriture qu'elle mettait dans sa bouche ? Se souvient-il de la splendide lumière le jour où elle lui peignait les cheveux dans la cour ? A-t-il gardé ce genre de souvenirs, que j'ai pour ma part oubliés depuis longtemps ?

L'homme remue les lèvres et parle dans son sommeil. *« Okaa-san, okaa-san… »* Je ne suis pas sa mère mais je remonte sa couverture. J'aurai d'autres occasions de lui tirer dessus.

2

Aujourd'hui, Yoshii s'est encore moqué de mon aspect pitoyable.

« Hé, Chen, tu me rappelles un bâtard que j'avais chez moi. Je lui avais donné un nom plutôt élégant, Sora (Ciel), mais il était sale et avait tout le temps la gueule pleine de merde. »

Apitoyé par mes chaînes, il me nourrit de temps en temps ou m'adresse ce genre de remarques en veillant à ne pas se faire entendre par le responsable de la cantine. Je ne comprends pas tout mais je crois son amitié sincère. Il est le seul à me rappeler que je suis encore un être humain, malgré nos nations, nos langues et nos apparences différentes.

Le jour où j'ai été enchaîné puis jeté là, il m'a chuchoté : « Espèce d'idiot, tu aurais dû me parler de ton plan. Nagano, ma ville natale, compte les plus grands empoisonneurs de tous les temps. Tu ne le sais peut-être pas mais à l'époque Momoyama, Sanada Yukimura, le second fils d'un seigneur daimyô qui faisait beaucoup souffrir son peuple, a fini dans un cercueil à cause du poison que mes ancêtres, cuisiniers au château, lui ont servi. Tu vois ! Si une autre occasion se présente, mets-moi dans la confidence. En attendant, joue bien ton rôle de bâtard docile et n'essaie surtout pas d'aboyer ou de mordre ton maître. »

Yoshii a vu juste : depuis quelques mois, je suis un chien.

Jour et nuit, je garde la cuisine de la cantine des officiers. Un bon chien a des dents solides et un flair infaillible. Ses dents sont son meilleur moyen de défense. Quand j'avais neuf ans, un jeune homme s'était fait tuer par la chienne de son voisin, une bâtarde de trois ans d'une taille tout à fait normale qui attendait une portée. Il avait juste voulu s'amuser avec elle : il avait joué à lui enlever sa gamelle, jusqu'à ce que l'animal plante ses crocs sous son oreille. Tout s'était déroulé en un clin d'œil. Les gens étaient sortis en entendant le cri horrifié du jeune homme, mais la chienne ne l'avait pas lâché pour autant. Les yeux du jeune homme s'étaient révulsés et on avait commencé à frapper la chienne. Ses yeux à elle aussi s'étaient révulsés au fur et à mesure que la vie la quittait, toujours solidement arrimée à sa victime.

Quand un chien aboie dans le vide, les vieux pensent qu'il voit un fantôme. Moi, je pense qu'il sent des choses : les relents d'un cadavre, un fumet quelconque… Quand une odeur ne se dissipe pas, c'est que ses composés olfactifs sont condensés. Un client qui entre dans un restaurant s'en remet d'abord à son nez pour commander. Il s'intéresse ensuite à l'aspect visuel, aux couleurs d'un plat, et finit par en évaluer le goût grâce à sa langue. Enchaîné comme un chien, je suis à l'heure actuelle plus proche de l'animal que de l'homme.

Pour retrouver une partie des goûts que j'ai perdus, je recours souvent à mes narines. Mon odorat se dote chaque jour de davantage de cellules pour pallier mon handicap. A présent, j'arrive à distinguer ce qui est sucré, acide, salé et pimenté rien qu'à l'odeur. Mes mains nettoient et préparent les aliments mais c'est mon nez qui les sent. Mon nez et ma langue exécutent conjointement les ordres de leur maître. Les plats ainsi créés sont mon nouveau moyen de défense, un peu comme les dents tranchantes d'un chien. Je dois me faire apprécier. Prosterné devant mon cher billot, je réfléchis à ma cuisine. Mes pieds ont beau être enchaînés, mes mains, ma langue, mon nez et mes yeux sont libres. A cinq pas de moi, Shigeo lit une revue illustrée de Kitazawa Rakuten importée du Japon. Il rigole de temps en temps, complètement oublieux de moi. Il vient une fois par jour me commander un plat pour son maître. Parfois, c'est en complément des repas principaux, d'autres fois, c'est pour les en-cas de neuf heures du soir et de deux heures du matin. Je n'ai pas le droit de refuser. On me donne les ingrédients nécessaires parmi ceux livrés la veille. Cela peut aller de plats simples (beignets de crevettes) à des compositions plus complexes (soupe de concombres de mer) ; dans un cas comme dans l'autre, je ne dois relâcher ni mon attention ni mes efforts.

Pourquoi le commandant Otozô m'a-t-il laissé en vie ?

Est-ce parce que l'étrange pari qui nous relie vaut toujours ? Je cherche la réponse dans les mets que je lui prépare tous les jours, tandis que lui la retarde en vidant proprement son bol. Tout le monde se moque de mon ambition trop gourmande, qui m'a fait perdre une partie de ma langue. Le bruit court que j'ai cherché à les empoisonner. Peut-être est-ce vrai, peut-être pas. Même un chien errant se moquerait de moi si je lui avouais avoir voulu tuer ces hommes avec de la poudre de laurier-rose achetée au marché. Supposons que j'aie faussement avoué. En attendant, parmi les invités qui ont mangé de mes plats, quelques-uns ont eu mal au ventre. Cela, personne ne peut le nier. Le cuisinier en est évidemment entièrement responsable. Et pourtant, je suis encore en vie. C'est une véritable énigme.

Aujourd'hui, je prépare un *hongshaorou*. Shigeo m'a annoncé que le commandant devait boire un verre avec le ministre de la Justice dans une demi-heure. Ce plat, qui comporte d'épais morceaux de poitrine de porc, accompagne très bien l'alcool. Je découpe en tronçons de la taille d'une tuile de mahjong la viande que Nanjo m'a livrée ce midi. J'ai encore mon billot. C'est un miracle que, malgré ma trahison, le commandant ne m'en ait pas privé. Tant qu'il l'aura à ses côtés, son maître ne courbera jamais l'échine, mais ça, les Japonais l'ignorent. Après la mort de mon père, j'ai voulu renoncer à devenir cuisinier. Je voulais me rendre sur le front révolutionnaire pour combattre ; c'est ce billot qui a calmé le sang bouillonnant de ma jeunesse. Il m'a appris à me battre sans verser mon sang. C'est une fois de plus ce que je suis en train de faire.

— Tu ne fais pas des morceaux trop petits ? intervient inutilement Shigeo, jusque-là plongé dans sa revue.

— Je-je ne veux pas que le-le commandant soit trop vite rassasié, balbutié-je à cause de ma langue raccourcie. Je-je veux que Son Excellence plonge le plus de fois-fois possible ses baguettes dans mon plat. C'est le seul moyen pour lui de co-connaître le-le goût authentique du *hong*…

— C'est juste du porc et de la sauce soja, qu'est-ce que ça a de spécial ?

— La-la particularité de ce plat ré-réside dans-dans la sauce soja et dans la cuisson. C'est im-important de le faire mijoter le temps qu'il faut. C'est-c'est ça qui détermine le goût sucré ou-ou amer. Il y a *hong-hongshaorou* et *hong-hongshaorou.*

Shigeo se moque de moi avant de retourner à sa lecture :

— D'où te vient une telle confiance en toi ?

J'ai envie de lui répondre qu'elle me vient des papilles de son commandant mais je me ravise. Ma seule attente et mon seul objectif sont que le commandant s'habitue à ma cuisine, ce qui a l'air d'être le cas. Je ne crois pas me bercer d'illusions en disant que mes plats apprivoisent petit à petit sa langue. La meilleure preuve, c'est que je suis encore en vie. Il n'arrivera jamais à me tuer. Lui et sa langue n'oublieront pas de sitôt les saveurs des bouillies que je lui prépare.

Perdre un bout de ma langue m'a fait redécouvrir la grandeur de cet organe. C'est en entrant en contact avec la langue que les attributs spécifiques à chaque chose se révèlent ; une fois le produit en bouche, quel qu'il soit, la langue le fait tourner en tous sens, le taquine comme un enfant espiègle s'amusant avec un jouet. Elle transmet ensuite un message au cerveau qui le convertit en sensations gustatives. Ce processus est si rapide que l'homme n'en a pas conscience. Aussi a-t-on souvent l'impression que c'est moins la langue, tout juste bonne à attendre en dissimulant sa gourmandise, que la nourriture qui travaille.

— Vous-vous n'avez pas l'impression que tout le monde ici est un-un peu trop insouciant ?

Pourvu que cet idiot comprenne que je me moque de lui.

— De quoi tu parles ? De la guerre ?

— J'ai-j'ai entendu dire que l'armée so-soviétique arrivait.

La semaine dernière, les Soviétiques ont lancé un mouvement de troupes de grande envergure. Le QG s'est affairé en réponse. Les caisses de ravitaillement stockées dans les entrepôts ont été sorties dans la cour et intégralement réparties entre les différents corps d'armée. La voix de Nanjo faisant son rapport sur les vivres de réserve était plus grave que d'ordinaire. En cuisine, tous étaient étonnamment calmes, sans doute conscients que la situation leur pendait au nez depuis un moment. La discipline et le sang-froid des Japonais maintiennent une forme d'équilibre mais je sais qu'ils sont morts de peur.

— On verra bien ! Au pire, on mourra.

Shigeo, l'air d'avoir dit tout ce qu'il avait à dire, replonge dans sa lecture.

— Vous-vous n'avez pas peur de la mort ?

— Tout le monde a peur de la mort.

— Mais-mais alors… ?

— Je ne suis pas du genre à m'inquiéter à l'avance, répond Shigeo avec le détachement d'un ascète.

Je continue à couper mes morceaux de viande et les assaisonne avec de la sauce soja et de l'huile de piment. Une fois bien cuits, il faut les laisser mitonner longtemps à feu doux pour attendrir la viande ; malheureusement, je n'ai pas beaucoup de temps devant moi. Au bout de vingt minutes, les morceaux prennent une teinte blanche au milieu du bouillonnement de la sauce. Je les réserve et les fais tremper dans du vinaigre de pomme avant de les laver à l'eau et de les remettre dans la casserole. C'est un truc pour attendrir la viande plus rapidement. Je fais réduire la sauce et y ajoute du sucre et de l'ail écrasé pour masquer l'odeur de gras. Je présente enfin le tout sur une assiette avec de petits brins de cive en guise de décoration. La prochaine fois, je ferai du tofu puant. Ça sent très mauvais, mais quel goût exquis ! J'espère que mon odorat ne trompera pas le palais du commandant.

— Si-si la guerre se termine, qu'est-ce que-que vous ferez ?...

A chacune de mes phrases, j'ai l'impression que des billes de fer entrent dans ma gorge et m'étouffent. J'articule péniblement en essayant de libérer ma bouche, mais c'est comme si je devais creuser un puits avec une toute petite pelle.

— Si la guerre se termine ? Chen, la guerre ne se terminera jamais, en tout cas, pas de mon vivant. De toute façon, quelle qu'en soit l'issue, je continuerai à te surveiller en lisant des mangas de Kitazawa et à obéir aux ordres du commandant.

On dirait un adepte de la philosophie pessimiste.

— Les-les ordres du commandant ? reprends-je avec un rire froid et moqueur.

Tu es vraiment sûr de ça, Shigeo ? Moi non plus je n'arrêterai jamais de me battre tant que j'aurai mon billot avec moi.

De mes plats dépendent tant de vies et de morts, j'aimerais sentir l'odeur que tout cela dégage. En cuisine, quand on fait cuire des aliments, de nombreux composés olfactifs remplissent la pièce avant de lentement s'échapper par la fenêtre. J'aime humer ces odeurs. J'imagine ces particules flotter éternellement sans jamais être dispersées par le vent. Si mes plats disparaissent au cours de la digestion, leur odeur reste sur cette terre. Je souhaiterais tellement que mon combat insignifiant se poursuive dans cette cuisine et que quelqu'un s'en souvienne.

3

— Cela fait trois jours que les ennemis se déploient sur tous les fronts, assène d'un ton délibérément tonitruant Ito, un brigadier-général en charge de la stratégie. Ils n'ont pas encore franchi la frontière mais leur intention est évidente, ils se préparent à attaquer.

Il émet ensuite plusieurs toussotements censés traduire sa nonchalance. L'atmosphère dans la salle de réunion est plus lourde que jamais. Trente-neuf hommes sont présents, convoqués le matin même. Aucun des membres de l'état-major de l'armée du Guandong ne manque à l'appel. Ceux qui dormaient dans les bras de femmes ont dû s'agacer de cet ordre avant de finir par y obéir, très contrariés. Personne n'échappe à la terreur imminente. Leur froid silence en est la preuve.

Seule la voix d'Ito résonne. Elle agit comme un coup de fouet sur les officiers.

— Le premier front d'Extrême-Orient stationné à Vladivostok et le deuxième front de Khabarovsk ont fini de se déployer. Ils ont pour objectif Xinjing.

De sa baguette de commandement en bambou, Ito montre un point entre Vladivostok et Khabarovsk. Les trois villes forment un magnifique arc de cercle. Quelle idée brillante d'avoir choisi Xinjing comme capitale du Mandchoukouo ! D'où que les ennemis viennent, elle est difficile d'accès. Je m'imagine encocher une longue flèche en bambou et viser le nord de sa pointe en fer bien aiguisée. Il paraît que quelque part dans ce pays glacial, bien en dehors de la carte, là où la neige tombe si dru que le soleil s'enfonce dans les congères et qu'on ne distingue pas la terre du ciel, là où les oiseaux se frayent un chemin sur le sol et les vieillards progressent vers le ciel en grimpant à leur cheminée, des hommes forts comme des ours vivent de l'élevage de rennes et attellent des chiens à leurs traîneaux. Deux balles ne suffisent pas à abattre ces hommes-là, qui n'hésitent jamais à monter à l'assaut, imbibés de vodka, tant leur patriotisme est fervent. Ils ont des armes puissantes et des centaines de tanks indestructibles qui ont fait leurs preuves sur le front européen. L'armée du Guandong pourra-t-elle leur tenir tête ?

— En tout, seize divisions ont fini de se déployer autour de ces deux villes. Au nord, l'armée de Transbaïkalie alliée à l'armée mongole prépare ses tanks. S'ils franchissent simultanément la frontière, nous devrons faire reculer notre ligne de défense au sud du Grand Khingan. Si jamais Harbin et Qiqihar tombent aux mains des ennemis, la situation risque de très vite se dégrader pour nous. J'ai ordonné à toutes nos troupes d'être particulièrement vigilantes. L'armée soviétique compterait un million cinq cent mille…

Je sais exactement quand il me faut intervenir.

— L'armée du Guandong compte à peine un million de soldats inexpérimentés. Si nos militaires d'élites n'avaient pas été envoyés dans le Sud, notre belle armée n'aurait pas de raison de craindre ces minables de Soviétiques ! Je sais bien que l'état-major japonais n'avait pas d'autre choix, mais…

Ito attend que je termine ma phrase.

— Pour pouvoir lancer l'assaut, il faut que les forces en présence soient équilibrées. Vous avez jusqu'au 30 juillet pour rappeler les soldats démobilisés et les envoyer sur le front. Sélectionnez parmi les civils les hommes âgés de dix-sept à cinquante ans capables de se servir d'un fusil et enrôlez-les. De cette guerre dépend la survie de notre pays. Sans lui, ils ne seront plus rien. Proclamez le plus rapidement possible l'ordre de mobilisation.

— Un mois ? C'est trop court, mon commandant ! intervient l'autre abruti de l'unité d'instruction militaire qui passe son temps assis derrière son bureau.

— Un mois pourrait suffire à nous rayer de la carte. Faites au mieux.

La situation pourrait nous être défavorable, mais il est possible d'inverser la vapeur. Tout ce que je peux faire, c'est continuer à décider depuis mon fauteuil. Seuls les dieux savent comment tout cela finira. J'ai bien fait de donner les ordres *Tairikumei 1338* et *1393*. Comme ça, même après la guerre, les crétins de magistrats dans leurs robes sombres reconnaîtront que j'ai fait de mon mieux. Le transfert des 17ᵉ et 50ᵉ unités stationnées en Corée et de la 5ᵉ unité de Sakhaline sous le commandement de l'armée du Guandong sera également perçu comme une mesure pertinente.

J'aimerais qu'au moins une personne reconnaisse que nous ne sommes pas restés sans rien faire devant l'armée soviétique. Cela fait six mois que nous préparons sérieusement notre défense. Notre plan principal – j'admets avoir reçu des consignes de l'état-major japonais à ce sujet – consiste à disposer la majorité de nos forces dans les zones montagneuses du Nord de la Corée et du Sud-Est de la Mandchourie et à attirer les ennemis dans la vaste plaine mandchoue. Les corps de garde postés à des emplacements stratégiques le long de la frontière sont là pour faire gagner du temps aux forces principales, qui devront entraîner l'ennemi sur un terrain où, armés de leurs baïonnettes, nos soldats pourront lancer l'assaut. Cette stratégie de défense en profondeur est l'aboutissement de la réflexion menée conjointement, pendant plusieurs dizaines de jours, par les officiers supérieurs les plus brillants de l'armée de terre.

— Nous disposons nous aussi de plus de vingt divisions d'infanterie, de deux brigades cuirassées, d'une brigade aérienne forte de deux cents chasseurs bombardiers et de plus d'un millier de canons. Certes, notre armée ne compte que sept cent mille soldats, mais avec les renforts imminents, nous atteindrons bientôt le million. Nous n'avons aucune raison d'avoir peur si toutes nos troupes donnent le meilleur d'elles-mêmes. Une seule chose m'inquiète : la recrudescence des déserteurs. Ils doivent être fusillés sur-le-champ.

Plus je parle et plus je m'essouffle. Comment les êtres humains peuvent-ils être aussi obsédés par la guerre ? L'histoire militaire est la première chose que j'ai apprise à l'école primaire. L'histoire du Japon bien plus que celle de n'importe quel autre pays abonde en guerres civiles. Depuis la nuit des temps, combien de centaines de territoires ont attaqué leurs voisins en brandissant leur drapeau comme des barbares ? La première unification daterait du Ve siècle avec la fondation de l'Etat du Yamato qui aurait mis fin à tout ce chaos. Hélas, elle n'a pas duré longtemps. Les hommes ont bientôt recommencé à faire couler le sang, se déchirant et s'alliant pour mieux se déchirer à nouveau. Les vestiges laissés par ces guerres attirent aujourd'hui les touristes ; toutes ces batailles ont quant à elles suscité des héros immortels. La Mandchourie aussi connaîtra bientôt ce sort.

Lors de ma première expérience dans l'armée, une seule chose m'intéressait : la solennité de l'uniforme militaire, le pouvoir qu'il dégageait, qu'il s'agisse de celui d'un soldat de deuxième classe ou d'un général décoré de trois étoiles. J'aimais l'air singulier que confèrent la casquette, les épaulettes et les bottes. Il y avait une forme d'élégance dans toute cette formalité, que j'étais en mesure d'apprécier indépendamment de la culture propre à l'armée. Si, plus jeune, j'ai choisi de devenir officier de cavalerie, c'est parce que j'étais subjugué par la prestance de ce corps lors des défilés. La diversité et l'harmonieuse beauté spécifiques aux uniformes militaires parviennent à transcender la structure rigide et hiérarchisée de l'armée. Des fleurs s'épanouissent sur les champs de bataille ensanglantés ; quant à moi, je savoure ma solitude au milieu de cet univers sévère et d'une beauté uniforme.

C'est ce par quoi je me distingue de mon père. Lui aimait extérioriser sa force et sa passion ; moi, j'ai toujours préféré contempler à distance cet univers viril et conquérant. Mon père était fier d'être un descendant de samouraïs. Mon grand-père, qui s'était battu contre l'armée impériale, avait reçu cinq balles avant de mourir. La même fierté animait sans doute mon père quand il courait en direction du château de Kumamoto en décapitant tous les serpents qu'il trouvait sur son passage. Mais, à la fin d'une guerre, ce sont les hommes comme lui qui meurent. Les trente-neuf officiers assis autour de moi, engoncés dans des uniformes magnifiques décorés d'épaulettes, vont bientôt connaître le même sort.

La mort nous rend tous égaux. Un commandant n'y fait pas exception. La peur de la mort… je n'y étais pas vraiment sensible jusque-là car je pensais que je ne mourrais pas. Je suis un peu comme un phénix. Quand on pense être libéré de la mort, on est libéré de la peur qui va avec. Lorsque j'ai été envoyé sur un des fronts du Sud, j'ai vu ma brigade entière se faire anéantir. Mais j'ai survécu. Légèrement blessé par balle à la jambe, j'ai été démobilisé. Une fois chez moi, j'ai entendu mon grand-père maternel murmurer en me massant la jambe : « C'est grâce à tes défunts parents que la balle n'a pas touché ton cœur, pense à les remercier. Tôt demain matin, va dans un temple shintoïste et fais-leur l'offrande d'un gâteau. Ainsi, tu ne mourras jamais sur un champ de bataille glacial. »

Dans un mois, peut-être dans quinze jours, tous les fronts vont ouvrir le feu. La guerre est à la fois destruction et beauté. Quand on apporte sur la table un repas soigneusement préparé, il suffit d'un affamé pour que tout disparaisse en un clin d'œil. La guerre aussi va tout avaler. Je suis prêt à jouir de ce banquet. Je ne le manquerais pour rien au monde.

D'autant plus qu'il a lieu sur la terre rouge de la Mandchourie.

A quatorze heures, je reçois la visite du lieutenant-général Fukuhara Yoshiya.

— Quel est votre plan de défense ?

Il me défie ouvertement.

— Et quelle est votre fonction, lieutenant-général Fukuhara ? dis-je pour lui rappeler qu'il est responsable du corps de collecte de renseignements.

— Peu importe, ce n'est pas le moment. Si nous continuons à rester les bras croisés, le Mandchoukouo va disparaître corps et biens. S'il vous plaît, donnez-moi un plan d'action plus concret.

C'était donc ça. Ce type reçoit bien des ordres de l'état-major japonais en secret. Un long télégramme va peut-être arriver dès demain, exigeant que Yoshiya me remplace.

— Qu'est-ce que vous feriez si vous étiez à ma place ? lui dis-je en m'asseyant dans mon fauteuil et en lui proposant une cigarette, qu'il refuse.

— Nous devrions abandonner toute stratégie de défense en profondeur et mettre en place un système de défense des positions clés. Les ennemis vont arriver simultanément sur les sites importants alors que nos soldats sont disposés en arc de cercle sur toute la longueur du front. Le combat va être d'un contre cent ! Je vous en prie, donnez l'ordre de renoncer à ce plan, de sélectionner un certain nombre de soldats et de les concentrer sur les positions stratégiques.

— Vous désobéiriez à un ordre qui vient tout droit du Japon ?

Je suis perplexe. Il n'a pas l'air d'être dans le camp de l'état-major japonais. Dans ce cas, est-il seulement guidé par son sens du combat ? Ou s'agit-il d'une ruse pour que la responsabilité de la défaite m'incombe ?

— Alors persuadez l'état-major, je vous en prie. Au vu de la disposition actuelle des troupes, nous ne pouvons pas gagner.

— Vous êtes plutôt convaincant.

— Il faut armer le front de canons de campagne capables de détruire les chars ennemis. Ils sont rapides, ils peuvent couvrir jusqu'à quatre cents kilomètres par jour. Si nous ne détruisons pas les blindés soviétiques sur le front, ils seront à Xinjing en une semaine.

— C'est finement observé. Autre chose peut-être ?

Yoshiya pousse un long soupir.

— Nous devons nous préparer à une éventuelle défaite… et envisager de déplacer notre capitale à Tonghua ou à Pyongyang, en Corée. Il faudrait organiser le transfert de l'empereur et de son gouvernement et réfléchir à l'évacuation de près d'un million cinq cents mille civils japonais. Tout cela nécessite un plan.

C'est enfin à mon tour de riposter.

— C'est tout bonnement hors de question. Si nous considérons la défaite ne serait-ce qu'un seul instant, nos soldats risquent de s'agiter. Vous en assumeriez la responsabilité ?

— Nous aurons moins à perdre en étant préparés à toutes les éventualités, même les plus critiques.

— J'y réfléchirai.

— Une dernière chose. Les équipements de communication de l'armée du Guandong sont en très mauvais état. Si l'ennemi nous bombarde, nous serons coupés de nos différentes troupes et le commandement de chaque unité devra improviser. Nous ne serons plus du tout coordonnés. Pour éviter un tel désordre, nous devrions élaborer une stratégie cohérente en amont.

— Vous avez une fois de plus raison. Je vais en aviser le commandement du système de communication.

Yoshiya me salue poliment et s'apprête à se retirer.

— Fukuhara, lancé-je alors avant de lui demander dans un accès de sincérité, croyez-vous réellement que nous allons perdre ?

Il ne répond rien.

Je rentre à la résidence en traînant derrière moi mon corps épuisé.

— Les ennemis vont bientôt débarquer. Tu n'attends que ça, hein ?

La Coréenne se jette dans mes bras sans répondre.

— Réponds-moi franchement, je ne te punirai pas.

Kilsun. Elle est née à Chongjin, dans la province du Hamgyeong, en Corée. Avec son torse menu et son air souriant, elle a tout d'une beauté coréenne typique. Ses grands yeux pleins de bonté et son sourire me rappellent parfois ma défunte mère. Ses joues rondes sont toujours teintées de rose. Elle m'a confié que sa mère était morte et qu'elle ignorait si son père était encore en vie. Comme beaucoup d'autres Coréennes à qui on a fait miroiter du travail en usine dans le Sud de la Chine, elle a échoué sur un des nombreux fronts japonais. Je ne sais pas combien d'hommes lui sont passés dessus. La troupe dans laquelle elle servait a été anéantie, c'est comme ça qu'elle a été faite prisonnière et qu'elle a rencontré un cuisinier chinois, avec qui elle s'est installée. J'ai bien fait de couper la langue de ce Chinois : il a non seulement osé souiller la nourriture mais aussi le corps de la femme qui est désormais mienne.

Blottie tout contre moi, elle me regarde, un sourire à la fois timide et sensuel peint sur ses lèvres. Ses gestes séduisants cachent-ils quelque chose ? Ses mains si frêles pourraient-elles en avoir après ma vie ? Je secoue la tête. Qui oserait parler à tort et à travers de la guerre ? Cette expression qu'elle a pris l'habitude d'afficher est peut-être le vrai visage de ce fléau. Lors d'une de mes inspections sur le front, je me rappelle avoir vu un soldat percé de coups de baïonnette, ses intestins répandus tout autour de lui, et un autre écrasé par un tank. Devant ces cadavres, plutôt que le vrai visage de la guerre, c'est la folie des hommes qui m'est apparue. Alors que Kilsun n'a a priori rien à voir avec la guerre, je perçois la mort en elle. J'ai peur. Son visage est authentique ; la peur ne ment pas.

— Qu'est-ce que ta beauté vulgaire va devenir ?

Les vingt volts de l'ampoule accentuent le rose de ses joues, que je caresse gentiment. Je la gratte sous le menton et un petit gémissement s'échappe de ses lèvres. Lui a-t-on appris à faire ces bruits ? Est-ce un rire moqueur qu'elle adresse à un empire bientôt anéanti ? Je suis jaloux. Chaque fois qu'un homme s'allonge sur le ventre d'une femme qui lui plaît, des tourments l'assaillent : il regrette de ne pas être le premier à la posséder, est contrarié de s'être entiché d'une femme vulgaire, est déçu de ne pas retrouver sa mère en elle. Il la méprise, la maltraite et finit par la jeter, persuadé qu'elle ne sera jamais éternellement sienne. C'est le seul moyen qu'il trouve pour prolonger un tant soit peu son amour pour elle.

— Je tombe de sommeil, me répond Kilsun en coréen.

Avant même que j'aie pu lui demander de traduire, elle ouvre grand ses bras et me serre fort. Je comprends qu'elle a pitié de moi. Quand une femme prend un homme dans ses bras, elle devient mère ; c'est dans cet esprit-là qu'elle l'étreint. J'ai envie de sortir mon revolver et de lui tirer dessus pour détruire son visage arrogant. Dire qu'elle ose vouloir remplacer ma mère alors qu'elle a été enlacée par une multitude de soldats ! Ma mère si forte, capable d'arracher les yeux d'un coq pour moi ! Elle ne peut pas figurer dans mes souvenirs au même titre que ma mère. Ne me souris pas, pointe plutôt un fusil sur moi si tu veux que je t'apprécie.

Vers mes trois ans, je me suis fait attaquer par un coq dans la cour. Il a couru vers moi en profitant d'un moment d'inattention de ma mère, occupée à faire sécher des kakis. Par chance, son bec s'est abattu juste sous mon œil et n'a arraché qu'un petit bout de peau ; mais je saignais beaucoup, ce qui a alerté ma mère. D'un geste calme, elle a stoppé l'hémorragie et m'a recousu. Puis, du même pas tranquille qu'à l'accoutumée, elle s'est avancée vers l'oiseau. De sa belle main fine, elle l'a attrapé par le cou et lui a arraché les deux yeux. Dans mes souvenirs, ma mère était ce mélange de férocité et de fragilité absolues. Elle avait hérité ce tempérament de son père. C'est beau ! me suis-je dit en la voyant faire. Etonnant pour un enfant, n'est-ce pas ? Alors que le coq ramenait sa tête vers le sol en agitant frénétiquement ses ailes, ma mère est restée debout au milieu de la cour, toujours aussi sereine. Tandis que l'animal poussait des cris de douleur et fouillait le sol de son bec, elle a versé de l'eau dans la marmite et allumé le feu, un léger sourire aux lèvres. Bientôt, la vapeur a poussé le couvercle ; ma mère y a plongé l'animal encore vivant avant de le plumer. S'asseyant près du point d'eau, elle a vidé le coq, l'a farci de riz et mis à cuire. Ensuite, elle m'a donné des cuillerées de bouillon ; les gouttes coulaient le long de ma gorge. En à peine une heure, tout était fini. Ses gestes étaient restés tranquilles tout du long, un peu comme si elle s'occupait des amarantes de ses parterres.

Ce jour-là, mon ennemi n'a pas tant été un objet de haine attaquant mon œil qu'une saveur offrant du plaisir à mon palais. J'ai alors décidé que je ne deviendrais jamais militaire. Je crois que, malgré mon jeune âge, je trouvais désespérant le sort absurde de ces soldats condamnés à mourir en tuant leur ennemi ainsi que l'univers uniformisé dans lequel ils étaient contraints de répéter les mêmes gestes et de se soumettre sans pouvoir donner leur avis. Ce jour-là, le goût de ce bouillon et celui de la viande tendre arrosée d'une sauce soja sucrée m'ont fait comprendre que même un être rempli de la haine la plus féroce envers son ennemi possède une essence pure et raffinée bien distincte de son apparence extérieure. Ma mère avait beau s'être montrée impitoyable avec le coq, elle cachait au fond d'elle-même une tendresse et un calme admirables.

Je déshabille Kilsun et pénètre sa chair couche par couche. J'aimerais trouver le calme qu'elle recèle en elle et le secouer, trembler de plaisir et tout oublier. De robustes soldats de l'Arctique coiffés de chapeaux en peau d'ours me poursuivent ; le vacarme des canons résonne ; mes pupilles se dilatent. Plus la terreur m'envahit et plus je me débats sur son corps. Je cours jusqu'à ce que mes pieds s'embourbent. Chaque fois que nos chairs se rencontrent, la guerre recule d'un pas. Ses gémissements chassent mes hallucinations. Les ennemis qui m'encerclent tombent les uns après les autres. Je dirige mon sexe puissant vers son visage. Je voudrais obstruer cette frêle bouche qui ne cesse de déverser des gémissements. Je préférerais qu'elle soit muette. A la fin de la guerre, j'arracherai ce qui reste de la langue du cuisinier chinois avant de l'amener à cette femme. Voilà quelle sera ma réponse aux merveilles accomplies par cet enfoiré.

J'éjacule sur le ventre de la Coréenne et lui souffle un secret :

— Tu étouffes dans cette résidence, n'est-ce pas ? Après-demain, tu m'accompagneras dehors.

— Vous faites une inspection des troupes ? me demande-t-elle avec indifférence.

— Non, sinon tu ne pourrais pas être présente. J'ai envie de voir un visage ignorant la guerre. A Xinjing, il n'y en a qu'un qui se désintéresse complètement de la situation actuelle.

— C'est quelqu'un de vivant ? Il sait lire l'avenir ?

Elle doit penser que je veux l'emmener voir un devin.

— Il est au-delà de la vie et de la mort.

— Un tel être existe vraiment ?

Comme elle est belle ! Les femmes sont belles quand elles sourient. Les Coréennes ont des dents blanches et régulières qui s'accordent parfaitement avec leur *hanbok*.

— Parle-moi de ton village natal.

Ses lèvres laissent échapper le sifflement du vent.

— Du vent, une vallée, le cri des animaux, du vent, un train, une amie, un puits... répond-elle dans un japonais simpliste.

— Il y fait froid, non ? Est-ce que tu as des frères et sœurs ?

— Je suis fille unique, murmure-t-elle sans bouger un cil.

Son ombre tremble à la lumière de l'ampoule. L'image du Bouddha de Jilesi avec son visage pensif et son corps en position du lotus se superpose à la sienne. J'ai toujours l'impression qu'il sourit mais il est plongé dans un état d'impermanence, les yeux presque clos. Il me regarde tout en se détournant de moi et sourit à peine, uniquement quand je l'observe de profil. Au fond, j'espère peut-être qu'il ouvre grand ses yeux et les plante dans les miens. J'aimerais qu'il s'avance vers moi, me prenne gentiment sur ses genoux et me chante une berceuse. A l'intérieur de cet être auquel la guerre est inaccessible puisqu'il est hors du temps repose une femme endormie. J'aimerais tant voir son vrai visage, l'expression de son cœur sincère quand elle aime un homme et chante pour lui.

— Ton mari était cuisinier, c'est ça? Comment as-tu rencontré ce Chinois?

— C'était un de mes voisins à Canton, répond-elle distraitement.

— Tu n'as jamais pensé qu'il pouvait être communiste?

— Non, il était gentil.

— Sans doute. Tu ne m'as jamais demandé comment il allait.

Elle ne répond pas. Je suis sûr qu'elle ne l'aime pas. Qu'elle n'a jamais aimé personne mais que tout le monde l'aime. Un démon s'empare de moi et me souffle l'idée d'une expérience. Si je faisais déshabiller Chen devant elle, quelle mine afficherait-il? J'aimerais voir la plus authentique des expressions humaines, celle d'un cœur s'indignant ouvertement face à une injustice totale. Si le cuisinier arrive à afficher le visage d'un homme prêt à renoncer à une vie humiliante dans laquelle il est contraint de cuisiner pour sauver sa peau, je pourrais peut-être me réconcilier avec Maitreya. Par « me réconcilier », je veux dire me libérer de mon obsession de ce visage que je crois unique au monde.

— As-tu déjà sincèrement aimé quelqu'un?

Les cils de Kilsun se hérissent d'un coup.

— Non, pas encore. Mais je sais ce que ça peut faire.

— Non, tu n'en sais rien! Tu ignores même ce que signifient les mots « amour exclusif »! Si tu le souhaites, je peux te montrer un visage qui sait ce que cela veut dire, un visage jaloux, résigné, indigné, faisant semblant d'être détaché de tout, le seul visage exprimant en même temps ces différents sentiments…

Ses cils frémissent.

— Je ne préférerais pas…

— Tu as peur. Pourquoi ? Dis-moi, qu'est-ce qui te fait peur ? J'ai à mes ordres des soldats bien entraînés. Aucune armée ne peut rivaliser avec la nôtre.

Je regrette aussitôt ma dernière réplique, mais je ne peux pas revenir en arrière. J'ai laissé parler ma peur. Rien de plus facile à comprendre pour une femme intelligente. Elle doit être en train de se moquer de moi. Le visage de quelqu'un qui se moque est tout sauf beau. Elle finit par reprendre un air normal. Je te montrerai ce que tu n'as pas envie de voir. Ce qui se cache derrière ta peur. Personne ne peut y échapper. A ce moment-là, la peur t'anéantira. Ce qui ne m'appartient pas pour toujours doit disparaître ainsi. Je contemple longtemps son visage endormi.

Demain matin, je commanderai une simple bouillie de riz blanc.

4

Un dimanche matin, je sors avec Shigeo par la porte de derrière. Je ne lui demande pas où nous allons. Depuis quelques jours, le commandant, de plus en plus émotif, me raconte toutes sortes de secrets. Il semble me faire totalement confiance désormais, comme si j'étais une partie de lui.

La porte de derrière est gardée. Contrairement à l'entrée principale, où les soldats consignent motif et destination des sorties dans un registre, il suffit ici de décliner son identité. Cela ne s'applique évidemment qu'aux officiers supérieurs. Shigeo n'est qu'un aide de camp mais il est connu de tous ; avec lui, il est possible d'entrer et de sortir sans problème. C'est aussi par là que des prostituées sont de temps en temps discrètement introduites dans la résidence des officiers. Je l'ai compris en voyant souvent d'autres femmes que moi dans ce lieu.

Shigeo est en civil. Difficile de deviner au premier coup d'œil s'il est mandchou ou coréen. Je porte pour ma part le *qipao* rouge des Mandchoues. Shigeo m'enlève mon maquillage et décoiffe mes cheveux joliment peignés pour que mon apparence ne soit pas trop soignée. Il a également exigé que je me débarrasse de mes pauvres bijoux. Nous devons passer pour un jeune couple en goguette. Dès que nous sommes sortis du QG, Shigeo, qui craint d'être suivi, se met à tourner la tête dans tous les sens. Il s'arrête quelques instants dans une ruelle peu fréquentée et hèle un pousse-pousse. Ses gestes sont d'un grand naturel, comme s'il s'était beaucoup entraîné en prévision de ce moment.

— Nous ne partons qu'à deux? lui dis-je d'une petite voix avant de monter dans le véhicule.

— Silence, souffle-t-il en me touchant le flanc.

Le pousse-pousse traverse une grande avenue en direction des faubourgs. C'est ma première sortie depuis longtemps et je respire enfin. J'ai l'intuition que nous allons au temple Jilesi. Les ginkgos qui bordent la route semblent nous accueillir joyeusement alors qu'il y a peu, ils me faisaient penser à des prisonniers avançant vers l'échafaud. Les rayons du soleil ne sont ni trop chauds ni trop doux, juste ce qu'il faut. C'est comme si une multitude de portes s'ouvraient devant moi. De plus en plus détendue, je me laisse aller à des rêveries sans queue ni tête. L'homme assis à côté de moi est-il marié? A-t-il déjà pris une femme dans ses bras? C'est un soldat de l'empire au très beau menton. Son odeur semble différente de celle des autres Japonais que j'ai connus. Je n'arrête pas de voir mon frère dans ses yeux, mon pauvre frère qui passe son temps à soupirer d'un air grave et se sent obligé de sauver le monde. Que sait ce jeune Japonais du monde dans lequel il vit et de la guerre?

— Tu es déjà venue ici? me demande Shigeo au moment où nous longeons le lac Nanhu.

— Oui, deux fois… lui dis-je avec franchise.

Peut-être nous sommes-nous déjà croisés dans cette rue. Peut-être est-ce la raison pour laquelle nous faisons aujourd'hui ce bout de chemin ensemble.

— Les temples coréens sont-ils toujours aussi somptueux ?

Je me contente de hocher légèrement la tête en guise de réponse.

Shigeo demande à notre chauffeur de faire une pause, sans doute pour que nous arrivions en même temps que son maître. En journée, le paysage est très différent. Un peu plus loin, des centaines d'oiseaux blancs dont j'ignore le nom viennent de se poser sur l'eau et cherchent de la nourriture. Tantôt ils s'envolent en groupe, tantôt ils plongent la tête la première. La scène est loin d'être remarquable mais nous la contemplons en silence pendant que notre chauffeur fume une cigarette. Hélas, ce spectacle paisible et ordinaire fait partie de la vie et des rêves des autres, dont je suis exclue. J'ai une mission à accomplir.

— Quels sont ces oiseaux ? C'est la première fois que j'en vois, m'interroge distraitement Shigeo, sans doute gêné par le silence.

— Ce ne sont pas des grues ?

— Non, les grues ne voyagent pas en si grands groupes.

Notre chauffeur écrase son mégot en nous jetant un regard.

— Je connais un cuisinier qui a perdu un bout de sa langue, dit-il soudain en m'observant à la dérobée.

J'ai le sentiment qu'il est en train de réfléchir et qu'il hésite à aller plus loin. C'est comme s'il était tout à coup redevenu adolescent, un garçon en pleine puberté rougissant après en avoir trop dit. Il baisse la tête et garde le silence. On dirait qu'il se demande s'il doit avouer un secret que lui seul connaît car il a peur qu'il ne se retourne contre lui. Ou alors, il veut se moquer de moi.

— Il prépare tous les jours un nouveau plat pour la femme qu'il aimait. Il fait de son mieux pour qu'il ait le meilleur goût du monde.

— Et elle, elle est au courant ?

— Non, elle ne sait pas. Elle ne sait rien, répond-il avec froideur. Pour elle, l'amour est une chose futile. C'est fou tout ce qui peut arriver dans ce monde. L'histoire de cet homme n'est qu'un exemple parmi tant d'autres. Tu la trouves comment, cette histoire ? Elle est drôle, non ? D'abord, il y a celui qui est à ce point obsédé par la nourriture qu'il ne reconnaît même pas son ennemi juste sous son nez ; ensuite, il y a celui qui fait à manger pour la femme qu'il aimait ; et enfin, il y a la femme qui n'est au courant de rien…

— Il n'aime pas vraiment la femme, il n'aime que sa cuisine.

— Sa cuisine ?

Les oiseaux s'envolent en dessinant un cercle au-dessus du lac.

Ce sont peut-être des grues. Les plus beaux oiseaux blancs que j'aie jamais vus étaient des grues. Imagine qu'elles se dispersent dans le ciel par centaines en battant énergiquement des ailes. Quelle chance elles ont de savoir voler et de pouvoir aller où elles veulent… Ce sont plus que de simples volatiles, on dirait qu'elles vivent dans un monde différent du nôtre. Les hommes s'extasient devant la danse de ces êtres magnifiques pour essayer d'oublier leurs problèmes, leurs secrets ou leur sort probablement irréversible.

— Comment le cuisinier a-t-il perdu un bout de sa langue ?

— C'était le prix à payer pour avoir voulu supprimer des vies en usant de son médiocre talent.

Je ne peux rien lui répondre.

Une heure plus tard, notre pousse-pousse arrive au parking du temple. Shigeo n'a plus ouvert la bouche de tout le voyage. Peut-être est-ce par compassion pour moi qu'il m'a révélé ces informations secrètes au péril de sa vie. Si je m'enfuis, c'est lui qui sera tenu pour responsable. Je n'en ai pas l'intention. J'attends qu'une occasion se présente. La rumeur veut que le Japon soit bientôt vaincu et que le monde tombe aux mains des Occidentaux. Moi, je veux que ma présence ici soit comprise comme je l'entends et pas à l'aune des bruits qui circulent. Je n'ai pas peur de l'ombre de mon frère, mon geste n'a rien à voir avec lui. J'ai simplement envie de détruire le monde des hommes de mes propres mains. Qu'importe ma cible.

Un autre pousse-pousse arrive. Assis dans la cour, aussi immobile qu'un pilier en pierre, Shigeo est absorbé dans ses pensées. De temps à autre, il jette des coups d'œil dans ma direction sans vraiment me surveiller. Les rayons du soleil m'éblouissent malgré le feuillage d'un orme. Je me mets à l'ombre et regrette de n'avoir pas apporté d'ombrelle. Une demi-heure plus tard, Shigeo, occupé à fouiller le sol avec une petite branche, me fait un geste de la main. A côté des cuisines, des oies sans doute affamées cancanent bruyamment. J'ignorais qu'il y en avait. Elles font un peu tache.

— Tu t'y connais en oies ?

Je fais non de la tête.

— Dans mon village, plusieurs familles avaient des oies. C'est bien mieux qu'un chien pour garder sa maison. Les chiens mordent les intrus tandis que les oies ne peuvent que les pincer, ça évite de sacrés accidents ! Et puis les oies font du bruit dès qu'il y a de la visite et n'ont pas besoin de collier ou d'être enfermées.

— Oui mais elles ne peuvent pas voler.

— C'est loin d'être le seul oiseau à avoir des ailes et à ne pas savoir voler.

— Ça se mange, l'oie ?

Ma curiosité a été piquée sans prévenir. Peut-être parce que je suis affamée : je n'ai pas pris de petit déjeuner ce matin, je n'avais pas faim, sans doute à cause de l'excitation à l'idée de sortir.

— Oui. Au Japon, le *jibu-ni* est un bouillon à base de morceaux d'oie farinés et de champignons. Ce n'est pas un plat de tous les jours, seuls les plus riches peuvent se l'offrir.

— Ça a quel goût, l'oie ?

— Un peu comme du canard ou du poulet. Ce sont des cousins, après tout.

Il frappe machinalement le sol de sa branche.

— J'ai faim…

— Patience. Si tout se passe bien, nous irons manger dans le plus chic des restaurants nouvellement ouverts autour du lac. Le commandant veut dîner là-bas ce soir. En attendant, tu veux que j'aille aux cuisines te chercher du riz aux légumes ?

Il jette un coup d'œil vers le bâtiment avant de se lever. Les bonzes doivent être en train de préparer le dîner car une odeur savoureuse se répand. Ils ont dû faire sauter des liserons d'eau, un légume très apprécié des moines. Une vieille cuisinière doit agiter son wok au-dessus d'un feu de charbon en plissant les yeux, un peu comme ma mère quand elle mélangeait tous les restes pour en faire un bouillon. Tu sais, je me dis parfois que les cuisines de ce temple doivent cacher une porte reliant le monde des vivants à celui des morts. Dans n'importe quelle cuisine, on peut dénicher de quoi assouvir un ventre affamé. On peut aussi y oublier ne serait-ce qu'un moment la guerre meurtrière qui sévit à l'extérieur.

— C'est bon, je peux tenir.

Shigeo reste silencieux puis dessine un cercle dans la poussière.

— Tu veux que je te raconte une drôle d'histoire ? Je l'ai lue dans ma revue illustrée. Il paraît que les oies sont toutes malheureuses en amour, sans doute parce qu'elles valorisent par-dessus tout la fidélité. Une fois amoureuses, elles ne trompent jamais leur partenaire et ne se laissent jamais séduire par une autre oie, même d'une beauté exceptionnelle. Elles restent attachées à leur conjoint jusqu'à ce que la mort les sépare. Quand l'une des deux est tuée pour être mangée ou meurt de maladie, sa moitié traîne son chagrin pendant des mois dans un état de quasi-démence. Son groupe finit par la rejeter et seule, à l'écart des autres, elle se laisse mourir à petit feu. Les oies sont vraiment supérieures aux humains.

Est-ce qu'il ne souffrirait pas d'un manque d'amour maternel ?

— Avez-vous déjà été abandonné par la personne que vous aimiez ?

— Je n'ai jamais aimé personne, homme ou femme, me répond Shigeo en m'adressant un large sourire.

— Mais alors, qu'aimez-vous ?

— Je n'ai jamais trop réfléchi à cette question. J'ai envie d'une seule chose : que cette sale guerre se finisse rapidement pour que je puisse rentrer dans mon village.

A l'entendre, on dirait bien qu'il aime la paix. Mais lui aussi doit savoir que la guerre n'a jamais de fin.

Un moinillon descend l'escalier et annonce que le responsable du temple nous demande. Nous grimpons les marches et voyons le commandant Otozô bavarder avec le moine dans la cour. Shigeo et moi les suivons à quelque distance. Ils prennent la direction du pavillon principal. Devant le seuil, Otozô enlève ses chaussures, les secoue, les dispose pointes vers l'extérieur, puis dit en faisant un geste de la main :

— Shigeo, reste dehors. Toi, entre avec nous.

Un sentiment de déjà-vu m'étreint. Serait-il l'homme que j'ai croisé ici il y a quelques mois ? Si c'est le visage de la statue qu'il veut me montrer, je suis prête à écouter tout ce qu'il a à me dire sur ce Bouddha assis au beau milieu de l'enfer, sur ce qui sépare le visage de ce Bouddha du sien, sur le temps qui ne passe pas et sur la multitude de malheureux qui croient savoir ce qu'est la guerre.

— Va t'asseoir sur le socle, à côté du Bouddha, me dit le moine d'un ton péremptoire.

Je ne saisis pas immédiatement. Tu sais, le socle, là où repose Maitreya. Ce n'est pas vraiment un lieu où on a le droit d'aller d'habitude.

— Vas-y, monte, intervient Otozô.

Je prends appui sur le support de la statue et grimpe maladroitement sur son socle. Les hommes donnent toujours des ordres aux femmes et je leur ai toujours obéi, mais cette fois, je suis perplexe. J'ai du mal à comprendre ce que veut Otozô, et la présence du responsable du temple ne m'aide pas. Quand je suis installée, Otozô s'assoit doucement sur un coussin au-dessous du mandala du plafond. Son visage ressemble à celui d'un ascète ayant enduré des siècles d'une vie austère ; il nous contemple en silence, le Bouddha et moi.

— Alors, qu'en pensez-vous ? demande au bout de quelques minutes le moine, intrigué par l'humeur du commandant.

— Eh bien, je ne sais pas… Je ne sais vraiment pas.

Qu'est-ce qu'ils peuvent bien mijoter ? La guerre les a tous rendus fous ? J'entends bientôt Otozô murmurer, comme s'il rêvait :

— Lorsque j'ai vu ce Maitreya pour la première fois, j'ai tout de suite succombé à son mystère. On pourrait lui prêter d'innombrables expressions alors qu'il n'en affiche aucune clairement. Il a l'air esseulé mais paisible ; recroquevillé dans la peur tout en en étant libéré ; son visage à la fois inexpressif et compatissant s'apparente tour à tour à celui d'un enfant, d'une jeune fille, d'une épouse, d'une mère ; il pleure et sourit tout à la fois ; ses yeux sont ouverts et fermés ; il a l'air absorbé dans ses pensées et endormi ; il semble parler tout en gardant le silence. Il a à la fois un visage humain et divin.

— Loué soit le Bouddha, ponctue le moine machinalement.

— Je me demande depuis longtemps quel instant et quelle personne ont servi à façonner l'expression de la statue. Un événement vécu par la mère du tailleur de pierre ? Par sa bien-aimée ? L'inspiration lui est-elle venue après avoir connu l'amour physique ? Après un passage aux toilettes ? A-t-il voulu exprimer son apaisement après une offrande faite au Bouddha ? J'ai envisagé toutes sortes de scénarios jusqu'à ce que je voie en rêve ce visage, en apparence si parfait, se déformer. Le Bouddha a sans doute voulu me faire comprendre que mon obsession n'avait pas de raison d'être. Ce visage en tant que tel n'est celui de personne ; mais, à travers mes yeux, il peut devenir celui de n'importe qui. Il peut être le beau visage d'une femme tout comme un autre tordu par la souffrance ; il peut être le tien comme le mien.

Otozô me fait signe de descendre de mon perchoir.

— Tu dois savoir que j'aime regarder le Bouddha depuis cet angle. C'est un bon moyen de m'assurer qu'il est toujours le même. Je fais tout pour préserver le visage d'une femme unique au monde, que moi seul connais.

Il me fait signe de sortir. Je me prosterne trois fois devant le Bouddha avant de me retirer à reculons. J'entends leur conversation en enfilant mes chaussures, assise sur le seuil.

— Où en êtes-vous dans le traitement de ma commande ?

— Tout va bien, répond prudemment le moine en jetant un coup d'œil dans ma direction. Regardez, celui qui se tient devant vous n'est pas le vrai. J'ai procédé à la permutation hier soir. Le vrai a été soigneusement emballé dans une caisse et entreposé au sous-sol. Un seul mot et il est à vous. J'ai demandé au meilleur tailleur de pierre de Xinjing de s'en occuper. Il a eu un mal fou à reproduire la statue à l'identique. Aucun moine n'est au courant.

— Vous êtes sûr ? Alors c'est parfait. Je viendrai le chercher vendredi après-midi.

Shigeo me regarde descendre les marches du coin de l'œil. J'agite la main dans sa direction pour lui faire comprendre que je passe aux cuisines. Il me suit des yeux mais je n'y fais pas attention. Dans la pièce sombre d'une quinzaine de mètres carrés, une vieille septuagénaire est occupée à pétrir de la pâte. Je ne vois de wok nulle part. D'où venait l'odeur de liseron d'eau de tout à l'heure ? Je m'incline poliment vers la femme en joignant les mains ; elle me donne une feuille de papier ayant servi à envelopper de l'encens.

Je prends un morceau de charbon dans le fourneau et fonce vers les toilettes où j'écris précipitamment : *Meurtre à Jilesi l'après-midi du 18*, priant de tout cœur pour que mon frère ait l'intelligence de comprendre le message.

Quand notre pousse-pousse passe à côté de l'entrée ouest du parc Nanhu, je demande :

— On peut s'arrêter un instant ? J'ai une envie pressante.

J'ai l'impression d'être une actrice de kabuki plutôt maladroite.

— C'est urgent ?

Dès que Shigeo fait arrêter notre véhicule, je me précipite vers le parc sans me retourner. On dirait une petite fille trépignant tellement elle a envie. Shigeo, perplexe, descend à la hâte. Il est toujours aussi méfiant. Arrivée à l'entrée, je cours vers la statue représentant une tortue qui se dresse au pied d'un tremble et je m'accroupis en relevant ma jupe. En me voyant faire, Shigeo détourne la tête. J'en profite pour cacher sous la tortue le bout de papier plié. Mon frère n'a pas dû repasser, je ne vois aucune trace de lui. Avec un peu de chance, il tombera sur mon message. J'aurai alors joué le rôle qu'il attend de moi.

5

Trois nouveaux soldats sont arrivés en cuisine.

Ils sont là pour remplacer le personnel démobilisé. Devant l'affrontement imminent, certains quittent l'armée, d'autres y entrent. Ceux qui partent se disent, ravis, que le destin les a épargnés ; les nouveaux arrivants comprennent-ils qu'ils viennent de mettre le pied en enfer ? Sans doute. Mais à force de passer leur temps devant les fourneaux, ils vont devenir aussi blasés que Yoshii. Comme lui, ils chercheront ensuite à se faire valoir en gagnant de nouveaux fourneaux.

— Et toi, tu viens d'où ? demande Yoshii au plus petit des trois pour se distraire.

— D'Okinawa.

— Okinawa ? Hum ! C'est vrai que les gens d'Okinawa marchent pieds nus toute l'année ? Qu'est-ce qu'un primitif comme toi fait dans l'armée impériale ?

Le soldat baisse la tête d'un air craintif.

— Ha ha ha, détends-toi ! On est en cuisine, pas sur un champ de bataille. Ici, on découpe du poisson et on flatte le palais des officiers, c'est tout. Mais faites gaffe : vous n'aurez rien à manger si vous traînez trop ! Dès que votre réveil sonne, allez chercher du charbon et allumez les fourneaux de la cuisine. S'il y a de la vaisselle de la veille qui traîne, faites-la et, même les jours de pause, huilez les casseroles pour éviter qu'elles ne rouillent. Tout ça fait partie du boulot des nouveaux arrivants. Si vous ne vous en sentez pas capables, dites-le tout de suite et je vous ferai envoyer sur le front, là où les balles pleuvent.

Les trois nouvelles recrues se mettent simultanément au garde-à-vous.

— Ça va, détendez-vous, vous êtes à l'abri maintenant ! Avec un peu de chance, vous réussirez à manger au moins deux repas par jour. Et si vous êtes particulièrement vernis, vous aurez le droit de sortir le dimanche et d'aller vous amuser avec des femmes bon marché.

Yoshii se tourne vers le soldat du milieu et lui plante un doigt sur la poitrine.

— Et toi, comment tu t'appelles ?

— Shimizu Shota Kukuso…

Les yeux de Yoshii s'arrondissent comme des noix.

— Ku quoi ? Kukuso ? Arrête ! Tes parents sont complètement fous ou quoi ? Comment ont-ils pu donner à leur enfant un prénom qui veut dire « merde » ? Qu'est-ce qui leur a pris ?

— C'était ça ou je mourais d'une crise cardiaque avant mes dix ans… C'est ce qu'on leur a dit, en tout cas.

— Qui leur a dit ça ?

— Un vieil homme qui vivait dans un temple shintoïste.

— Ils sont malades… Ils t'ont laissé baigner dans ta merde sur la simple foi d'un vieillard sénile ?

Yoshii est toujours aussi insouciant malgré l'offensive ennemie.

— Savez-vous pourquoi j'ai tenu à être cuisinier ? Parce que ma mère cuisinait très mal. Les femmes de

Nagano sont de piètres cuisinières, c'est bien connu. Rien à voir avec les autres régions côtières. Si une femme de Nagano réussit à servir un morceau de poisson salé avec un bol de soupe de miso, c'est déjà un exploit. Ma mère faisait rarement la vaisselle et, la plupart du temps, elle remplissait nos bols, à mon petit frère et moi, de riz avec en tout et pour tout des radis marinés. Je rêvais tellement de bien manger ! Quel miracle d'avoir pu devenir soldat cuisinier…

Plus à l'aise, un des soldats laisse échapper un petit rire. Yoshii le gifle de sa louche. Avec lui, on peut plaisanter mais pas trop.

— Restez concentrés ! Je ne sais pas pourquoi vous avez voulu travailler en cuisine, mais sachez qu'un cuisinier doit être aussi adroit qu'un magicien. C'est compris ? Quel est le point commun entre eux ? Tous deux utilisent leurs mains. Mais là où le magicien trompe les yeux, le cuisinier trompe la langue. On ne peut pas parler de goût dans la nature. Les choses existent à l'état neutre. C'est en leur ajoutant une subjectivité qu'on crée le goût. Or, cette subjectivité dépend des coutumes collectives et des préférences particulières. Un cuisinier compétent doit savoir déchiffrer tout ça pour réussir à tromper la langue de ses clients. Il doit être capable de créer un goût adapté aux besoins ; dans votre cas, il va vous falloir satisfaire le goût de crétins d'officiers qui peuvent mourir à tout moment. Ce n'est pas si différent de l'art du magicien quand il tire une rose rouge de son chapeau devant un parterre de jeunes gens enamourés. Vous me suivez ?

Après ce beau discours, sans doute le plus élégant de tout ce que j'ai entendu sortir de sa bouche, Yoshii toussote fièrement. Au bout de trois ans passés dans cette cantine, voilà qu'il se compare à un magicien.

Il a plutôt raison. Mais ses gestes rappellent davantage les mouvements d'une machine que ceux d'un magicien. Les plats qu'il retire du feu à une vitesse dépassant l'entendement sont toujours surprenants, mais leur goût n'est jamais garanti. Quand Yoshii se porte volontaire pour préparer des en-cas, Nanjo le décourage aussitôt : « Je préférerais que tu te reposes. Avec toi, tout a toujours un goût de ver de chou pourri. Remarque, c'est un talent en soi… »

Ces plaisanteries sont un moyen comme un autre d'oublier la guerre. Tout le monde, du cantinier le moins gradé à l'officier supérieur ayant le privilège de prendre place à la table du commandant, a peur. On peut parfois lire l'avenir de quelqu'un, voire d'un groupe tout entier, rien qu'en voyant son visage. Ceux que je croise au QG ne sont plus aussi confiants et arrogants qu'il y a quelques mois. Ils ont trop sous-estimé leur ennemi, la grande armée soviétique. Ils n'ont pas voulu voir qu'elle vaincrait leur allié allemand. Le commandant Otozô est incapable de remettre sur pied l'armée du Guandong. Quelle chance qu'il occupe ce poste ! Il ne pense qu'à la nourriture.

Il fait de plus en plus lourd. En ce début de mois de juillet, je vois partout des signes de l'offensive soviétique. Personne ne me parle de la situation militaire mais l'atmosphère lugubre qui environne les officiers parle d'elle-même. Les ennemis mènent en secret une guerre de mouvement. La déclaration de guerre officielle n'est qu'une question de temps. Certaines troupes russes ont déjà franchi la frontière et provoquent des escarmouches ici et là. Tous les matins, on s'agite sur le terrain d'entraînement du QG : c'est là qu'on désigne les hommes à envoyer au front et que des camions arrivent dans des vrombissements de moteurs, chargés d'officiers en mission à l'extérieur venant faire leur rapport. Parfois, on voit aussi des estafettes courir dans les couloirs avec à la main un message provenant du Japon.

Quelle erreur fatale de la part des Japonais de m'avoir attribué un fourneau ! Le dernier jour que je passerai ici, je mettrai le feu à cette cantine et elle disparaîtra à jamais de la mémoire des soldats. Mon fourneau et mon billot aussi. La cuisine de ce bâtiment – qui n'a rien à faire ici – doit être détruite afin que plus aucun soldat ne vienne y travailler à cause d'une mère mauvaise cuisinière et que plus aucun aide de camp ne soit contraint de raccourcir ses nuits pour apporter un bouillon à son supérieur à une heure indue. J'imagine cette cuisine en flammes et le QG détruit.

Certes, je suis sous le joug d'Otozô qui me commande des plats précis, mais le goût ne sert jamais qu'à flatter le palais ; il ne peut servir à dominer quoi que ce soit d'autre. S'il lui permet d'oublier sa peur, il ne changera pas l'Histoire. Ces maudits Japonais auraient dû se contenter de manger et de se faire plaisir plutôt que de critiquer la cuisine chinoise. Ils en paieront le prix, et leurs langues les premières. Leur fin est proche.

Il est vingt-deux heures. Je prépare un en-cas pour le commandant, peut-être son dernier. Je me lance dans des dim sum de crevettes. J'ai pu m'en procurer des fraîches aujourd'hui, sept en tout. Si mon plat ne lui plaît pas, Otozô m'arrachera le reste de la langue. Heureusement, son bol me revient toujours vide. Quelque part, je lui suis reconnaissant d'apprécier ma cuisine. Si l'occasion se présente, je suis même prêt à m'incliner devant lui. La reconnaissance de quelqu'un, même d'un ennemi, fait toujours plaisir.

Comme à son habitude, Shigeo a fait son entrée à vingt-deux heures précises. Il a passé sa commande et est aussitôt ressorti pour traiter une affaire urgente. Traînant bruyamment mes pieds enchaînés, je m'approche du robinet. J'ai mis les crevettes à décongeler il y a une demi-heure. Je les épluche et les essuie avec un torchon. Si on les laisse trop longtemps dans l'eau, leur chair se ramollit. Afin qu'elle reste bien ferme, je les place dans un panier en bambou que je pose à côté de mon fourneau et je tamise de la farine d'un geste rapide. Il vaut mieux ne pas pétrir la pâte trop longtemps à l'avance. J'espère qu'aujourd'hui encore, le commanditaire dégustera ce plat avec appétit, jusqu'à l'instant où la mort lui arrachera la langue.

Je vais un peu plus vite que d'habitude. Je sale la pâte, la pétris rapidement et l'aplatis avec un rouleau à pâtisserie. Dans un bol, je mélange tofu, crevettes et champignons avec un peu d'ail écrasé. Je dépose une boule de farce au milieu de la mince feuille de ravioli et procède à un pliage en forme de fleur. Puis j'enroule une tige de coriandre autour de chaque ravioli et les mets dans le panier-vapeur. Voilà douze adorables petits dim sum. J'allume le feu sous la casserole ; je sais que Shigeo arrivera quand ils seront cuits.

— Tu as préparé des dim sum ? Pourquoi ?

— Je-je suis tombé sur des-des bons ingrédients.

— Hum… Je crois comprendre pourquoi le commandant aime tes plats, fait-il, les narines frémissantes.

— La-la prochaine fois, je pré-préparerai quelque chose pour vous.

— Non, je préfère que ton talent soit voué à une seule personne.

Ce soir, ses compliments me paraissent étranges.

— Tu as de la chance d'être encore vivant malgré la guerre.

Je ne réponds rien. Il a l'air plus bavard que d'habitude.

— Tu es au courant pour le commandant ?

— Pardon ?

Shigeo me souffle la phrase suivante comme s'il était un acteur en train de dévoiler un secret.

— Je parle de tes plats. Tu crois qu'il les mange tout seul ?

Je ne réponds toujours rien.

— Il n'y a pas que le commandant qui savoure tes plats. Mets-y tous tes soins, tu ne le regretteras pas, reprend Shigeo en me fixant.

Je reste figé à tenter de comprendre le sens caché derrière ce qu'il vient de me dire. Il y aurait un autre commanditaire ? A qui appartient cette deuxième langue qui goûte mes plats presque toutes les nuits avant de se glisser sous ses couvertures, son désir assouvi ? J'ignore tout de celui ou celle qui teste mon labeur en flairant le fumet des crevettes avant qu'il ne se répande dans sa bouche.

Plus tard dans la nuit, je fais un rêve. Est-ce un vilain tour de Shigeo ou un jeu cruel du commandant ? Je ne saurais le dire. Vers deux ou trois heures du matin, j'entends la porte de la cuisine s'ouvrir doucement. La lueur de la lune caresse les murs en béton de ses doigts pâles, éclairant à moitié un coin de la pièce. Au loin résonnent les bruits de toux des gendarmes ; les cigales qui ont chanté toute la soirée se sont arrêtées, tandis que des chats occupés à lécher des restes dans la cour arrière miaulent férocement. C'est une nuit un peu agitée. Je perçois une odeur féminine qui se rapproche tandis qu'une ombre m'épie depuis la porte de la cuisine. Je fais mine de continuer à dormir. Je sens que c'est ce que je dois faire. J'ai peur qu'on m'arrache les yeux si je les ouvre et découvre l'identité de la femme. Tous les jours, je risque ma vie dans cette petite cuisine, mais l'idée de mourir comme ça, tout de suite, me terrorise. Je reconnais l'odeur, elle m'est familière. Elle a traîné sur mon oreiller pendant tout un temps. C'est celle de la Coréenne, j'en mettrais ma main à couper. Je serais capable de la distinguer parmi des milliers d'autres, d'autant plus que mon odorat est désormais trois ou quatre fois plus sensible qu'avant – j'en ai déjà parlé.

La femme reste assise en silence à côté de mes pieds enchaînés ; j'ignore ce qu'elle fait, je n'entends que le faible bruit de sa respiration. Après quelques instants, elle pose sa main sur mon front. Sans doute s'est-elle penchée car ses cheveux me caressent le cou. Je garde les yeux clos. Si je la voyais, je serais incapable de la laisser s'en aller. Si c'est un rêve, j'aimerais qu'il ne s'achève jamais pour pouvoir m'y réfugier. Elle écarte mes lèvres de ses doigts, tâte ma langue coupée puis m'embrasse. Elle disparaît aussitôt après, ne laissant derrière elle que son odeur, comme si un papillon s'était posé sur moi puis envolé au moment où je me réveillais. Dehors, les chats continuent à miauler.

6

Le 6 août, une bombe atomique est larguée sur Hiroshima.

Selon les mots d'un journal mandchou, *c'est comme si le soleil était tombé.* Sans doute une raillerie du journaliste envers l'empire japonais. Une ville entière a été carbonisée. Des centaines de milliers de gens ont disparu. Un seul éclair a suffi pour que le Japon soit plongé dans le chaos et se retrouve au bord de l'effondrement. Nos ennemis menacent maintenant de frapper Tokyo. Je suis très étonné que l'empereur n'ait pas encore capitulé. Les télégrammes que je reçois semblent davantage s'inquiéter du sort du Mandchoukouo. *Gardez votre sang-froid. L'armée doit se tenir prête à attaquer. Défendez la Mandchourie à tout prix.* Je ne sais pas de qui émanent ces ordres insensés mais la paix règne encore au *tenshu.*

J'ai été toute la nuit en proie à un cauchemar : le ciel mandchou était rempli des avions de chasse américains qui ont attaqué le Japon, on aurait dit une nuée d'oiseaux traversant la rivière Yitong. J'ai déjà perdu la quasi-totalité de mes troupes quand j'étais sur un des fronts d'Asie du Sud-Ouest. Nous étions tellement confiants, unis par notre loyauté à l'empereur. C'est ainsi que mes trois mille hommes armés de fusils à baïonnette ont marché sur le camp ennemi à la faveur de la nuit. A trois heures du matin, les officiers ont donné un coup de sifflet ; les ennemis ont alors tiré des fusées éclairantes et le bruit des mitraillettes a éclaté sous nos crânes. Une pluie d'obus nous est tombée dessus. Nous avons maintenu l'assaut et avons continué à avancer vague après vague. Vers six heures du matin, deux mille trois cents cadavres gisaient dans la forêt. Je n'ai pas eu d'autre choix que de sonner la retraite.

On ne pouvait blâmer personne. Les manuels militaires japonais ne parlent que d'offensive, jamais de retraite. Les attaques surprises étaient d'ordinaire très efficaces contre l'armée chinoise. Nous gagnions un à un des bouts de ce grand pays sans jamais essuyer une seule défaite. Les Chinois étaient complètement désarmés par cette stratégie, on aurait dit des épouvantails. Seul le courage mène à la victoire ; c'est ainsi que les officiers formaient leurs soldats. Mais l'armée américaine venant de l'autre côté du Pacifique était différente. Elle ne se laissait pas troubler par nos attaques surprises et recourait systématiquement aux mitraillettes et canons de campagne, réussissant ainsi à nous maîtriser. Cette défaite m'a valu d'être traîné devant un tribunal et ridiculisé par certains éditorialistes, ce qui m'a obligé à quitter l'uniforme. Ma décision était pourtant parfaitement légitime.

La guerre se répète. La peur règne à tous les niveaux, militaire ou civil, officier ou troupier. C'est un cadeau empoisonné que nul ne peut éviter. Et pourtant, au milieu de ce chaos, les hommes continuent à manger et à boire. Quelle bénédiction de pouvoir encore prendre trois repas par jour au milieu de toute cette terreur ! Le nombre de gens qui passent matin et soir par la cantine reste inchangé. Ils se rassurent en se disant qu'il faut avoir le ventre plein pour bien se battre. Si le QG est un jour encerclé par l'ennemi, combien de ces abrutis s'élanceront, armes à la main ? Je suis sûr que plus de la moitié d'entre eux ordonneront à leurs troupes d'attaquer et resteront planqués à l'arrière. J'en ferai sans doute de même, qui sait ? Mais j'aimerais ne pas avoir à affronter un tel dilemme lors de mes derniers instants.

Le matin du 7 août, une exécution collective des prisonniers de la gendarmerie a eu lieu. Vingt-sept extrémistes ont été fusillés tous ensemble dans la cour arrière du QG. C'est Naoki, le chef de la gendarmerie, qui a veillé au bon déroulement des opérations. Il a eu raison d'agir ainsi. Si les ennemis en venaient à encercler le QG, les prisonniers seraient les premiers à pointer un fusil sur nous. Naoki a été bien inspiré de ne faire aucun commentaire sur les prisonniers que j'ai pris à mon service. Nous sommes à l'orée d'une grande bataille, ce n'est pas le moment de régler nos comptes. Nous le ferons plus tard ; voilà une preuve de l'amitié et de la camaraderie qui lient des personnes enfermées dans un même espace. Naoki et ses gendarmes vont bientôt devoir sortir pour aller faire régner l'ordre en ville. Il se peut qu'il ne revienne jamais.

— J'ai envie de quelque chose de sucré, peu importe quoi.

Cette nuit-là, je commande un plat sucré à Shigeo. Une heure plus tard, il revient avec une pâtisserie que je ne connais pas.

— Qu'est-ce que c'est ? Une recette chinoise ?

— C'est une pâtisserie garnie de tranches d'ananas confites dans du miel, répond Shigeo en hochant la tête.

— C'est délicieux. Comment ça s'appelle ?

En fait, je trouve ça un peu trop sucré.

— De la tarte à l'ananas ?

— Tu lui diras que je l'ai mangée avec beaucoup d'appétit. Mais sa mission n'est pas finie. Même si les ennemis encerclent le QG, il devra continuer à cuisiner ; fais en sorte qu'il soit toujours dans les meilleures conditions possibles. Ne jamais lâcher sa planche à découper pour pouvoir jouir de mes faveurs et, à force de m'obéir, perdre en originalité alors qu'il croit contribuer à son art, voilà son destin. Le pauvre, il ignore qu'il court à sa perte. Dire qu'il répète chaque jour les mêmes gestes ingrats et ennuyeux, comme mettre de l'huile dans un wok, juste pour préserver sa vie minable… Ce n'est pas à ça que doit ressembler la vie d'un vrai cuisinier !

— Entendu ! répond Shigeo avant de m'adresser un salut militaire et de sortir.

Je termine la pâtisserie, assis à mon bureau. Derrière la fenêtre, le paysage est paisible. J'en oublierais presque la mer de feu qui brûle de l'autre côté de l'océan. Dans les rues, les pousse-pousse filent comme le vent ; à la gare, les trains continuent à aller et venir dans un vacarme métallique. Au Japon, une ville entière a été réduite en cendres. J'ai l'impression que c'est une rumeur sans fondement, un mauvais rêve. Cet événement a-t-il réellement eu lieu ? Pourrait-il se reproduire sur les terres de la Mandchourie ? J'ai envie de m'enfuir loin de toute cette cruauté.

Le lendemain, la situation continue à se dégrader.

Hier après-midi, l'empereur a annoncé à la radio sa capitulation sans condition. Cela ne concerne bien sûr que le Japon, le Mandchoukouo n'a rien à voir là-dedans. Ici, rien ne semble avoir changé : la confusion et l'engourdissement de l'aube, le chant des oiseaux nocturnes et le bruit des pousse-pousse sont les mêmes que d'habitude, tout comme les cris des soldats répondant à l'appel.

— Les ennemis ont enfoncé notre ligne de front !

La voix de Shigeo me parvient de derrière la porte et m'arrache tôt au sommeil. A la nouvelle de la bombe atomique lancée sur Nagasaki et de la reddition de l'empereur, les Soviétiques ont lancé l'offensive, comme s'ils n'attendaient que ça.

— Enfin, ce qui devait arriver est arrivé, dis-je en m'extrayant difficilement de l'étreinte de la Coréenne.

J'ai la tête lourde, sans doute à cause de l'alcool que j'ai bu hier. Pourquoi diable n'ont-ils pas choisi un autre jour ? Je préférerais mille fois déguster un bon bol de bouillie pour calmer mon estomac, prendre un bain chaud, appeler un masseur aveugle et profiter d'une séance d'acupressure pour me reposer… Maudits Ruskofs ! Plus j'y pense et plus ça m'énerve.

— Shigeo, quel jour sommes-nous ?

— Le 16 août.

— Il fait trop chaud pour faire quoi que ce soit.

J'entre dans la salle de réunion où la plupart des officiers m'attendent debout. Je m'assois dans mon fauteuil avant de les scruter un à un. Je m'interroge : la guerre, la mort, le patriotisme, le courage, la discipline face à la crise, la sincérité… Qu'est-ce que ces réflexions compliquées qui nous occupent le cerveau signifient au juste ? A quoi bon les agiter face à une guerre et à une mort imminentes ? Qui nous a envoyés ici ? Qui nous a offert des uniformes, des épaulettes et des décorations créés de toutes pièces ? Qui nous a donné des ordres et des règles ? Que signifie le fait de les exécuter coûte que coûte ? Où sont-ils tous cachés, ceux qui ont fait ça ? Pourquoi les hommes présents dans cette salle ne se cachent-ils pas, eux ? Pourquoi tiennent-ils autant à sauvegarder les apparences jusqu'au bout ? Je meurs d'envie de le savoir.

J'écoute distraitement leurs conversations.

— Que faire du gouvernement impérial ?

— Transférons dans un premier temps le conseil d'Etat des affaires générales, le ministère de la Justice et l'empereur à Tonghua, qu'en pensez-vous ?

— Il faut réquisitionner toutes les lignes de train, les réserver à un usage militaire et instaurer l'état d'urgence, sans quoi le chaos risque de régner à la gare avec tous les civils.

— Il est un peu trop tôt pour s'affoler, non ? Notre front n'a pas encore été totalement enfoncé. Les ennemis ont beau progresser rapidement, ils ne pourront pas être là avant une dizaine de jours. Si nous ne restons pas les bras croisés, bien sûr.

— Puisque le Japon a capitulé, à quoi bon résister ?

— Qu'est-ce que vous racontez ? Nous sommes au Mandchoukouo, nous devons le défendre jusqu'au bout. Mon commandant, dites quelque chose !

Les visages de tous ces crétins se tournent vers moi.

— Nous avons déjà envisagé la situation, n'est-ce pas ? Tenons-nous en au plan établi. Attendons encore un peu avant le transfert de l'empereur, cela pourrait provoquer un mouvement populaire difficilement maîtrisable. Continuez de demander à l'état-major du Japon si nous devons défendre Xinjing ou y renoncer.

Certains ont l'air déçus, d'autres rassurés. Ou plutôt, tous s'efforcent d'afficher un air serein et un visage le plus grave possible alors qu'ils hésitent entre ces deux expressions. Quels excellents comédiens ! On dirait que j'ai avec moi la meilleure troupe du Japon.

— Maintenant que le Japon a capitulé, nous ne pouvons plus faire ce que nous voulons. D'un autre côté, si nous nous rendons trop facilement, nous deviendrons un objet de risée. Donnez l'ordre aux soldats de se battre comme des lions face aux ennemis. Chaque ministère doit veiller à détruire les dossiers sensibles et à exécuter les prisonniers détenteurs d'informations qui pourraient nous nuire. Si vous repérez des lâches ou des profiteurs de guerre, exécutez-les immédiatement. Donnez le meilleur de vous-mêmes. Je vous souhaite bonne chance à tous.

J'essaie d'imaginer qu'une de ces horribles bombes fabriquées par les Américains tombe ici. Que deviendraient tous ces hommes qui essaient de cacher leur peur derrière un masque ? Leurs visages se briseraient-ils comme du verre, emportant avec eux leur dernière expression ? Mourraient-ils carbonisés, les yeux révulsés, leur vraie nature soudain rendue visible ? Résisteraient-ils, solides comme des rocs, avant d'être réduits en miettes ? Que va-t-il arriver à tous ces acteurs de kabuki ? Comment le destin va-t-il jouer avec eux ? Qui va survivre et qui va aller grossir les rangs des morts ? Qui va pouvoir rentrer chez lui, se prosterner devant sa mère et murmurer, à bout de forces : « Enfin, la guerre est finie… » ? Qui assumera la responsabilité de la défaite en s'ouvrant le ventre ?

A la fin de la réunion, je m'éclipse discrètement et file sur le parking.

J'y retrouve Shigeo. C'est l'heure de mon entretien privé avec l'empereur Puyi. Mais je m'en contrefiche, c'est devenu complètement inutile. Puyi va bien sûr me demander de transférer son gouvernement. Personne ne veut mourir avec la responsabilité d'une guerre sur ses épaules, Puyi non plus. Tient-il vraiment à garder son trône et son rôle fantoche jusqu'au bout, alors que son pays est au bord de la ruine ? S'il est fait prisonnier par l'armée soviétique, quel sera son sort ? Il sera jugé comme un criminel de guerre et décapité. Il a donc plutôt raison de vouloir fuir loin d'ici. Peut-être espère-t-il pouvoir se réfugier sur le sol japonais. Malheureusement, il n'y a pas de place pour lui dans les trains de marchandises à destination du Japon.

— Au palais du roi-dragon !

Shigeo comprend mon ordre et démarre.

— Quand prévoyez-vous de rentrer ? me demande-t-il bizarrement.

— D'ici deux heures.

La nuit dernière, les ennemis, enfonçant notre front sur toute sa longueur, ont franchi la frontière. J'ai des hallucinations auditives : j'entends les cris des soldats. Des brèches se creusent sur toutes nos lignes de défense. Heureusement, les positions établies sur une topographie accidentée vont résister. Les soldats qui les gardent ont suffisamment de nourriture et de munitions pour tenir plus de trois mois. Les officiers qui les dirigent comptent parmi les plus fidèles à l'empereur. S'ils parviennent à repousser les attaques ennemies pendant un petit mois, nous pourrons garder l'avantage lors de nos négociations avec les Russes, car eux non plus ne veulent pas essuyer trop de pertes. Dans le pire des cas, nous leur céderons la Mandchourie et nous retirerons en Corée.

Le responsable de Jilesi m'attend sur le parking en souriant béatement. Deux Chinois se tiennent debout derrière lui, l'air penaud. S'agit-il des porteurs ? Leurs habits sont rapiécés, on dirait des paysans tout droit sortis de leur champ. Je suis contrarié. Cet abruti de moine n'aurait pas dû faire appel à ces hommes, Shigeo suffisait tout à fait. Sa prévenance excessive vient de condamner deux vies innocentes. Quel dommage de faire couler du sang alors que nous nous apprêtons à transporter un être sacré, le Bouddha ! Déjà que j'étais embêté à l'idée de le supprimer, lui… Et qu'est-ce que je vais bien pouvoir faire de Shigeo ? Quel casse-tête, cette guerre !

— Vous n'avez rien à craindre d'eux, je leur ai donné suffisamment d'argent pour qu'ils vous aident à transporter l'objet sans poser de questions. Où souhaitez-vous l'emmener ?

Il guette ma réaction avec complaisance.

— Où est-il ?

— Dans le camion, répond-il en désignant une vieille camionnette civile garée dans un coin.

— C'est embêtant, on va se faire contrôler.

— J'ai préparé une fausse facture pour des denrées alimentaires.

Il frotte sa nuque dodue luisante de sueur en souriant comme un imbécile. Je vais bientôt devoir le tuer. De retour au QG, je demanderai à la gendarmerie de faire une descente à la salle de jeu qu'il fréquente et d'abattre toutes les personnes présentes. Voilà qui devrait éviter toute forme de complication. A chaque existence son jour fatidique. J'ignore combien d'argent il a détourné ces dix dernières années. S'il a accepté cette transaction avec moi, c'est évidemment pour me soutirer des fonds. Les gens comme lui se moquent complètement du sort de leur pays. Il est sûr de garder son poste de responsable du temple quel que soit le prochain gouverneur de la Mandchourie. S'il savait comme il se trompe!

Pour m'assurer de l'authenticité du Bouddha, je pénètre dans le pavillon principal. Je m'assois une fois de plus sous le mandala du plafond. Si je ne vois pas le sourire de Maitreya, c'est qu'il a été remplacé par un autre, aussi suis-je particulièrement attentif à ce détail depuis quelques mois. Regarde-le! La statue, qui devrait être fausse, m'adresse son timide sourire habituel. Est-ce grâce au talent extraordinaire du tailleur de pierre? Le moine a-t-il procédé à un tour de magie? Le doute m'assaille: entre ce Bouddha et celui qui doit reposer dans le camion, lequel des deux est authentique? Je remets à plus tard le projet de tuer le moine et me prosterne devant le faux Bouddha. L'odeur du santal chatouille mes narines. Alors que ce visage était censé être unique au monde, il est finalement possible d'en créer de semblables. Mais alors, pourquoi cet attachement, cette obsession pendant ces derniers mois? Le visage de Maitreya, que je croyais inimitable, semble railler ma stupidité, ce qui me met mal à l'aise. Celui du camion serait-il l'imitation? Le moine est-il en train de me jouer un mauvais tour maintenant que mon avenir semble incertain? En proie à la confusion, je n'arrive pas à me résoudre à partir, mais Shigeo me presse.

— Mon commandant, il est l'heure de…

— Je sais. Puyi doit m'attendre avec impatience.

Le ciel est très sombre, la pluie menace. Où en sont nos ennemis dans leur offensive? Hurlent-ils, haletants, leur uniforme trempé de sueur? Le cours de l'Histoire connaît depuis quelques jours d'énormes remous. Après les bombes atomiques lâchées sur deux de ses villes, l'empereur japonais a été forcé de capituler ; de son côté, la grande armée soviétique, forte d'un million cinq cent mille hommes, a franchi la frontière chinoise. Quelle solution puis-je trouver pour cet empire fantoche qui fasse que l'Histoire ne me jette pas la pierre ? Pourrai-je atteindre mon pays sain et sauf ?

Le responsable du temple me montre une caisse du doigt. Je soulève le couvercle et découvre les teintes sombres et la posture recroquevillée de Maitreya ; c'est la copie conforme de celui que je viens de voir dans le pavillon principal. Je referme la caisse et fais signe aux Chinois assis dans le camion de démarrer. Le moine me souhaite bonne chance et me raccompagne en souriant hypocritement. Je réprime mon envie de lui tirer dessus et prends place à côté de Shigeo dans le véhicule de ravitaillement. Nous suivons lentement la camionnette. Une fois le temple loin derrière nous, nous pénétrons dans une forêt touffue. Je fais signe aux Chinois de s'arrêter dans un virage. Les deux hommes descendent du véhicule en hésitant et viennent me demander ce qui se passe. Je leur ordonne de creuser un grand trou à côté du camion.

— Je vais enterrer la caisse ici, c'est trop dangereux de l'emmener jusqu'à la gare.

Les Chinois vont chercher des pelles et se mettent au travail en silence. La lumière de l'après-midi éclaire tristement leur tenue jaunâtre. Shigeo et moi nous abritons à l'ombre d'un arbre à quelque distance. Un des Chinois va prendre de l'eau dans le camion et la partage avec son camarade. Il ne faut pas qu'ils traînent : si les gendarmes nous voient ici, je serai dans de sales draps. Le commandant Otozô s'absentait souvent pour des raisons personnelles, personne ne savait où il allait ni ce qu'il fabriquait ; c'est sans doute ce que diront les témoins si je suis un jour traîné devant le tribunal des criminels de guerre, ce qui pourrait tout à fait arriver.

— Shigeo, tu as combien de balles dans ton Nambu 94 ?

— Huit, pourquoi ? me demande Shigeo, surpris.

Je connais déjà la réponse, je voulais juste lui rappeler que son pistolet n'est pas un objet de décoration.

— Tu es toujours aussi mauvais en tir ? Tu n'as pas droit à l'erreur aujourd'hui.

— Pardon ?

Je désigne les deux Chinois du menton.

— Ça doit être bon. Vas-y, abats-les et enterre-les rapidement. On transférera la caisse dans notre camion et on ira à la gare. J'ai réservé un wagon entier, tu n'auras qu'à la déposer là où je te dirai.

— J'ai peur qu'elle ne soit un peu lourde...

— Ne t'inquiète pas, à deux, ça ne posera pas de problème. Allez, c'est le moment ou jamais.

Shigeo hésite.

— A-t-on vraiment besoin de les tuer ?

— C'est un ordre, Shigeo. Finis le travail avant qu'il ne soit trop tard.

Au bord des larmes, Shigeo me supplie une dernière fois.

— Je n'ai jamais tué personne.

Le menton de mon jeune aide de camp se met à trembler.

— Si tu m'obliges à me répéter, la première balle sera pour toi. Dépêche-toi.

Je sors mon revolver, le cache derrière mon dos et pousse Shigeo vers les Chinois. Le trou est profond, ils y sont jusqu'au nombril. En recouvrant les deux cadavres de terre, on devrait pouvoir réussir à effacer l'odeur du sang. Allez, Shigeo, tire.

— Beau travail. Maintenant, reposez en paix.

Nous ne pouvons pas perdre davantage de temps. J'ouvre le feu en visant par-dessus l'épaule de Shigeo. Le Chinois au teint sombre et à l'âge indéterminé s'écroule, les yeux arrondis par la surprise. L'autre tombe en crachant du sang. Je vide les huit balles de mon chargeur. L'odeur de la poudre me rend à moitié fou. C'est sûrement à cause d'elle que nos crétins de soldats se conduisent en kamikazes. Cette odeur forte appelle la mort ; moi, je l'ai connue quand j'étais sur un front d'Asie du Sud-Ouest, il y a de ça quelques années. Elle se mêle dans ma mémoire à celle du sang chaud. C'est comme si je retournais dans le monde des vrais hommes. Je houspille Shigeo pour qu'il reprenne ses esprits et m'aide à combler le trou. Quand nous avons fini, je lui donne une gifle retentissante.

— C'est toi que j'aurais dû enterrer dans ce trou !

Soudain, un coup de feu brise le silence.

Shigeo et moi sommes tout aussi stupéfaits l'un que l'autre. Un bandit tout maigre, un chapeau de paille vissé sur le crâne, sort de la forêt et se rue vers nous. Est-ce un cauchemar ? Je n'arrive pas à retrouver mon aplomb. Si l'Histoire obéit un tant soit peu au hasard, on peut dire qu'il a bien choisi son moment. Il a un revolver à la main. Pan ! Un nouveau coup de feu secoue les arbres. Sa course doit le gêner car ses deux balles nous manquent. Il nous vise soigneusement une troisième fois, sans succès. Le Ciel doit être avec nous car il jette son revolver et sort un couteau.

Shigeo parvient à se ressaisir et fait maladroitement écran entre lui et moi. C'est son instinct qui doit parler.

— Shigeo, sors ton pistolet et tue-le !

Avant qu'il ait pu esquisser le moindre geste vers son ceinturon, l'inconnu se jette sur lui et lui met le couteau sous la gorge. Je m'engouffre dans la camionnette des Chinois. Le véhicule finit par démarrer dans un vrombissement. Le bandit, qui a réglé son compte à Shigeo, s'agrippe à l'arrière mais je parviens à le faire tomber et prends le chemin de la gare. L'information a filtré… La faute à qui ? Au souvenir de Shigeo, la colère m'envahit et je continue à accélérer. Qui m'a trahi ? Shigeo ? Cette salope de Coréenne ? Je secoue la tête. Le responsable du temple ? Oui, il y a de fortes chances que ce soit lui. J'aurais dû le tuer. Il m'a vendu sa marchandise pour mieux la récupérer maintenant que le Japon est en pleine déroute…

En arrivant à la gare, j'enfonce mon chapeau sur ma tête et sors de la camionnette.

7

Le clairon déchire mes tympans. Ou est-ce une illusion ?

J'ouvre les yeux ; les pâles rayons du soleil se déversent de partout, les fenêtres sont grandes ouvertes. Je serais en train de rêver ? Dans le ciel, des avions non identifiés tombent en crachant de la fumée. Une nuée d'oiseaux que je n'arrive pas à reconnaître s'envolent vers le sud. Leurs ailes sont noires ; où s'arrêteront-ils ? Pensent-ils qu'il existe un endroit où se cacher ici-bas ? Je ne vois ni les soldats qui gardent habituellement la résidence du commandant ni la servante japonaise. Enfuis-toi ! me souffle une voix à l'intérieur de moi. Pour aller où ? Qui dois-je fuir ? Mon frère ? Les Japonais ? La Mandchourie ? Absorbée dans mes pensées, je fais les cent pas dans la chambre.

Je pousse la porte et sors prudemment dans le couloir. Une odeur de pin m'assaille les narines. J'avance sur le parquet inondé de soleil. Où sont-ils tous ? La guerre les a-t-elle fait se volatiliser ? J'ai l'impression que là où régnaient jusqu'alors les cris de douleur, la souffrance et l'angoisse, il n'y a plus que moi. Je me sens aussi légère que si des ailes m'étaient poussées sous les bras. Si je voulais, je pourrais voler jusqu'en Corée. Tous les hommes doivent être morts. La guerre est venue et repartie en silence pendant que je dormais. Quelle chance de n'avoir pas assisté au massacre ! Si tous les hommes disparaissaient, il n'y aurait plus de guerre.

Pauvre Chen ! Qu'est-il devenu avec sa langue coupée ? La cantine des officiers se trouve au premier étage du QG, à trois cents pas de la résidence du commandant. Si tout le monde est mort, Chen l'est sans doute aussi. Je sors du bâtiment. Le ciel est sombre, il va pleuvoir. Des nuages noirs s'amoncellent au-dessus du QG ; un orage éclate. Des éclairs zèbrent le ciel, éclairant en continu les misérables paysages humains comme autant de flashs d'appareil photo. C'est comme si la nuit était tombée ; de temps en temps, le tonnerre secoue les fenêtres. Emergeant des ténèbres, un nuage de fumée prend soudain l'apparence d'une silhouette en manteau noir.

— Où t'enfuis-tu comme ça ?

C'est mon frère, ou plutôt son fantôme.

— Il n'y a plus personne, je m'en vais.

Le fantôme se met en travers de ma route.

— Non, retourne dans ta chambre. Il s'agit peut-être de ta dernière nuit ici. Tu ne peux pas le laisser en vie. Nous devons lui montrer de quoi nous sommes capables. Il ne faut pas qu'il puisse signer la capitulation : sans lui, les Japonais auront du mal à négocier face aux Russes, et l'armée du Guandong n'est plus rien. Les camarades soviétiques ne vont pas tarder à débarquer.

Si j'avais un revolver, je tirerais d'abord sur la bouche de ce fantôme.

— Et alors, qu'est-ce que ça va changer ?

— Ecoute-moi bien : tu ne réussiras pas à sortir d'ici vivante. Venge Chen et sa langue coupée ! Venge tous les jeunes Coréens enrôlés de force par l'armée japonaise et morts sur le front ! Quand il sera endormi, tu prendras son revolver, tu enlèveras la sécurité et appuieras sur la gâchette en visant son cœur. Tu laisseras ainsi ton nom dans l'Histoire. Si tu échoues, tu iras prendre un couteau dans la cuisine et tu le lui enfonceras dans le cœur. Quand le sang jaillira, tu mettras dignement fin à tes jours car tu n'as aucune chance de t'en sortir vivante. Tu sais, il n'y a pas tant de différence que ça entre la vie et la mort. Les fleurs continueront à s'épanouir et le soleil à se lever même après ta disparition.

La pluie s'arrête. Le fantôme de mon frère s'estompe.

De lointains coups de sifflet me ramènent à la réalité. Les gendarmes sont de sortie. Un jour, dans la rue Balibao, j'ai vu un homme succomber sous les coups d'un gendarme. C'était un conducteur de pousse-pousse qui était passé par hasard devant un cortège de représentants japonais. C'était là toute l'étendue de sa faute. Il avait rapidement pris conscience de son erreur et s'était écarté précipitamment, faisant tomber dans sa course un objet ressemblant à un revolver – une simple bouteille d'eau, comme nous l'avons appris plus tard. Alors qu'il se penchait pour la ramasser, un gendarme à cheval l'a tué d'un coup de crosse.

J'ai envie de rentrer chez moi. J'ignore pourquoi ce désir me prend tout à coup. J'ai envie de retourner à Chongjin, là où vit mon père. Peut-être a-t-il quitté ce monde depuis longtemps.

Je me dirige vers la sortie de la résidence en titubant. Un soldat armé d'un fusil se tient là, immobile, le regard perdu dans le lointain. On dirait une poupée en bois. Il suit des yeux des canards en train de passer au-dessus de la ville en battant péniblement des ailes.

Où peut bien être son village natal ? Je m'approche de lui et fais un geste pour lui dire que je veux sortir mais il secoue obstinément la tête.

Je me rappelle les rigueurs de l'hiver à Chongjin. En cette saison, les gens sortent rarement. Blottis bien au chaud dans leurs maisons en terre battue, ils passent leur temps à fabriquer des cordes et des chaussures en paille. Seul mon père faisait exception en sortant chasser tous les jours, qu'il neige ou qu'il vente. A cause du sol gelé, il ne pouvait pas cueillir ses herbes médicinales ; il chassait donc le cerf d'eau, le lièvre et le faisan. A l'arrivée du printemps, il allait au marché les échanger contre de la nourriture. Quand il était chanceux, il arrivait même à tirer des sangliers ou des ours. De retour de la chasse, il nettoyait soigneusement ses prises avec l'eau du puits. Il s'occupait d'abord des animaux encore vivants et mettait les morts à dégeler à l'intérieur.

Les peaux avaient plus de valeur que la viande elle-même. De son couteau aiguisé, mon père dépeçait les cadavres avec tant de soin qu'on aurait dit qu'il les sculptait. Assise sur le seuil, les jambes pendantes, j'écoutais le crissement de son couteau en mâchonnant des grains de maïs. En quelques minutes, les animaux nous offraient leur peau comme s'ils se débarrassaient d'un épais manteau. Mon père tachait rarement son couteau tant il était rapide. Avant même que les vaisseaux sanguins de l'animal aient eu le temps de sentir la lame froide, il avait déjà fini de le dépecer. Puis ma mère suspendait les peaux au plafond et faisait sécher sur des nattes les foies, les vésicules biliaires, les yeux et le reste. Elle partageait la viande avec les voisins ou l'échangeait contre des céréales, et jetait les dernières miettes aux poules et au chien.

Le printemps finira-t-il par arriver à Chongjin ?

Un avion de chasse traverse soudain le ciel dans un grand fracas. A-t-il été envoyé au front pour une mission urgente ? La fumée qu'il laisse derrière lui divise le ciel en deux. Comme si elle avait peur, la lune pâle retient son souffle.

J'ai entendu hier soir le commandant dire à un soldat venu le voir : « La guerre est finie. Tu vas bientôt pouvoir rentrer chez toi. » Le jeune homme, dont j'ignore le grade, était armé de pied en cap. Il a disparu après cette brève conversation, ne laissant derrière lui que le bruit de ses bottes militaires. Il paraît que les ennemis ont franchi la frontière et que des bombes puissantes comme le soleil sont tombées sur le Japon. Ce sont les autres femmes de la résidence qui m'ont appris ça. D'ordinaire plutôt lents, les hommes s'affairent et hurlent aujourd'hui. Leurs pas frénétiques sont assourdissants. Même les animaux donnent l'impression de crier plus fort que d'habitude. Toute cette agitation semble nous précipiter vers un dénouement.

De la cour arrière de la résidence me parvient un cri déchirant : « Aïe, ça fait mal, arrête ! » Une femme court vers moi, pieds nus, depuis un bâtiment situé à cinquante pas de là. Un homme torse nu la poursuit, son sabre japonais cliquetant à ses côtés. Je trouve la scène irréelle. Si le commandant était là, ce général se ferait sanctionner à coup sûr. Il a de la chance que le commandant soit absent. La femme se précipite vers moi, s'agenouille à mes pieds et me supplie de l'aider. Je la reconnais, je l'ai déjà croisée deux fois. Complètement saoul, son poursuivant l'attrape par les cheveux de ses grandes mains puissantes. « Sale pute, tu te crois où ? Depuis quand tu me désobéis ? Tu crois vraiment que tu vas pouvoir t'enfuir et quitter le Mandchoukouo ? Retiens bien ça : tu ne sortiras pas d'ici vivante. »

Il abat le plat de son sabre sur le dos de la femme, qui se recroqueville en poussant un cri de douleur. Les gardes se contentent de rigoler comme s'ils assistaient à une scène amusante. Personne n'intervient. L'homme tire la femme par les cheveux pendant que je retourne dans ma chambre. Tout le monde est devenu fou. C'est comme si les fantômes des morts erraient autour de nous en profitant de la peur qui règne partout.

La résidence du commandant est une maison à un étage disposant de trois chambres. La servante japonaise qui s'occupe du ménage parle peu ; elle doit avoir la cinquantaine, le commandant l'appelle familièrement *obasan,* tante. Elle passe son temps à balayer et à laver le linge que le commandant laisse traîner. Chaque fois qu'il voit ses vêtements étendus avec des draps blancs dans la cour, il affiche un sourire de satisfaction et lui offre de la nourriture. Si je me souviens bien, elle vient de Kumamoto. Je n'ai pas vraiment eu l'occasion d'échanger avec elle car elle me lance toujours des regards réfrigérants.

En arrivant, je l'entends pleurer. Ses sanglots flottent silencieusement dans le couloir, comme du crachin. Sur la pointe des pieds, j'entre dans la salle de bain dont la porte est ouverte. J'aperçois son corps maigre au milieu d'une vapeur opaque ; assise dans la baignoire, elle fixe le plafond d'un air hagard. Elle ne m'accorde aucune attention et continue à pleurer en silence, les épaules secouées de sanglots. J'ignore pourquoi elle pleure. A-t-elle perdu un proche dans les explosions atomiques ? Je m'accroupis à ses côtés.

— Calmez-vous, *obasan*, ça va aller.

Elle s'arrête de pleurer en m'entendant l'appeler *obasan.*

— Pardonnez mes larmes, me répond-elle avec un sourire forcé.

— Pourquoi prenez-vous un bain maintenant ?

Tu sais, c'est la première fois que je la vois se laver. Elle est si discrète que nous ne l'avons jamais entendue se servir de la salle de bains.

— Je peux être tuée à tout moment mais je ne veux pas mourir sale. Dans mon village, la coutume veut que les malades se lavent en attendant que leurs ancêtres viennent les chercher. Hier soir, j'ai fait un cauchemar.

Je caresse doucement son épaule.

— Tout va bien. Vous n'avez rien à craindre.

— Vous croyez vraiment ? Vous êtes coréenne, vous ; moi, je suis japonaise.

Je l'aide à se lever et l'enveloppe dans une serviette.

— Les hommes ne font pas de différence entre les Coréennes et les Japonaises. Allez, *obasan*, reprenez-vous. Allez nettoyer le parquet et laver le linge comme à votre habitude. Vous voyez bien qu'il ne se passe rien. Nous sommes en sécurité ici.

— Je suis désolée. Je suis vraiment désolée.

Elle se rhabille et retourne dans sa chambre. Le parquet grince sous ses pas. L'ombre de mon frère surgit à l'endroit qu'elle occupait à l'instant. On dirait une mue de serpent ; si j'essayais de la saisir, elle se dissiperait en fumée.

— Tout le monde en a après moi parce que je n'étais pas là lorsque les ennemis ont franchi la frontière. Bande de crétins ! Que puis-je faire de plus ? Les attendre sagement assis dans mon bureau ?

Le commandant a l'air d'avoir beaucoup bu, il est saoul comme une barrique. D'après ce qu'il m'a raconté l'autre jour, alors qu'il se rendait à Shenyang, une ville à deux heures d'ici en voiture, pour assister à l'inauguration du QG de l'armée des engagés volontaires du Guandong, il s'est fait attaquer par un rouge qui a tué son aide de camp. Apparemment, les officiers d'état-major n'ont pas apprécié l'incident.

— Les ennemis sont encore loin. Ils ont déjà enfoncé certaines de nos lignes, mais nous sommes tout de même victorieux à quelques endroits. Nos soldats stationnés dans la forteresse de Hutou ont par exemple repoussé l'assaut. Il n'y a pas d'exode civil, la gare est à peine plus bondée que d'habitude. Tu sais, les paysans rechignent à quitter leurs terres, et visiblement les étrangers installés ici à grand-peine ne veulent pas s'en aller non plus. Peut-être en viendront-ils même à se réjouir de cette guerre, ha ha! Certains ont déjà dû sortir leurs drapeaux soviétiques. Le moment est venu de mettre fin à tout ça, tu ne penses pas ?

J'ôte les bottes du commandant qui continue à marmonner et je l'aide à se coucher. Ses chaussures dégagent une odeur de patates pourries si forte que je me bouche le nez. Je vais chercher une bassine remplie d'eau, lui retire ses chaussettes et lui lave les pieds. Ses ongles, qui n'ont pas été coupés depuis longtemps, me griffent ; ceux de ses petits orteils, anormalement longs et pointus, s'enfoncent dans ma chair. Au moment où j'essuie ses pieds, il se redresse, défait son ceinturon auquel est fixé son étui de revolver et le jette par terre. Le fantôme de mon frère qui flotte au plafond ouvre de grands yeux. Qu'est-ce que tu attends ? Dépêche-toi d'aller ramasser son revolver et de lui tirer dessus ! Je fixe durement la poignée kaki de l'arme maculée de traces de doigts. Ce revolver a-t-il déjà pris des vies ? Si ce n'est pas le cas, peut-être accomplira-t-il cette tâche aujourd'hui. Quels sentiments le commandant éprouvera-t-il en étant tué par son arme ?

« J'ai faim. Très faim. Va demander qu'on me prépare un bouillon de nouilles aux fruits de mer. »

Il veut une soupe de nouilles alors qu'il est dans une situation sans issue ? Je sors dans le couloir et transmets le message au soldat planté là, son nouvel aide de camp, qui hoche la tête d'un air bourru. Pourquoi une soupe de nouilles ? C'est la première fois que je l'entends commander ce plat. Tu sais que c'est la spécialité de Chen. Ce soir, le meilleur plat du monde va donc être servi à cet homme qui porte seul sur ses épaules le destin de l'empire. Quelle chance de pouvoir mourir après avoir assouvi sa dernière fringale ! Terré dans sa cuisine, Chen pressent-il ce dénouement original ?

Le commandant a dû s'endormir, il respire régulièrement. Je les regarde tour à tour, lui et son revolver. Alors qu'il a déjà été exposé à plusieurs tentatives d'assassinat, il continue à faire confiance à son cuisinier. Il est temps de mettre fin à cette pièce absurde. La gueule du revolver, si petite soit-elle, contient-elle toutes les réponses ? Un simple morceau de fer devrait précipiter le dénouement. Si l'arme est chargée, il mourra ; sinon, ce sera moi. Avec un peu de chance, même si la balle ne part pas, le commandant ne se réveillera pas. Mais ce n'est pas vraiment le moment de me soucier de mon sort.

Je saisis le revolver argenté. J'entends mon frère me presser depuis sa position en surplomb. Vas-y, tire ! Je l'ignore et observe les paupières fermées d'Otozô. Il me reste trente minutes avant que sa soupe de nouilles n'arrive. Chen doit être occupé à pétrir soigneusement la pâte. Ou peut-être verse-t-il les nouilles dans un bouillon d'os de poulet préparé à la manière de sa mère. Et si j'attendais que le commandant se rendorme après avoir mangé ? Tu sais, je n'ai pas envie de le priver de son dernier repas. D'autant plus qu'il a gardé Chen en vie et goûté à ses plats sans jamais les critiquer.

Le rideau se lève et la scène s'éclaire. Dans la cuisine de la cantine des officiers, un cuisinier à la langue mutilée s'applique à étaler la pâte sur son billot. Otozô va goûter la meilleure soupe de nouilles à la cantonaise du monde. Chen m'a un jour dit que les nouilles épaisses garantissaient un goût exquis. Une fois la pâte étalée, il la découpe en grosses lamelles avec le dos de son couteau. S'il a à sa disposition tous les produits dont il a besoin, il fera un bouillon à base d'os de poulet et y ajoutera des courgettes et des lentins du chêne séchés. Ces derniers ingrédients doivent d'abord être réhydratés. Chen sait combien de temps les nouilles doivent cuire pour rester fermes. Quel malheur qu'il ait perdu une partie de sa langue… Mais je suis sûre que cela ne s'en ressent pas sur sa cuisine.

Otozô est l'esclave de sa cuisine. *Obasan* n'est pas mauvaise cuisinière mais depuis l'arrivée de Chen, Otozô préfère les en-cas qu'il lui prépare. A chaque repas, il a pris l'habitude de me dire tout son amour pour cette cuisine puis de me faire goûter. Il aime parfois la comparer avec les souvenirs qu'il a de la cuisine de sa mère. Ce n'est pas tant qu'il en soit amoureux, c'est plutôt qu'elle est très différente de ce qu'on lui sert d'habitude ; il me semble qu'il y cherche les saveurs de celle de sa mère. Le dur travail de ce pauvre cuisinier va prendre fin aujourd'hui. Son ennemi va avaler quelques gorgées de ce bouillon et enfin payer le crime de l'avoir mutilé, enchaîné dans la cuisine comme un chien et laissé vivre de cette façon.

— Qu'est-ce que tu attends ?

Le fantôme de mon frère se frappe la poitrine d'un air impatient.

— La soupe de nouilles. J'aimerais qu'il la goûte.

— T'es amoureuse de lui ou quoi ? Après tout ce qu'il a fait à Chen ? Allez, dépêche-toi, l'heure n'est plus à la compassion.

— C'est aussi grâce à lui que Chen est vivant.

J'ai envie qu'il ait le temps de goûter à cette soupe de nouilles. De toute façon, il va bientôt mourir. Le sabre du militaire et les plats que le cuisinier prépare tous les jours enfin réconciliés autour d'un bol chaud. Je ne veux pas les priver de cette occasion unique.

— Non, ce type n'est qu'un lâche. Il a juste envie de penser à autre chose maintenant que les ennemis sont là. Ce n'est pas le moment, pour un camp comme pour l'autre, de se soucier de cuisine ! On s'en fout de manger et de boire. Quand on a entendu des gens mourir à ses côtés, quand on a vu le sang couler le long des côtes de ses camarades, on ne se préoccupe pas de choses aussi triviales.

— Je t'en prie, va-t'en !

— Allez, tire ! Tu n'as plus de temps à perdre !

Le fantôme de mon frère brandit le poing dans ma direction. J'ai l'impression qu'un vent violent se déchaîne et casse des branches en moi ; le sang se fige dans mes artères. Je laisse tomber le revolver avant de le reprendre d'une main tremblante. Son canon est aussi lourd que le pilon d'un mortier. Les hommes se tirent dessus avec des armes aussi pesantes ? Mon frère me chuchote de nouveau depuis l'obscurité où il s'est tapi. Calme-toi. Défais le cran de sûreté. Voilà, c'est ça, avec ton pouce. Très bien. Maintenant, regarde-le dans les yeux. N'aie pas peur. Vise la tête. Non, plutôt le cœur. Maintenant, appuie sur la gâchette. Je n'ai pas envie que les Soviétiques s'approprient cet acte héroïque. Allez, tue-le pour nous. Pour la Corée.

Clic. Je tire mais n'entends pas le vacarme escompté. Je tire une deuxième puis une troisième fois. Le visage de mon frère s'assombrit, comme s'il était couvert de bleus. Putain ! Il est vide. Vite, remets-le dans son étui et va chercher un couteau dans la cuisine. Tu le lui planteras dans le cœur, c'est ta dernière chance. Je remets le revolver à sa place et me relève, comme hypnotisée par mon frère. Je me sens comme une somnambule, si tant est qu'on puisse être somnambule sous l'emprise de mon frère. Depuis que j'ai quitté Chongjin, j'ai l'impression de vivre un cauchemar. Vais-je pouvoir m'en libérer cette nuit ? Le parquet du couloir est si bruyant que j'hésite à avancer.

J'ouvre la porte de la cuisine et m'affale par terre sous le coup de la surprise. J'ai cru voir les dents de quelqu'un luire dans la faible obscurité. C'est la Japonaise. Que fait-elle toute seule à cette heure-là ? Encore plus surprise que moi, elle tremble de tous ses membres. J'allume la lumière et m'approche d'elle. Accroupie sous un meuble de rangement, tenant un bol à deux mains, elle fixe sur moi des yeux effarouchés. Des grains de riz maculent ses lèvres.

— Qu'est-ce qu'il y a, *obasan* ?

Elle cache le bol derrière son dos.

— Sortez, sortez, murmure-t-elle au bord des larmes.

Je sors en oubliant tout de ma mission. Elle ferme la porte et la verrouille de l'intérieur. Va l'étrangler ! m'ordonne le fantôme de mon frère à l'autre bout du couloir.

En ai-je seulement la force ? Mon adversaire est un géant de presque quatre-vingt-dix kilos. Je prends mon oreiller et m'allonge le long d'Otozô. Sa vie, qui va bientôt s'éteindre, repose à mes côtés. Pourvu que le soldat ne traîne pas. J'ai envie du bouillon chaud qu'il va apporter sur un plateau, car le bouillon de Chen a le même goût raffiné que celui de Beibei. J'aimerais tant pouvoir croquer dans les tendres nouilles qu'elle préparait.

J'entends enfin un bruit de pas. Le soldat remonte le couloir. A ma grande surprise, Otozô se redresse d'un bond en s'exclamant :

— C'est le bouillon de nouilles ! J'ai mal au ventre tellement j'ai bu.

La porte s'ouvre et un fumet se répand dans la chambre. Le nouvel aide de camp, plus petit que Shigeo, a un menton rond et un visage d'enfant. D'après ce que m'a dit le commandant hier soir, il aurait étudié le chinois dans une université japonaise.

— Votre soupe de nouilles, mon commandant, dit-il poliment avant de me tendre le plateau.

— Tu rapporteras le bol demain, jette Otozô en jouant les grands seigneurs.

Le jeune homme tourne aussitôt les talons.

— Je pensais bien que cette soupe à la cantonaise serait grasse, reprend Otozô en buvant le bouillon à grandes gorgées.

Il me tend ensuite le bol.

— Goûte les nouilles, je voulais juste du bouillon. Ce n'est pas poli de ne pas finir un plat soigneusement préparé par un cuisinier.

J'avale les nouilles et le reste de la soupe en un rien de temps. Si le bouillon est huileux, c'est parce qu'il regorge d'huile de piment qui neutralise le gras du poulet et donne au plat son goût léger.

— Alors, qu'est-ce que tu en penses ?

— Les nouilles sont épaisses et grossièrement coupées.

— Ce n'est pas ça le problème : les nouilles ont gonflé, elles ont moins de goût. Shigeo, lui, aurait pris en compte le temps de trajet, aurait demandé au cuisinier de les sortir de l'eau un peu plus tôt et se serait précipité jusqu'ici pour me présenter des nouilles encore fermes. Ce nouvel aide de camp est un débutant.

Je ne lui pose pas de questions sur Shigeo.

Une fois le bol vide, Otozô enlève son pantalon et s'allonge sur son lit. Je sais ce que cela veut dire. Le regard perçant de mon frère me brûle. Je tremble de tout mon corps. Comment vais-je le tuer ? Je prends son sexe dans ma bouche et ferme les yeux.

— Le pauvre, il se fourre le doigt dans l'œil, murmure Otozô, les yeux fixés au plafond. Il croit que j'admire son talent chaque fois que je mange ses plats. Quel imbécile !

Comment ça, il se fourre le doigt dans l'œil ? Je monte sur Otozô et m'approche de son cou. Sa mauvaise langue continue à se gausser de Chen malgré les plats que ce dernier lui prépare chaque nuit. J'aimerais l'empêcher de s'agiter et l'enfoncer avec son sexe, sa tête et tout son corps dans le creux de son estomac, dans ce trou qu'aucune nourriture n'a encore réussi à combler et que je fermerai ensuite avec le cadenas le plus solide du monde pour qu'Otozô ne remette plus jamais le nez dehors. Il ne lui restera plus qu'à se débattre dans cette prison intérieure en suppliant qu'on épargne sa vie. J'ai envie d'entendre ces cris. Il ne pourra plus sentir aucun goût ni faire le moindre commentaire et ne pourra plus jamais trouver refuge dans les papilles de sa langue.

— J'ai envie du *bungogyu* de ma mère…

Ma langue s'enfonce de plus en plus profondément dans sa bouche. Pendant que nos langues et nos salives se mêlent dans un épais silence, j'écarte mes jambes, m'assois sur lui et le laisse me pénétrer. Pour que son cerveau ne puisse plus formuler la moindre phrase et soit complètement obsédé par mon corps, je colle mes seins tout contre lui et continue de progresser vers sa gorge en léchant ses lèvres et sa langue. Nos désirs insatiables se rejoignent. Ma langue se repose un moment pendant que je reprends mon souffle, avant d'appuyer à nouveau sur la sienne avec douceur et tendresse. Quand j'actionne mes mâchoires comme un revolver, un cri de douleur ébranle la pièce.

Aaaaaaaaah !

Ce cri apeuré se métamorphose en une multitude de doigts qui déchirent l'air pour aussitôt retourner d'où ils viennent. Je continue à m'acharner sur sa langue humide : je l'aspire et la mords une nouvelle fois de toutes mes forces, pour l'empêcher de se libérer et pour que l'homme ne crache plus jamais des mots vides de sens. Un sang chaud – à qui appartient-il ? – emplit nos bouches collées l'une à l'autre. L'odeur écœurante du sang est-elle la même que celle de la mort tragique à laquelle mon frère aspire tant ?

Ou celle de l'au-delà que j'ai sentie devant le cadavre de Suk-yeong ? Le bout de langue coupée me bloque la gorge.

— Sa-salope ! Ma-ma-ma langue !

Il me renverse et s'assoit sur moi. J'entends mes côtes se briser. Ses mains puissantes s'abattent impitoyablement sur mon visage ; une gifle envoie ma tête valser d'un côté et je vois flou. Du sang se met à couler de sa bouche et m'inonde le cou. Je-je vais te tuer. Je-je vais te tuer ! Aaaaaaah ! Je-je vais te mettre en pi-pièces !

A la recherche de son morceau de langue, il tente d'ouvrir mes mâchoires de son index. Je serre les dents de toutes mes forces mais sa poigne puissante parvient à me faire cracher ce bout de chair tendre qui lui appartenait. Il le récupère et s'effondre en hurlant ; je m'élance, sors de la chambre et remonte le couloir en courant à perdre haleine.

8

— Tu seras fusillé demain soir, m'annonce le nouvel aide de camp dans mon dos alors que j'avale ma bouillie de riz. Notre commandant m'a dit de te dire de ne pas trop lui en vouloir. C'est du Japon qu'émane l'ordre d'exécuter tous les agitateurs emprisonnés dans le QG avant l'arrivée des ennemis.

Je le laisse palabrer et continue à laper de ma langue mutilée ce qu'il reste dans mon bol. L'armée alliée doit être proche. Elle est donc victorieuse ! Pourquoi ne fêterais-je pas un moment si joyeux en me nourrissant ? C'est finalement moi qui suis le vainqueur, même au fin fond de ma cuisine ! Dans quelques jours, voire dès demain, l'armée de libération débarquera ; vous finirez tous attachés en ligne à une corde avant d'être traînés dans la boue. Profitez bien du prochain bol de soupe de miso que vous mangerez, car ce sera le dernier ! Voilà à quoi en est réduit votre empire.

L'autre continue à bavarder.

— Le commandant voudrait goûter ta cuisine une dernière fois. Je reviendrai vers vingt-trois heures. Libre à toi de choisir ce que tu veux préparer, mais quoi que tu fasses, sache que tu n'échapperas pas à la mort. Qu'en dis-tu ?

Le commandant veut goûter ma cuisine une dernière fois ? Quelle idée abracadabrante ! Il s'attend vraiment à ce que je lui prépare à manger la veille de mon exécution ? Serait-ce la dernière faveur qu'il veut accorder à son cuisinier mourant ? Souhaite-t-il que je m'incline profondément devant lui pour le remercier d'avoir apprécié mes plats pendant tout ce temps ? Impossible de savoir ce qu'il a en tête. Depuis qu'il m'a amputé d'une partie de ma langue, il n'a pas manqué une occasion de goûter à mes plats – c'est du moins ce qu'il me semble. A ma façon, j'ai apprivoisé ses papilles ; comment se fait-il que son appétit soit aussi insatiable ? Je repousse mon bol d'un coup de menton et m'assois gravement.

— J'accepte. Un client a de-demandé à voir mon-mon talent. Je-j'allumerai donc mon-mon fourneau, même si-si c'est pour mou-mourir demain. Je-je verserai de l'huile dans mon-mon wok. Je-je suis un cuisinier, après tout-tout.

— Ton attitude t'honore. Je le dirai au commandant. Au fait, tu savais ? ajoute-t-il après un silence, comme s'il avait pitié. Hier soir, un grand malheur est arrivé, le commandant s'est fait couper la langue. Tu ferais mieux de préparer quelque chose de liquide.

— Il-il s'est fait couper la-la langue ?

— Tu n'as pas besoin d'en savoir davantage.

Je l'apostrophe avant qu'il ne disparaisse.

— Où-où en sont les ennemis du-du Nord ?

Des rumeurs courent sur la situation militaire des Japonais. Les camarades soviétiques auraient bien avancé et atteindraient Xinjing dans trois jours. La semaine dernière, les soldats de l'armée du Guandong se sont dispersés dans les champs comme des épouvantails. Il y a eu peu de batailles dignes de ce nom.

Des chars T-34, le dernier modèle de la sixième unité de la Garde soviétique dont les Russes sont si fiers, ont parcouru la vaste prairie mongole et écrasé les différentes lignes de front. L'armée du Guandong, avec ses pauvres fusils, a reculé sans vraiment pouvoir se battre. En une nuit, des milliers de soldats japonais se sont enfuis en abandonnant leurs armes derrière eux. Avec la capitulation de l'empire, l'ennemi est en voie d'être exterminé.

— A quoi bon connaître la situation militaire ? Tu vas mourir demain ! persifle l'aide de camp en ouvrant la porte.

A vingt-deux heures trente, je prends mon wok et me mets devant mon fourneau.

Je prépare un ultime repas pour mon maître ; il a peut-être perdu une partie de son goût maintenant qu'il est blessé à la langue. Je me lance dans la confection de *xuechang*, mais je laisse de côté la recette traditionnelle mandchoue qui fait coaguler le sang pour l'attendrir. Je vais plutôt faire une soupe de *xuechang*. La nouvelle selon laquelle une Coréenne a échoué à assassiner le commandant est parvenue jusqu'à mes oreilles. Elle lui aurait tranché la langue d'un coup de dents avant de disparaître en fumée. Pourvu qu'elle soit encore vivante ! Je veux dédier ce plat à son courage. J'aimerais tant que mon cher maître sache que j'ai préparé mes *xuechang* en pensant au petit morceau de langue tendre qu'il a perdu. Très cher client, vous qui goûtez à ma cuisine nuit après nuit, j'ai hâte que vous savouriez le goût de ce sang. Ce soir, il vous faudra réfléchir sérieusement au sens du mot *xiangshi* que j'avais écrit sur votre assiette lors de notre première rencontre.

Au QG, tout le monde souhaite que les Russes arrivent. L'ordre et la discipline militaires ont disparu. Les rumeurs courent aussi vite que les ennemis. Tout le monde est d'accord sur le fait que le commandant a perdu la tête et personne ne cherche à faire taire ces bruits de couloir. L'empereur Puyi, très inquiet, lui aurait rendu deux fois visite mais il aurait refusé de le recevoir. Puyi souhaite se faire escorter par l'armée du Guandong lors du transfert de la capitale vers le sud, mais le commandant s'en moque complètement. Le corps administratif du Mandchoukouo ne fonctionne plus et certains officiers ont déjà plié bagage.

Je m'installe devant mon billot. La cantine des officiers dispose d'un charbon de très bonne qualité, aussi le feu est-il vif. Il me suffit d'appuyer doucement d'un pied sur le soufflet en remuant mon wok pour que la cuisine s'emplisse d'une odeur qui me pique les narines. Est-ce la dernière fois que cette scène a lieu ? Les camarades soviétiques devraient débarquer après-demain, peut-être même demain matin. Ils encercleront progressivement la ville, comme le brouillard quand il monte sur le lac Nanhu. Les impérialistes n'auront nulle part où s'enfuir. Le lac sera peut-être leur tombeau. J'accomplirai volontiers un grand rite chamanique pour mes ennemis sur le point de mourir. Je le dis et le redis : ils ont commis une grave erreur en me laissant en vie. Pourvu que le commandant apprécie mon dernier plat ! J'aimerais qu'il lèche jusqu'à la dernière goutte son bol rempli de sang et me fasse part de son avis.

Dans le wok, la soupe commence à frémir.

J'y ajoute de la pâte de soja fermentée coréenne et des *siraegi*, des feuilles de chou séchées. A l'occasion d'un anniversaire de Beibei, la Coréenne nous a un jour préparé un plat de chez elle. Elle a acheté du sang de porc fraîchement tué qu'elle a laissé coaguler, puis a fait sauter des *siraegi* dans de la pâte de soja fermentée avant de rajouter de l'eau. Elle a assaisonné la préparation avec de l'ail et différentes sauces, puis a progressivement incorporé les caillots de sang, qui sont restés intacts. A la fin de la cuisson, le sang était incroyablement tendre et savoureux. C'était si bon que j'avais du mal à croire qu'il s'agissait vraiment de sang. Ce jour-là, Beibei a fini l'intégralité de son bol.

Quand les feuilles de chou séchées ont cuit assez longtemps, je pose mon poignet gauche au-dessus d'un petit bol. De ma main droite, je saisis le plus lourd des hachoirs. En cuisine, on se bat contre le temps et le feu. Chaque seconde étant précieuse, j'abats sans attendre le couteau sur une veine de mon poignet. Du sang jaillit aussitôt. Une fois le bol à moitié rempli, je laisse le liquide coaguler avant de le verser dans le wok et de baisser le feu. Mais il ne coagule pas facilement et la soupe rougit. Les *siraegi* dégagent une odeur de pâte de soja fermentée. Le sang finit par se fondre dans le bouillon ; j'assaisonne le plat en ajoutant une bonne quantité de poudre de piment, du sel et de l'ail. Je ne le goûte pas ; je n'en ai pas envie, pas aujourd'hui.

A vingt-trois heures, je fais un signe de tête à l'aide de camp qui vient d'entrer dans la cuisine. Il jette un regard à mon poignet bandé pour aussitôt s'en désintéresser, il a l'air las. Il ne prend même pas la peine de me demander ce que j'ai préparé et s'en va en emportant mon bouillon sur un plateau. J'espérais qu'il m'interroge et qu'il hume l'odeur de sang, à la fois écœurante et savoureuse, qui remplit la cuisine. S'il avait été suffisamment curieux pour me demander le nom du plat, je me serais fièrement moqué de lui en le regardant droit dans les yeux. « C'est un plat à base de sang. Son parfum peut paraître écœurant mais un goût savoureux se répand dans la gorge dès les premières cuillerées. Il est tout à fait adapté à une langue blessée : ce ne sont pas les papilles de la langue qui sont sollicitées mais celles du fond de la gorge. Je suis sûr que le commandant rêve de goûter à ce plat. S'il vous demande son nom… »

Le son du clairon résonne dans l'entrée principale ; il est minuit.

C'est une des rares choses que j'envie aux Japonais. Depuis que je suis enfermé dans cette pièce, tous les soirs j'entends sonner l'heure exacte. Dès que l'aiguille des secondes et celle des minutes se superposent sur l'horloge murale, la mélodie frappe les tympans d'hommes jusque-là détendus. Contrairement aux Japonais, les Chinois ne gardent pas un compte précis du temps. Il n'y a qu'en cuisine qu'on se bat contre le temps. Les soldats japonais préparent leur riz et leur soupe à des moments bien précis de la journée. Si Yoshii est presque devenu un symbole ici, c'est parce qu'il suit fidèlement ces règles.

L'heure du dernier rite chamanique est venue. Je serai de toute façon fusillé demain. Les Japonais ne mentent pas ; d'un certain point de vue, c'est leur unique qualité. Je n'ai pas envie de me laisser traîner jusqu'au terrain d'exécution et tuer docilement. Je veux décider de mon destin. Tant que j'aurai mon billot à mes côtés, je résisterai. En fin de compte, je n'ai jamais rien cuisiné pour moi. Il est grand temps que je le fasse. Je veux m'observer objectivement, ne serait-ce qu'une fois. Je veux observer cet être dans un si piteux état, enchaîné, qui a flatté le palais de l'ennemi pendant plusieurs mois. J'aimerais laver un tant soit peu cette humiliation. Je suis très curieux de savoir quelle a été l'expression du commandant quand il a goûté mon dernier plat, et quelle a été sa dernière exclamation.

Mes chaînes émettent un bruit clair. Chaque fois que je l'entends, je me rappelle que je suis en vie. Je nettoie soigneusement mon billot avec une brosse. Je caresse son grain de mes doigts. Il est moins haut qu'avant à cause de tous les coups de couteau qu'il a reçus, mais il est encore intact. C'est sur lui que s'est hissé mon père à peine né ; sur lui qu'il a grimpé quand il a su parler pour crier : « Ça, c'est un bon couteau ! » S'il était encore en vie, peut-être l'utiliserait-il jusqu'à ce que ses cicatrices dues à une multitude de coups de couteau soient si usées par le vent qu'il ne resterait plus qu'une fine couche de bois au ras du sol.

Après l'avoir bien brossé, je le prends dans mes bras. Je ne décapiterai plus aucun être vivant et n'écraserai plus aucun os sur toi. Je voudrais que tu te reposes. Peut-être aurait-il été préférable que tu disparaisses avec mon père. J'ai prolongé ton destin et en retour tu m'as servi à satisfaire le palais de nos ennemis. Il est temps que nous disparaissions tous les deux pour de bon. C'est le destin de tout objet périssable.

J'actionne le soufflet pour que le fourneau atteigne sa température maximale. De la sueur dégouline de mon front. Ça y est, le feu est prêt. Mon bon fourneau, toi qui as tout sacrifié à la cuisine ! Cette nuit, tu vas pouvoir brûler tout ton saoul ! Je pose le billot bien sec sur le fourneau. Aussitôt, une flamme jaillit et l'avale. Je me dis que ça y est, il est bel et bien mort. Il a rempli sa mission. Le véritable atout d'un cuisinier n'est pas sa langue mais la flamme vigoureuse de son fourneau. J'ai perdu une partie de ma langue mais je suis content de mettre un terme à mon histoire dans le feu. Peut-être mon long combat contre les impérialistes, mené avec mon billot, dégagera-t-il un goût amer, piquant et tenace, un goût profond qu'aucun plat ne peut imiter.

La porte de la cuisine s'ouvre et quelqu'un entre en courant.

— Qu'est-ce que c'est que ce bordel !

L'homme me pousse, va chercher l'extincteur et éteint le feu. L'odeur sombre de la mort me chatouille délicieusement les narines. Quelle bénédiction de ne pas avoir perdu mon odorat !

— Qu'est-ce que tu avais en tête ? Tu voulais cuisiner ton billot ?

Dès qu'il a réussi à éteindre le début d'incendie, Yoshii me gifle violemment.

— Ressaisis-toi, sale Chinois !

Je m'écroule de tout mon long. J'imagine être une daurade en train de se faire désosser sur une planche à découper. Si un dieu préside aux vies humaines, c'est le moment ou jamais : utilise-moi comme ingrédient et fais de moi un plat adapté à ta table !

— Lai-laisse-moi, Yo-Yoshii, je t'en prie…

Une alarme résonne et des soldats se précipitent dans la cuisine, sans doute à cause de la fumée. Yoshii me saisit au collet et me met debout.

— Tu dois survivre, espèce d'abruti ! Tiens bon, quoi qu'il t'en coûte !

9

Les ennemis sont à nos portes.

Enfin, c'est ce qu'on m'a dit. Je ne suis pas surpris outre mesure, j'avais déjà envisagé ce scénario. L'armée du Guandong, très affaiblie, n'est plus en mesure de se battre. Ça fait longtemps que j'ai pensé à un moyen de protéger le territoire que j'administre et mes soldat en cas de défaite japonaise. L'Histoire me présentera comme un malheureux général vaincu, voire un lâche. Mais ça m'est égal. Ma lâcheté nous évitera des affrontements inutiles et épargnera un grand nombre de vies. Quel choix ai-je maintenant que l'empereur du Japon a capitulé ?

Aussi obstinés que des ours, les ennemis descendent vers le sud à travers les plaines enneigées. Les forteresses construites le long de la rivière Oussouri ont été détruites les unes après les autres. En apprenant l'invasion soviétique à l'aube du 9 août, Rokuzo Takebe, le président du conseil d'Etat des affaires générales, a présidé la réunion des ministres et des officiers, puis a disparu. L'empereur et ses proches ont quitté Xinjing hier par le train, presque sans escorte. Je sais qu'ils sont arrivés dans un village au pied de la montagne, près du fleuve Yalu, mais je n'ai eu aucune nouvelle depuis. Malgré le chaos, j'ai reçu un télégramme m'informant que seule la forteresse de Hutou, située à l'ouest de l'Oussouri, tenait encore. La plupart des communications étant coupées, je n'ai aucune idée de qui continue à se battre, comment et où.

A dix heures, je fais rassembler tous les soldats et officiers du QG et leur adresse un discours – peut-être mon dernier: « Ecoutez-moi bien. Les-les ennemis nous encerclent. Restez cha-chacun à votre place et dé-défendez la ville jusqu'au bout. Nous ne nous-nous rendrons pas, même si le Ja-Japon nous en donnait l'ordre. C'est notre de-devoir de militaires. Ceux qui-qui mourront honorablement lai-laisseront leur nom dans les pages de l'Histoire. Ne sa-salissez pas la réputation de vos-vos ancêtres. Résistez jusqu'au der-dernier instant et faites de Xinjing votre tom-tombeau. Veillez à ce que vos-vos troupes restent calmes. Fer-fermez la gare et interdisez tout-tout déplacement civil. Punissez tous les co-collaborateurs. Mais… Ecoutez bien. Tout-tout a une fin. Respectez scru-scrupuleusement mes ordres. Tant que je n'aurai pas-pas levé le drapeau blanc, résistez. Je serai ici, dans-dans mon bureau, jusqu'au bout … »

A la fin de mon discours, j'ai l'impression d'entendre la voix de l'empereur lors de son allocution à la radio. La seule différence, c'est que l'empereur disait la vérité tandis que je suis en train de mentir. Dès que j'aurai fini, ils se disperseront et chercheront un moyen de sauver leur peau. Cela fait quelque temps que le quartier où se trouve le QG est en effervescence. On me rapporte que des conducteurs de pousse-pousse, des moins-que-rien jusque-là, ont investi les rues. Leur cortège se dirige vers le palais impérial. Ils sont intéressés par les objets précieux que Puyi y a laissés. La simple pensée que cinq cent mille civils changés en insurgés risquent d'affronter l'armée japonaise m'horrifie.

Une foule de cafards grouillants s'est rassemblée sur le carrefour qui fait face à l'entrée principale du QG. Je sors une paire de jumelles de mon tiroir et les porte à mes yeux. Je n'en reviens pas. Ils tiennent à la main les drapeaux rouges de l'Union soviétique. Où nos innombrables gendarmes ont-ils disparu ? Qui a insufflé un vain espoir à cette foule ? Méprisent-ils la puissance de l'armée qui les a si longtemps opprimés ? Comment osent-ils se moquer de nous et nous narguer ainsi, aux portes mêmes de notre QG ? Il faut leur tirer dessus, mais personne n'en a le courage. Même ces abrutis de soldats du poste de garde se contentent de les regarder sans rien faire. Je décide de les appeler.

— Qu'est-ce que vous-vous attendez pour leur tirer de-dessus ?

— On risquerait de déclencher une émeute… me répond l'officier subalterne, un parfait inconnu, d'une voix tremblante.

— Tu dé-désobéirais à un ordre direct ? Appelle i-immédiatement la gendarmerie en renfort et mai-maîtrisez-moi cette maudite foule.

— *Hai !* Entendu ! lance-t-il alors d'une voix crispée avant de raccrocher.

La foule continue à grossir. Ils sont des centaines, non, des milliers. D'où sont-ils sortis en si peu de temps ? Des vagues rouges roulent en tous sens. C'est comme s'ils attendaient ce moment depuis longtemps et que les âmes des morts tapies dans les ruelles s'étaient matérialisées en pleine lumière. Une trentaine de gendarmes armés de fusils à baïonnette se dirigent vers l'entrée principale puis s'arrêtent pour évaluer la situation. Je range mes jumelles.

Ce carrefour qui faisait peur était toujours désert. Il était le signe que tout allait bien pour l'empire. Aujourd'hui, il a retrouvé son ancien maître et grouille d'animation. Chers gendarmes à cheval qui aviez l'habitude de fouetter la foule, où êtes-vous ? Répondez-moi ! Je ne vois pas l'ombre de Naoki. Tôt ce matin, il est parti à la gare avec deux cents hommes pour contenir la foule. Comment se fait-il qu'aucun d'eux ne soit encore revenu ? Quelle est la situation à la gare ? Les soldats impériaux, solides comme l'acier, ont-ils été vaincus par un petit millier d'hommes ? Je pense appeler la gendarmerie mais me ravise.

Hier, avant son départ, Puyi est venu me voir. Il était deux heures du matin. Vêtu d'une tenue modeste, les lèvres couvertes de psoriasis, il avait enfoncé un couvre-chef sur son crâne et passé un costume occidental noir, comme s'il cherchait à cacher son identité. Une profonde tristesse baignait ses yeux, on aurait dit qu'il partait rejoindre une famille en deuil. Il m'a demandé une escorte pour son trajet en train. J'ai péniblement réprimé mon désir de sortir mon revolver et de lui tirer dessus. Je lui ai proposé une vingtaine de gardes du QG pour l'accompagner jusqu'à Tonghua. C'était la dernière politesse que je pouvais faire à l'empereur d'un pays en ruine. Mais, mécontent de mon offre, il m'a demandé :

— Que ferez-vous quand les ennemis entreront dans Xinjing ?

J'ai porté une cigarette à mes lèvres en feignant le plus grand calme.

— Au-aucune idée. Ce qui est sûr, c'est que je-je ne capitulerai pas.

Puyi veut sans doute savoir à quel moment il pourra officiellement se rendre.

— Si Tonghua tombe aux mains des ennemis, serai-je envoyé en Corée ?

— Sans doute…

— Et si la Corée est envahie ?…

— Eh bien, fu-fuyez à Pusan avec votre famille et prenez un ba-bateau à destination de Kyoto, lui ai-je répondu sans cacher mon irritation.

— Alors, je vous souhaite bonne chance, m'a-t-il dit en me tendant la main.

Puyi est donc parti pour la gare avec sa suite d'une centaine de personnes. On aurait dit une troupe de comédiens ambulants quittant la Mandchourie après y avoir joué une pièce satirique. Le spectacle a beau être inachevé, il est si remarquable qu'on ne peut que l'applaudir. Malheureux empereur, j'espère que vous arriverez sain et sauf au Japon et vivrez le reste de vos jours en paix. Ainsi lui ai-je souhaité bonne chance – avec toute la courtoisie due à l'empereur du Mandchoukouo – en regardant avec inquiétude les vingt soldats aux fusils chargés quitter le QG en silence.

— D'où viens-tu ?

— De Tokyo, me répond mon nouvel aide de camp en se rengorgeant.

— Tu-tu es donc un citadin. Tu vises bi-bien ?

— J'ai fait partie d'un corps de tireurs d'élite dans un de mes camps d'entraînement.

Quelle chance d'être tombé sur ce type, il a l'air doué pour tout. C'est le parfait soldat japonais. En plus, il parle chinois ; il va m'être bien utile.

— Tu as déjà tué quelqu'un ?

Gêné, il se gratte le crâne.

— Charge ton arme et descends au parking des officiers dans dix minutes. Avec un peu de chance, tu pourras mettre à profit tes talents de tireur.

Je range dans une valise les deux tenues civiles que je me suis procurées et cache mon revolver dans mon ceinturon. J'espère que mon nouvel aide de camp sera plus malin que Shigeo. S'il est incapable d'éviter un coup de sabre et de sortir son pistolet de son étui, il mérite de mourir. Shigeo a perdu la vie en épargnant celle d'un communiste. Même s'il avait survécu, il aurait été très sévèrement puni dans les cellules de la gendarmerie pour avoir mis en danger son supérieur.

J'enlève mon chapeau et monte dans le véhicule que j'ai réquisitionné auprès d'un officier chargé du ravitaillement peu désireux de savoir ce que je comptais en faire. Le camion avec la clé sur le moteur se trouve au pied de l'escalier menant à la cantine des officiers. Il n'y a pas âme qui vive. Qu'est devenu le cuisinier chinois ? Il a tenté de mettre le feu à la cuisine et on l'a enfermé dans une des cellules de la gendarmerie. Peut-être a-t-il déjà succombé à la torture. Quel minable ! Un cuisinier ne devrait pas tenter de mettre le feu à sa cuisine, l'antre de sa passion. S'il est encore en vie, je pourrais lui donner mon avis sur son dernier plat…

— Mon commandant ? s'exclame le sergent qui garde la porte de derrière. Où allez-vous ?

— Au palais impérial. C'est une affaire urgente.

Intrigué, l'homme penche la tête.

— L'empereur et ses proches sont partis hier soir.

— Je sais. Je vais chercher un dossier d'une extrême importance, duquel dépend le destin de notre empire. Il ne doit surtout pas tomber aux mains des ennemis.

Le garde hoche la tête.

— Quand serez-vous de retour ?

Il cherche un motif pour le registre, sans quoi il risque de se faire sanctionner, voire fusiller.

— Dans une heure…

Je fais signe à mon aide de camp de se dépêcher de partir.

— Bien, mon commandant ! lance le sergent en m'adressant un salut militaire.

Sa silhouette qui me tourne le dos s'agrippe désespérément au rétroviseur du véhicule. Derrière lui, le bâtiment du QG aux couleurs sombres, si proche dans mon souvenir du *tenshu* de Kumamoto, me domine de toute sa hauteur. Je ne quitte pas le rétroviseur des yeux. Je vois l'immense bâtiment se ratatiner. Au-dessus, le ciel orangé semble flotter comme un drapeau. Le géant finit par disparaître.

— Où allons-nous ?

Aux environs de la porte de derrière, la route est déserte. Heureusement.

— Gare-toi dès que tu peux.

Il s'arrête dans un terrain vague. Peu m'importe son nom puisqu'il va mourir. Connaître son nom ne fera que m'attirer un mauvais karma. Je ne souhaite qu'une chose : qu'il soit moins stupide que Shigeo.

— Change-toi vite, dis-je en lui jetant une des deux tenues en civil. Laisse ici toute trace de ton appartenance à l'armée japonaise.

— Où allons-nous ? me demande-t-il à nouveau en se changeant.

— A la gare.

— Ah.

Sa mine s'éclaire un peu.

— Les ennemis arrivent, nous avons peu de temps. Dépêche-toi.

Au dépôt des trains, un convoi de marchandises m'attend. Seul son conducteur est au courant. Je l'ai acheté très cher. Le wagon qui m'est réservé est rempli de documents impériaux que je refuse de céder à l'ennemi. Mes motivations sont on ne peut plus légitimes. Y figurent également un grand nombre d'œuvres d'art que j'ai collectionnées pendant mon séjour à Xinjing. Personne d'autre que moi ne doit pouvoir les contempler. Le conducteur mettra en route la locomotive avant que les ennemis n'arrivent et mon train roulera sans arrêt jusqu'à Pusan en lançant ses coups de sifflet.

La gare et ses environs sont en proie au chaos. Beaucoup de civils japonais forment une file interminable, attendant d'avoir accès à un train. Des soldats changés en civils et des groupes encore en uniforme impérial se trouvent aussi dans la foule, l'air inquiet ; les Mandchous, les Coréens et les Mongols présents portent sur eux un regard hostile. Mais il n'y a pas de train. Ceux qui sont partis vers le sud ne reviendront plus. Comme un semblant d'ordre règne toujours, aucune émeute n'a encore éclaté. Dès que les Soviétiques seront là, ce ne sera plus pareil. Quand j'aurai quitté Xinjing, je demanderai au Japon d'augmenter le nombre des trains en partance de cette ville.

Je ne vois aucun employé de la gare. Les rails sont laissés sans surveillance. Si quelqu'un le voulait, il pourrait facilement les saboter. Je dois quitter au plus vite cet endroit en proie à la confusion. Ce qui ne devrait plus tarder, à condition que le conducteur soit bien là. Je lui ai promis trois cent soixante-quinze grammes d'or pour ça. Les Chinois ont un faible pour l'or. Il tiendra sa promesse, même au péril de sa vie. Si tout se passe comme prévu, dans trente minutes je serai parti. Les dossiers importants du Mandchoukouo atteindront ainsi la Corée intacts. Je sens mon pouls battre jusque dans les extrémités de mes doigts. S'il s'agit là des tourbillons du destin, le mien doit avoir atteint son paroxysme. Si j'arrive un jour à regagner ma ville natale, j'essaierai de préciser davantage mon sentiment actuel.

Le conducteur chinois a tenu parole. Son train est stationné sur des rails de secours, qui passeraient aisément pour une voie à l'abandon. Je monte dans le wagon et vérifie que tous mes trésors, près de quatre-vingts caisses en bois, sont là. J'ouvre en dernier la caisse du Maitreya. Sans lui, tout le reste n'aurait aucun sens. Heureusement, il est sagement assis à sa place. Mon cœur qui battait la chamade se calme enfin. Tout est là. Il ne reste plus au conducteur qu'à mettre en route sa locomotive. Apparemment, c'est un bon magouilleur. Je ne lui ai pas encore donné son or.

J'approche ma main du Bouddha et frotte sa surface. A ma grande stupéfaction, celle-ci s'effrite sous mes doigts. Mes jambes se vident de leurs forces et je m'effondre. Il y a un problème. Un mauvais pressentiment m'envahit comme une âme possédée par les démons. Je n'arrive pas à y croire. Comment est-ce possible ? Je continue à frotter la statue, encore et encore, tout en me cognant la tête contre la caisse. La réalisation est habile : l'imitation est en pâte à bois mais son intérieur est en fonte, sans doute pour reproduire le poids de l'original. Je me suis fait avoir. Fou de rage, je fais tomber le faux Bouddha et je le piétine. Mon aide de camp, qui observe la situation depuis la porte du wagon, s'approche et m'aide à me relever.

— Mon commandant, mon commandant, vous allez bien ?

Je lui donne une claque.

— Attention à ce que tu dis, ne m'appelle pas comme ça !

Je sors mon revolver et vise le plafond.

— Je me suis fait avoir. Ce vieux serpent de moine m'a eu.

Je revois son sourire sournois. Un artisan talentueux s'est donné beaucoup de mal pour reproduire la statue, m'a-t-il confié. Ma plus grosse erreur est de ne pas avoir tiqué sur les délais. Aucun artisan n'aurait été capable de faire un tel travail en si peu de temps ! Il m'aurait suffi de toucher la statue pour me rendre compte de la tromperie. Quelle erreur ! Ce charlatan obnubilé par les jeux d'argent m'a bien roulé ! Le Bouddha que j'ai vu pour la dernière fois ce jour-là était bien le même que celui que j'avais rencontré lors de ma première visite au temple. Mais je n'ai pas fait confiance à mes yeux, j'ai préféré me laisser berner par la langue de vipère de ce maudit moine. Dire que j'ai osé prêter la même essence à cette imitation qu'au Bouddha ayant passé mille ans sous terre. J'ai envie de me frapper la tête contre le sol. Mais réduire en miettes le corps de ce moine soulagera-t-il ma colère ? J'ai bien peur que non.

— Comment t'appelles-tu ?

— Caporal Nakamura.

— Bon, Nakamura, va chercher le camion.

Il semble soudain plus inquiet que tout à l'heure.

— Pour aller où ?

— Au temple Jilesi, à une heure d'ici.

Pendant que Nakamura s'éloigne, je fais signe au conducteur chinois d'attendre. Il gesticule pour me demander dans combien de temps je serai là. Je lui montre deux doigts ; il me fait signe que c'est bon et sort une cigarette. Deux heures me suffiront pour récupérer mon trésor et ficher une balle dans le cœur de ce vieux serpent.

Je quitte la gare et saute à l'intérieur du camion aussi lestement qu'un chat.

— Vite, au temple Jilesi !

10

Je m'appelle Chen. Je suis cuisinier.

Grâce à mon père, le meilleur cuisinier de Canton, je connais une ribambelle de recettes cantonaises et de l'ethnie Yi. En séjournant en Mandchourie, j'ai appris à préparer le sarrasin dans un restaurant japonais. Ensuite, dans la cuisine de la cantine des officiers du QG, je me suis familiarisé avec la cuisine traditionnelle locale auprès d'une Mandchoue. Quand j'étais à Canton, j'ai fait la rencontre d'une Coréenne qui m'a initié à la cuisine de son pays. Je ne prétends pas, comme mon père, maîtriser dix mille recettes, mais j'en connais tout de même beaucoup. Car cuisinier je suis et cuisinier je resterai. Enfin, à condition que mes deux mains soient libres.

Je suis avachi comme un navet laissé à mariner dans du sel. On m'a jeté dans une cellule glaciale, au plus profond de la prison de la gendarmerie. Mes mains étant entravées dans mon dos, je ne peux pas me lever. J'arrive à avancer en me tortillant comme un poisson sur son étal mais les grilles en froid métal ne me laissent pas aller bien loin. J'ai quand même de la chance dans mon malheur : je ne suis pas gravement blessé. On m'a à peine donné quelques coups de poing et de pied avant de me jeter ici. Ça n'a rien d'étonnant, sans doute mes geôliers n'avaient-ils pas la tête à se soucier de moi. Comparé à la peur immense qui leur serre la gorge, un agitateur qui a cherché à mettre le feu à la cantine est clairement un problème mineur.

J'ai repris mes esprits il y a deux heures. Une obscurité nauséabonde m'entoure. Je me demande si je ne suis pas dans l'au-delà. Immobile, je ne peux que fixer le noir. A mesure que le temps passe, mon menton écrasé contre le sol en ciment me fait si mal que je crois perdre mes mâchoires. Celle du dessous peine à tenir le choc. C'est là que je ressens le vrai goût de la vie, tantôt froide, tantôt chaude. Je me tortille tellement je suis heureux d'être encore là et tellement j'ai peur de la mort. Mes poignets attachés dans mon dos sont tout engourdis, je ne les sens plus. La douleur est la meilleure preuve qu'on est en vie. Je suis enfin rassuré. Les Japonais ont dû m'oublier ou se disperser. Ou peut-être qu'ils sont tous morts dans les derniers affrontements.

J'ignore depuis combien de temps je suis enfermé. Mon estomac se manifeste à grands cris. Comment est-ce possible vu mon état de souffrance extrême ? C'est tout bonnement incroyable. L'appétit est plus compliqué que le désir sexuel. Il inonde tout mon corps d'une sensation de faim. Ma pauvre imagination peut-elle me sauver de mes intestins affamés ? Je pense d'abord au *choudoufu.* Le lendemain de la nuit où j'en ai fait frire, les soldats cuisiniers m'ont donné une bourrade dans le dos en se bouchant le nez. Le commandant Otozô a-t-il fini son assiette ? Je ne sais pas. Shigeo ne m'a rien dit et je n'ai rien demandé. Si seulement je pouvais mordre dans un morceau de ce tofu puant accompagné d'un bol de bouillie de riz blanc en inspirant à plein poumons son odeur ignoble…

Mon père disait souvent que la fraîcheur des produits n'avait pas forcément à voir avec leur goût. Un plat peut conserver la saveur originelle des ingrédients qui le composent, mais ce n'est pas l'objectif ultime de la cuisine. La sauce peut contribuer à créer un goût nouveau. Les plats à base d'ingrédients fermentés en sont le meilleur exemple. Le jour où j'ai appris une recette Yi qui consistait à laisser pourrir un canard dans une jarre en argile pendant six mois, j'ai vomi tout ce que j'avais mangé le matin. Mon père s'est moqué de moi : « Plus les ingrédients ont pourri et plus leur goût est complexe. Il en va de même dans la vie. Réfléchis à ce qui te passionne le plus. Si tu ne le sais pas, la cuisine ne sera jamais qu'un passe-temps pour toi. »

Je roule sur le côté pour me mettre sur le dos. L'armée de libération a peut-être été repoussée dans les faubourgs de la capitale par la résistance acharnée des Japonais ? Que font mes camarades dispersés et cachés dans les ténèbres de la ville ? Avec le durcissement de la répression japonaise, ils se sont déguisés en conducteurs de pousse-pousse, en marchands de légumes ou en bûcherons pour dissimuler leur identité. J'aimerais tant que nous récupérions nous-mêmes notre ville avant l'arrivée de l'armée de libération. Il faut que les Soviétiques sachent que nous ne sommes pas restés sans rien faire et que chacun a œuvré de son mieux dans son domaine en attendant le moment propice. J'aimerais pouvoir leur dire *zdrasvouitié* (merci) en leur souriant de toutes mes dents.

Deux heures plus tard, j'entends des bruits de pas.

Les portes des cellules s'ouvrent les unes après les autres. Les bruits viennent de très loin mais se rapprochent ; mon salut aussi. Mon ouïe distingue la présence de quatre ou cinq hommes. Ils n'ont pas la même odeur corporelle ni la même respiration ni la même façon de marcher que les Japonais. Chaque porte ouverte libère des peurs réprimées. Une odeur de cadavre se répand. L'effluve se propage rapidement, cellule après cellule, c'est lui qui sert de messager. A mesure que les bruits de pas, qui jusque-là étaient signe de terreur pour les prisonniers, résonnent plus fort, la lumière se rapproche. Enfin, la porte de ma cellule s'ouvre et un faisceau lumineux me tombe dessus. Quelqu'un crie en chinois : « Ici aussi il y a quelqu'un ! Il est vivant ! »

On me bande les yeux et on m'amène dans la cour du QG. Dehors, un rayon de soleil tiède me réchauffe. Je n'entends plus aucune voix japonaise. L'endroit résonne d'un brouhaha de gémissements de douleur, d'injonctions ordonnant de venir ou d'attendre, de sanglots, de hurlements d'une vieille femme à la recherche de son fils, de haut-parleurs diffusant de lointaines voix soviétiques, de phrases en coréen, du cri de douleur d'un Mandchou… Je meurs d'envie d'enlever le bandeau qui cache mes yeux mais les hommes qui m'entourent ne m'y autorisent pas.

— Je-je m'appelle Chen. Qu'est-ce qui-qui se passe ?

— C'est fini, me répond un homme un peu sèchement. Les Japonais se sont enfuis.

— Qui-qui êtes-vous ?

— Les membres d'une milice civile secrète. Attendez, vous vous appelez Chen ?

L'homme me conduit à l'intérieur d'un bâtiment et enlève lentement mon bandeau. Ebloui par la forte lumière qui règne dans la salle, je distingue néanmoins les traits d'un visage aux joues mangées par la barbe. Nous nous reconnaissons.

— Tu ne serais pas le camarade Wu ?

— Chen, c'est bien toi ! Tu es donc en vie !

Nous tombons dans les bras l'un de l'autre.

Trois mois après mon arrivée à Xinjing, j'avais envoyé un télégramme à Wu en me servant du nom du propriétaire du restaurant où je travaillais. La surveillance japonaise atteignait son point culminant à Canton. Une fois installé à Xinjing, Wu avait continué à mener ses activités clandestines tout en travaillant comme conducteur de pousse-pousse pour gagner sa vie. Nous avions réussi à nous voir deux ou trois fois seulement, mais nous savions exactement ce qu'il y avait à faire. Wu avait tenté de créer un syndicat de conducteurs de pousse-pousse en les aidant à s'organiser. Il a ensuite été arrêté par la gendarmerie et il est resté six mois en prison. Tout cela a eu lieu juste avant que j'arrive dans la cuisine de la cantine des officiers.

— Où-où en est-on ? Explique-moi un peu-peu.

Malgré mon impatience, il commence par me tendre une bouteille d'eau.

— Raconte-moi plutôt ce qui t'es arrivé. Pourquoi ce bégaiement ?

Je lui montre ma langue.

— Mon pauvre, tu t'es fait torturer !

Wu fait claquer sa langue et sort une cigarette de sa poche.

— Cela fait un mois que nous préparons cette opération. Notre idée était de provoquer des émeutes partout dans la ville en nous synchronisant avec l'arrivée prévue de nos camarades soviétiques. Hier, ça a été extraordinaire. Plus de deux mille camarades se sont battus contre deux cents gendarmes armés de fusils. Nous en avons tué une trentaine avant que le reste s'enfuie en courant. Ça y est, le monde est à nous ! Nous allons bientôt devoir nous organiser. Tu auras toi aussi un rôle à jouer, Chen.

Des larmes coulent le long de mes joues.

— Oui, un mon-monde meilleur s'offre à nous-nous.

Un vertige me saisit quand je repose la bouteille d'eau après l'avoir vidée. Je m'affale contre un mur. J'ai beau avoir prononcé ces mots, j'ai du mal à réaliser ce qui nous arrive. La cour du QG est désormais remplie de Chinois, de Coréens et de Mandchous, alors que des soldats japonais armés de pied en cap s'y affairaient il y a à peine quelques jours.

— Allons manger quelque chose.

Wu m'emmène dans un petit restaurant à l'arrière du QG.

— Les partisans du Kuomintang font tout pour prendre le pouvoir, me confie Wu après avoir commandé du riz avec du tofu et une bouteille d'alcool. Nous ne pouvons pas les laisser faire ! Notre parti attend beaucoup de jeunes combattants comme toi.

— Le Kuo-Kuomintang ?

Encore une guerre ? Mon cœur se serre.

C'est vrai qu'il nous reste un problème à régler : le Kuomintang. Peut-être vont-ils nous donner encore plus de fil à retordre que les Japonais... Ils autorisent l'enrichissement personnel et sont terriblement corrompus. De 1927 à 1936, une guerre civile a ravagé la Chine, faisant d'innombrables morts. Wu et moi souhaitons du fond du cœur que cela ne se reproduise jamais, mais j'ai un mauvais pressentiment. Ceux qui ne partagent pas notre idéologie doivent mourir.

— Nous ne devons pas retomber dans la guerre. Mais il va bien falloir se battre pour prendre le pouvoir. Les paysans qui nous soutiennent sont beaucoup plus nombreux que les capitalistes du Kuomintang. Ils ne résisteront pas longtemps. Je sais très bien que la révolution ne sera pas totale si on ne fait pas couler du sang, mais…

— Tchang-Tchang Kaï-chek ne peut pas-pas l'emporter ! Comment ose-t-il ber-berner le peuple en faisant du tri-triple démisme[1] une idéologie anti-co-communiste maladroite ?

— Tout à fait ! s'exclame Wu. Allez, buvons un coup. A Mao !

— A Ma-Mao !

Je vide mon bol de riz d'une traite. Une force semblable à une flamme s'empare de moi.

— Au fait, tu as des-des nouvelles de Ying Qi ?

Les yeux de Wu s'affaissent.

— Il est mort.

— Que-quoi ?

Je serre les poings et me lève d'un bond.

— Pourquoi ? Qui-qui a fait ça ?

— C'est une longue histoire. C'est la faute d'un traître. Je t'en parlerai plus tard. Allez, finissons, on a plein de choses à faire. Reprends des forces.

Maître Ying Qi serait mort à cause d'un traître ? Je n'arrive pas à étouffer la rage qui monte en moi. Maintenant que les Japonais ont disparu, je peux m'indigner et être libre de mes actes. Je le vengerai. Comment pourrais-je laisser en vie les Japonais, les

---

1. Le concept du triple démisme, ou « trois principes du peuple », appartient à la philosophie politique de Sun Yat-sen ; il renvoie aux principes d'indépendance, de souveraineté et de bien-être du peuple.

traîtres et tous ceux qui ont tourné leur dos à notre patrie ?

— Hé, ressaisis-toi !

Wu me force à me rasseoir. Je revois dans ses gestes ceux de notre professeur. Quel conseil m'aurait-il donné s'il était encore en vie ? « Calme-toi. » J'ai l'impression d'entendre la voix de mon enseignant décédé. Oui, il me reste bien des choses à faire.

— Dis-moi, Wu, que-quand exactement êtes-vous en-entrés dans le QG ?

— Tôt ce matin. Pourquoi ?

— Vous n'avez pas-pas vu de soldats ja-japonais ?

— Tout le monde était en civil, impossible de les distinguer. Mais je pense que pas mal d'entre eux ont attendu l'aube en guettant l'occasion de s'enfuir.

J'avale un autre verre d'alcool et me lève.

— Ya-Yamada Otozô, espèce de sa-salaud ! Je dois-dois le retrouver.

Le commandant et moi avons une dernière chose à régler. Il faut que je le retrouve. Pour solder notre dette.

— Il a déjà quitté la ville, non ?

— Il-il faut a-absolument l'arrêter et le traî-traîner en justice. Tu-tu veux bien envoyer quelqu'un à la-la gare pour se renseigner ? Envoie au-aussi des gens au tem-temple Jilesi, si tu peux.

— Au temple ? Pourquoi ?

— S'il n'a pas-pas encore quitté Xinjing, c'est-c'est là-bas qu'il sera.

Wu semble contrarié par mon comportement, un peu trop héroïque à son goût.

— Nous avons déjà fouillé la gare de fond en comble. Nos camarades ont passé au peigne fin tous les trains de la journée et confisqué l'ensemble des biens japonais, ne t'inquiète pas.

— Vous-vous n'avez pas-pas arrêté le commandant suprême des-des forces armées japonaises, non ?

Je sors seul du restaurant. La rue est bondée, j'ai du mal à arrêter un pousse-pousse. Quand enfin je parviens à en trouver un tiré par un vieil homme, je retourne au restaurant car j'ai besoin d'emprunter de l'argent et un revolver à Wu. Mon camarade me tend quelques billets du Mandchoukouo et me donne son arme sans hésiter une seule seconde. L'arme contient trois balles. Je le remercie avant de ressortir.

— Chen, rejoins-moi demain au 128 rue Balibao ! crie Wu dans mon dos.

C'est l'adresse du bureau qu'il utilise provisoirement pour le Parti. Je lève un bras en signe d'assentiment.

— Au temple Jilesi ! lancé-je à mon conducteur.

Nous nous éloignons de Wu. Je pose un regard distrait sur la route qui s'étend par-delà les épaules du vieil homme. Comprend-il lui aussi ce que signifie cette libération ? Mais qu'est-ce que la liberté peut bien vouloir dire pour un peuple ignorant ? Le plus important pour ce vieillard doit être de mieux gagner sa vie. Je me mords les lèvres ; le soleil me pique les yeux, je mets ma main en visière. Le vent est frais, l'automne arrive ; ensuite, la neige tombera. Je me souviens des trembles bordant le lac Nanhu. L'automne est la saison qui révèle le mieux la beauté des paysages mandchous. Cet endroit est le paradis de multitudes d'oiseaux migrateurs, des nuages, du vent et de la poussière. Mais ma guerre n'est pas encore complètement finie.

Quarante minutes plus tard, j'arrive au parking du temple. Je règle son dû à mon conducteur avant de descendre. J'observe prudemment les environs. Un camion de l'armée impériale est garé là. Je touche le capot, il est encore chaud. Je sors mon pistolet et me dirige vers le pavillon principal, l'arme pointée devant moi. Tous mes sens sont en éveil. Le commandant est-il venu ici ? Je n'en sais rien. J'ai simplement suivi les courants d'air et la direction que m'ont dictée mon ouïe et les sensations sur ma langue amputée. J'aimerais tellement que celui qui fut mon client le plus cher soit encore en vie.

Je m'approche lentement du bâtiment. Une odeur savoureuse s'échappe des cuisines. Je la reconnais, c'est celle des liserons d'eau dont l'arôme se dégage quand ils cuisent longtemps. Notre patrie est enfin libérée, les rues résonnent de cris de joie, mais dans cette cuisine, on s'en contrefiche ! Ici, on prépare le dîner comme avant, en faisant cuire une plante sauvage comestible dont le nom varie en fonction de la région chinoise où l'on se trouve. Mon père m'a un jour confié que le liseron d'eau avait le même goût qu'un bouillon d'os à moelle, et que, les moines n'ayant pas le droit de manger de la viande, ils en consommaient à tous les repas une fois qu'ils y avaient goûté. Je crois que mon père ne savait pas tout : la tige du liseron d'eau est creuse (c'est d'ailleurs le sens de son nom en chinois). Et c'est ce vide qui lui donne un goût incomparable, si distinct de celui des plantes à tige pleine !

Ah ! Mon nez n'a pas tout repéré. Pendant que la vieille cuisinière faisait cuire ses liserons d'eau, un véritable bain de sang a eu lieu devant le pavillon, un peu comme le jour de la fête de la viande de chien. J'avance, les narines frémissantes. Non, pas ça… Pas l'odeur du sang dans un lieu sacré ! Rien ne va moins bien ensemble. Les soldats impérialistes devraient eux aussi chercher à oublier la guerre ici, non ? Qui a osé peindre la mort sur les murs de cet endroit où la vie doit prospérer ? Pourvu que mon client de la cantine du *tenshu* ne soit pas la victime. Il ne doit pas mourir, en tout cas pas encore. Le pari qui nous lie n'est pas terminé. Lui aussi le sait sûrement.

Le Bouddha est étendu sur le parquet de la salle, il a dû être descendu de son socle. Un homme assis devant lui fixe son visage. La main tendue, il le caresse tendrement. Ses gestes sont aussi délicats que s'il touchait le corps de sa bien-aimée. Derrière lui, un jeune homme monte la garde, un revolver à la main. Immobile, il contemple son maître de dos, tel un chien fidèle. Un corps maigre dont la tête écrasée est méconnaissable gît dans l'escalier menant à la salle. Vu sa robe ocre, il doit s'agir d'un moine du temple. J'ignore où sont les autres ; un calme absolu règne.

Je cache mon revolver dans mon ceinturon et toussote. Le jeune homme pointe aussitôt son arme sur moi. Je lui fais un signe de la main pour qu'il ne s'inquiète pas. Il semble reconnaître en moi le prisonnier enchaîné dans la cuisine de la cantine des officiers. Il pose son index sur ses lèvres pour m'intimer le silence. Il ne veut surtout pas que je dérange la cérémonie à laquelle son maître est en train de se livrer. J'attends que l'homme assis face au Bouddha émerge de son songe. Je suis persuadé qu'il est conscient de ma présence. Il doit savoir que le temps lui est compté et qu'il ferait mieux de ne pas traîner davantage. S'il se fait arrêter et emprisonner, il pourrait connaître une mort humiliante. S'il est dans son état normal, il devrait savoir qu'il lui faut quitter Xinjing le plus vite possible plutôt que de rester à contempler ce Bouddha en pierre. Il ne pourra pas sauver le monde avec cette statue sans odeur ni couleur. Je préfère encore le fumet que dégagent les liserons d'eau.

A cette pensée, je sors mon revolver et vise la tête du Bouddha. Une, deux, trois balles. La pierre éclate, des débris volent et tombent bruyamment sur le sol. Un nuage de poussière s'élève sous le mandala. Le jeune aide de camp, stupéfait, pointe son arme sur moi. Je pose aussitôt mon pistolet par terre et mets les mains en l'air pour lui montrer que je n'ai pas l'intention de me battre. Il s'apprête à tirer mais l'homme qui était jusque-là assis sans bouger l'en empêche. Il caresse longuement le visage du Bouddha détruit par mes balles, comme s'il avait tout son temps. Ses yeux ne reflètent aucun trouble ; on dirait un ascète ayant atteint l'Eveil après une longue méditation face à un mur.

Quelques instants plus tard, il fait approcher son aide de camp d'un geste de la main et lui demande de traduire.

— Te-te voilà, Chen. Je t'a-t'attendais, murmure-t-il comme un poète. V-viens.

Je l'observe sans broncher.

— A-avant toute chose, je vou-voudrais savoir pou-pourquoi tu es ici. Tu-tu es venu te venger ?

Je le gratifie d'un regard plein de pitié.

— Tu-tu ne comprendras jamais. Chen… Si tu-tu penses que nous avons so-soldé notre pari, tu-tu as tort. Ri-rien n'est fini entre nous… J'ai tou-toujours envie de tes plats et toi, tu-tu dois continuer à me-me les préparer. C'est ton-ton client qui te dit ça. Tant que je-je ne m'en lasserai pas, je con-continuerai de t'en commander et d'évaluer ton ta-talent, jour après jour… Alors bou-bouge ton corps difforme, et va préparer un bon petit plat chaud-chaud pour ton maître.

Mon client a beaucoup de mal à parler.

— Prépare ta-ta spécialité… Des champignons de pin-pin ? Tu aimerais que-que j'y regoûte ? Je connais bien-bien les moines de ce tem-temple, ils te donneront tout ce dont-dont tu as besoin. J'ai faim ! Tu n'as encore ja-jamais réussi un plat à la per-perfection. Aucun de tes-tes en-cas ne m'a pleinement satisfait. Tu-tu n'as pas gagné, tu étais même en train-train de perdre ! Tu comprends ? Re-retourne en cuisine et essaie de me ba-battre, de vain-vaincre ma langue, quitte à y laisser ta-ta vie. Sers-toi pour-pour ça du pouvoir de ton bi-billot, que tu vénères co-comme un dieu. Hein, espèce d'a-d'abruti !

Il me gifle violemment. Ses yeux s'emplissent de larmes.

— Tu-tu penses être le meilleur cuisinier qui soit ? Comment oses-tu, tu-tu n'arrives même pas à con-contenter le goût de ton client ! Tu sais, je-je ne vais jamais deux fois dans un res-restaurant où je me suis régalé, de-de peur de retomber sur le même assaisonnement. Je-je n'ai pas envie que mon sou-souvenir se teinte de déception. La-la cuisine, c'est comme ça. Aucun plat ne peut-peut surpasser la première ren-rencontre avec une saveur. Sauf le *bungogyu* que ma-ma mère me préparait. Si-si je t'ai laissé en vie-vie et si j'ai continué à man-manger tes plats, ce n'était pas-pas par amour pour ton-ton talent mais pa-parce que je n'en étais pas-pas tout à fait satisfait. Tu com-comprends, crétin ?

Clac ! Je lui rends sa gifle.

Tu oses te moquer de ma cuisine ? Tu oses déshonorer le cuisinier qui a mis tout son soin à te préparer des bons plats malgré l'humiliation d'avoir perdu une partie de sa langue ? Je ne te pardonnerai pas. J'aurais dû viser ton visage plutôt que celui du Bouddha, et réduire au silence ta méchante bouche et ta langue arrogante qui rejette en bloc le cuisinier qui l'a servie avec tant de dévouement.

— Est-ce que-que tu sais ce que j'ai pen-pensé de ta cuisine ces derniers mois-mois ? Tu as fait tout et n'importe quoi pour sauver ta peau alors que-que tu ne valais pas mieux qu'une bê-bête… Tu-tu t'es contenté de ça. Tu ne mérites pas-pas le titre de cuisinier. Tu-tu n'as rien compris à ma souffrance de-de voir décliner l'empire. Tu-tu sais, je préfère le goût de-de la souffrance à celui qu'on peut sentir sur sa-sa langue, le goût-goût de la douleur écrasante de ma-ma langue arrachée plu-plutôt que les délices sucrés, sa-salés ou amers ! La dou-douleur ne se goûte pas-pas avec la langue mais avec le corps tout-tout entier. Chen, si tu-tu cuisines en pensant que l'on ne goû-goûte qu'avec la langue, tu-tu te trompes. C'est pa-pareil pour le Bouddha. Tu pen-penses vraiment que je suis sous le charme de-de cette misérable statue ? Tu-tu n'y es pas du tout. C'est un vi-visage caché à l'intérieur qui me manque cruellement, un visage qu'un mi-minable comme toi ne peut même pas-pas imaginer… Ingrat, tu-tu as détruit mon précieux sou-souvenir pour sauver ton monde !

Je sais qu'il est sincère.

— Chen, tu-tu sais pourquoi j'ai empêché mon-mon aide de camp de te tirer de-dessus ?

Il me fait signe d'approcher.

— Je vou-voulais savoir comment s'appelle le dernier plat que-que tu m'as préparé. Ce plat dont j'ai tant cherché le goût et qui-qui a glissé dans ma-ma gorge tandis que je-je contemplais, impuissant, l'effondrement de-de l'empire. Que-quel est son nom ? Je n'ai jamais rien-rien mangé d'aussi écœurant. Ce plat-plat m'a profondément remué… Je-je suis prêt à te donner mon avis, oui, je suis-suis prêt.

Je lui réponds avec toute la courtoisie d'un cuisinier à l'égard d'un client :

— Cette recette n'existe nul-nulle part ailleurs.

— Quoi ? Tu-tu l'as inventée ?

Je me baisse pour que ma bouche soit à la hauteur de son oreille.

— Donnez-moi vo-votre avis sur ce plat avant d'ou-d'oublier.

Le commandant me regarde comme s'il venait de sortir d'un rêve.

— Chen, tu-tu veux vraiment avoir mon-mon avis ? Tu n'as pas-pas une petite idée ? Eh bien… ton-ton dernier plat était le plus-plus médiocre de tous. C'était vrai-vraiment immonde. Mais-mais je l'ai bu-bu jusqu'à la dernière goutte… ! J'ai vidé le bol avec un profond respect vis-à-vis du cuisinier qui l'a préparé pour moi.

Quoi ? Un profond respect ? Il agrippe ma main et la serre fort, comme s'il admirait qu'elle se soit battue contre le feu. J'essaie de le remercier mais les mots peinent à sortir de ma bouche. Ma langue tient à lui exprimer ma gratitude ; la chaleur de mon sang quitte mon cœur, coule dans les veines de mon bras et se communique à lui. J'ai envie de lui dire que notre pari est terminé, que je ne lui ai jamais rien préparé et que lui n'a jamais rien mangé de ma main. Si moi je cuisinais et si lui vidait son assiette, c'était juste pour combler nos solitudes. Tout ce temps passé au contact du feu et tout ce travail autour du goût sont une douleur temporaire que l'époque nous a infligée. C'est seulement quand on vide son assiette qu'on peut se libérer de la haine. Pendant ce bref moment de réflexion, j'entends que sa langue mutilée s'agite :

— Tout-tout est fini. Tire-moi dessus, Chen.

Il s'effondre. Il a l'air prêt à mourir. Un silence règne, aussitôt rompu par un bruit de véhicules. Ce sont sans doute les hommes de Wu. Des cris retentissants se mêlent aux bruits de pas. Du sang va encore être versé, pour la justice, pour sauver le monde, pour châtier les envahisseurs, pour venger nos voisins et rétablir l'ordre. Les pas s'approchent de la cour du pavillon principal. Je me souviens que le cadavre du moine gît encore dans l'escalier. Avant que le sang n'appelle le sang, j'aide le commandant à se lever et le pousse vers la porte arrière, là où un chemin mène aux cuisines.

— Dé-dépêchez-vous de sortir par-par là !

11

Je quitte le pavillon et tombe sur un chemin qui mène aux cuisines.

Je suis venu ici des dizaines de fois mais je n'ai jamais mis les pieds là où les repas des moines, ces goinfres, sont préparés. J'ai toujours méprisé les plats cuisinés ici et les moines qu'ils engraissaient. Tandis que des jeunes gens au sang bouillonnant perdent leur vie sur le front, ici, chacun a sa chambre aux murs peints des quatre plantes nobles – prunier, orchidée, chrysanthème et bambou – et passe sa journée à réciter des invocations au Bouddha ou à lire à voix haute des soutras en se balançant, comme s'il n'existait pas d'autre gatha pour sauver le monde. Ils étudient également des textes douteux laissés par toutes sortes de disciples parlant d'un homme mort il y a plus de deux mille cinq cents ans et des histoires qui l'entourent.

Je rêve ou quoi ? Kilsun se tient à l'entrée de ce trou miteux – où jamais je ne serais entré en temps normal –, vêtue d'un *hanbok* blanc, et m'invite à la rejoindre d'un geste de sa main pâle. On dirait une jeune fille toute proprette partie chercher son petit frère, un gamin aux vêtements sales qui passe ses journées à jouer dehors avec les enfants du quartier. Elle remue ses lèvres aussi rouges que l'étamine des volubilis épanouis le long d'un mur. Elle se trouve dans un cadre paisible où rien de funeste ne semble pouvoir arriver, un paysage où les derniers rayons de l'après-midi progresseraient lentement, un chat se promènerait en bâillant, des tranches de courgette étalées sur la terrasse en bois dans la cour par la mère le matin même seraient en train de sécher.

— Vite, Mori, venez avec moi !

Kilsun agite la main à mon intention. Je me ressaisis et fais volte-face. Je vois le corps du moine au crâne écrasé sur les marches de l'escalier en pierre, il fait un angle étrange avec la diagonale des rayons du soleil. J'entends un brouhaha de voix chinoises venant du parking à deux cents pas de là. Chen se tient à côté de la porte arrière, comme figé. Un nuage de papillons blancs… D'où viennent-ils ? Le printemps est loin. Ils envahissent le temple et tournoient autour de la cuisine. On dirait des pétales de cerisier virevoltant au vent.

— Dépêchez-vous ! Vous serez en sécurité avec moi, reprend Kilsun.

Son ombre blanche, ses bras et ses doigts longs et frêles, le bol d'argile rustique qu'elle tient à la main et les galettes dedans… J'ai déjà entendu cette voix. Un visage caché au fond de la mémoire d'un garçon de cinq ou six ans, que j'aurais tant voulu revoir au moins dans mes rêves, m'appelle, très près. Je cours dans sa direction.

— Ne vous inquiétez pas, les hommes n'ont pas le droit d'entrer dans la cuisine.

Kilsun barre la porte et couvre le foyer.

Co-comment es-tu… arrivée là ? Hélas, aucun mot ne sort de ma bouche. Cette femme a mutilé ma langue avant de s'enfuir. Comment se fait-il qu'elle soit encore en vie et qu'elle ait échoué ici ? Pourquoi m'accueille-t-elle et me fait-elle asseoir par terre, moi qui ai la peur au ventre ? Pourquoi ouvre-t-elle le couvercle de la marmite, sert-elle du riz chaud dans un bol et fait-elle réchauffer une soupe mystérieuse sur le feu ? Pourquoi prépare-t-elle tout ça pour moi ? Toutes ces questions me brûlent les lèvres mais je n'ose pas les lui poser, car maintenant que je suis réfugié ici, je ne suis plus un seigneur mais un simple invité. En fait, je n'ai jamais rien goûté de la main de cette femme.

— C'est vraiment pour moi que tu-tu as cuisiné ?

Je prends à deux mains le bol rempli de riz chaud qu'elle me tend.

— Pas tout à fait. J'avais besoin d'un endroit où me cacher, c'est comme ça que je suis arrivée ici. J'aide la vieille cuisinière à préparer les repas des moines. C'est le fait du hasard si nous nous retrouvons ici.

Je suis rassuré. Elle se comporte avec le plus grand naturel, comme si elle offrait un repas à un voyageur égaré avant de lui indiquer le chemin. Elle semble n'éprouver aucune haine pour moi, n'en avoir jamais éprouvé.

— J'ai-j'ai faim mais l'odeur est in-infecte.

Je me bouche le nez et montre la soupe du doigt. Le liquide jaune et rouge bouillonne bruyamment en répandant une vague odeur de moisi.

— C'est du *cheonggukjang*, une soupe à base de pâte de soja fermentée qu'on faisait beaucoup chez moi. J'adorais ça.

Elle enlève l'écuelle en argile du foyer et me l'apporte avec précaution. Elle la pose sur une table basse et remue le contenu à l'aide d'une cuillère en soufflant dessus.

— *Cheonggukjang*? Une soupe ?

— A base de soja fermenté, oui. J'y ai ajouté un ingrédient spécial. Prenez une cuillerée de riz et goûtez-moi ça. Ce plat est parfait quand on a faim.

Je lui obéis et me sers d'abord du riz. Aussitôt, elle approche une cuillerée de soupe de ma bouche en soufflant dessus. Je ne prends même pas le temps de la humer et avale précipitamment le liquide. Une faim si atroce que le fond de ma gorge semble réclamer de la nourriture à grands cris me tenaille ; j'en oublie le bruit des pas dehors. Je ne réfléchis pas à la sensation que la soupe laisse sur ma langue, je ne me demande pas si je l'apprécie ou non. J'engloutis la nourriture uniquement pour survivre et apaiser ma faim. Comme si mon moi était absent. J'enfourne une cuillerée après l'autre pour remplir mon estomac tout ratatiné et non pour satisfaire ma langue.

— Au fait, quel-quel est l'ingrédient spé-spécial que tu as ajouté ?

Kilsun pêche un morceau avec ses baguettes.

— C'est-c'est un champignon ?

Elle hoche la tête.

— C'est un champignon très rare qui pousse au pied des lilas de Perse.

— Li-lilas de Pe-Perse ?

— Regardez à quel point ce rouge est beau et triste ! On dirait des larmes, des lèvres, un cœur gorgé de sang. Ce champignon pousse après avoir franchi la frontière entre la vie et la mort, entre ce monde et l'au-delà. C'est l'autre nom du salut en quelque sorte… ou de la résurrection. Il est assez courant à Chongjin. Chaque fois que ma mère nettoyait ce champignon rouge sang, ce qui lui arrivait souvent, ses mains tremblaient.

J'aimerais lui demander pourquoi mais je renonce.

— Il y a que-quelques temps j'ai entendu di-dire que de très bons cham-champignons de pin poussaient autour de-de ce temple. L'un d'eux a sau-sauvé la vie d'un cui-cuisinier.

— Pour les champignons de pin, il faut attendre le mois de novembre…

— Que-quelle est la spé-spécificité de ce champignon ?

La femme remue ses lèvres.

— Il rougit quand on le cueille. Revenu dans l'huile, il prend une étrange couleur où se mêlent le noir et le blanc. Ce sont les oies du temple qui l'ont découvert. Après la mort du moine responsable, elles sont entrées dans le bois de lilas de Perse derrière le pavillon dédié au dieu de la montagne ; elles le picoraient quand je les ai retrouvées. Ça tombait à pic, je n'avais rien pour accompagner le dîner. Les moines ont dévoré tous les délicieux liserons d'eau… Ils ont bien mangé à midi et ont quitté le temple avant tout ce raffut, emportant avec eux un maximum d'objets de valeur. Ils se moquent complètement de ce qui se passe.

Je le savais. J'aurais dû tous les faire fusiller. Ce sont bien les dignes élèves de leur maître. Bande de crapules uniquement bonnes à gaspiller nos impôts ! Maintenant que j'ai le ventre plein, la colère me submerge. Je peux pardonner beaucoup de choses mais pas la gloutonnerie de ces maudits moines. Il faut les retrouver. Que fait Naoki ? Et Shigeo ? Ça fait longtemps que je ne l'ai pas vu, celui-là. Il a déserté pour rentrer à Hokkaido ? Il s'est caché chez des gens près du lac Nanhu, tout à son rêve d'ouvrir un jour un restaurant de grillades de poisson ?

Kilsun verse du bouillon dans le riz et mélange le tout.

— Ce champignon a deux visages. Si les mains de ma mère tremblaient, c'est parce qu'il peut servir de remède ou de poison en fonction de l'endroit où il a été cueilli. Quand il est cueilli au pied d'un lilas de Perse, on l'appelle « champignon du lilas ». D'après un soutra, il aurait conduit Siddharta Gautama au nirvana alors qu'il atteignait les quatre-vingts ans.

La voix de Kilsun tremble mais son ton reste ferme.

— Mori, faites comme le Bouddha. Il a mangé avec appétit le plat que Cunda lui avait préparé tout en sachant qu'il était empoisonné. Allez, finissez le vôtre. Vous me prouverez ainsi que vous n'êtes pas un lâche.

Je laisse échapper une exclamation de surprise.

— Un plat-plat ou un repas qui peut-peut coûter la vie constitue un dé-défi intéressant. J'a-j'attends ce moment de-depuis longtemps. C'est le dé-déjeuner idéal.

Je vois, Kilsun. Dire que cet ingrédient insignifiant porte à la fois les couleurs de la vie et de la mort ! Depuis la nuit des temps, il meurt et renaît au creux d'une souche d'arbre pourrie, perclus de solitude sur la mince frontière séparant ces deux mondes. Je le mâchouille consciencieusement avant de l'avaler. Je sens un souffle se lever au fond de moi et prendre de la vitesse, comme s'il allait faire basculer une vie. Mes vaisseaux se rétrécissent tandis que mon sang chaud quitte mon cœur et se déverse violemment dans tout mon corps. Mais je dois continuer à faire l'éloge de ce dernier repas. Je m'en voudrais de manquer de respect à une cuisinière aussi appliquée. Je lèche mes lèvres qui se raidissent.

— Pou-pourrais-je avoir un verre d'a-d'alcool ? J'aimerais tant-tant tomber dans un pro-profond sommeil au son de la ber-berceuse de ma mère… A mon réveil, ce-cette horrible guerre…

Kilsun se lève et me tourne le dos. Sa veste blanche et sa colonne vertébrale solide sont éclatantes. Elle m'éblouit. Elle penche la nuque et déploie ses ailes comme un papillon. De plus en plus légère, elle s'envole hors de la cuisine… Des millions de papillons déferlent dans un tumulte de battements d'ailes. Des nuages de poudre blanche emplissent la cuisine. Un, deux… Je me mets à compter les papillons entrés par les interstices de la porte, des plus petits de la taille d'une châtaigne jusqu'aux plus grands qui font la taille de ma main ; leurs corps et leurs ailes sont de mille couleurs différentes. Je continue à compter, dix, vingt, cent vingt-cinq, trois cent trente-trois, et j'entends une belle voix de femme chanter. *Kagome kagome, kago no naka no tori wa. Itsu itsu deyaru ?* (Kagome kagome, quand cet oiseau va-t-il sortir de sa cage ?) Le chant s'échappe de la cuisine et martèle les os du responsable du temple dont le cadavre est en train de se dessécher.

ÉPILOGUE

Kilsun

Kilsun retourne à Chongjin, sa ville natale qui lui manquait tant, mais personne n'est là pour l'accueillir : son père est décédé depuis longtemps, et son socialiste de frère, peut-être parti en Union soviétique, ne lui donnera plus jamais aucune nouvelle. Un nouveau régime politique voit le jour en Corée du Nord ; Kilsun, très appréciée du Parti communiste dans un premier temps, devient responsable des femmes au sein d'un collectif agricole. Quelques années plus tard, elle tombe malade et est démise de ses fonctions. Elle finit par mourir à quarante et un ans, seule.

Yamada Otozô (Mori)

Arrêté par l'armée soviétique, Otozô est envoyé dans un camp de travail en Sibérie où il passe onze ans avant de finir par regagner Kumamoto en 1956. Déshonoré par la défaite, il aurait passé le restant de ses jours enfermé chez lui, à n'oser sortir que pour se rendre dans un temple voisin. Une maladie l'emporte en 1965 à l'âge de quatre-vingt-quatre ans.

Chen

Chen s'installe définitivement en Mandchourie et ouvre un restaurant de poisson en amont du lac Nanhu. Il passe le reste de sa vie à cuisiner aux côtés de son précieux billot et gagne ainsi le surnom de « roi de Nanhu ».

Seok (frère de Kilsun)

Après la libération de la Mandchourie, il rejoint les rangs de l'armée soviétique et va s'installer à Vladivostok, qu'il pense être le paradis du socialisme. Mais il finit par s'emporter lors d'une banale dispute et assassine une vieille voisine ; il est alors envoyé en Sibérie, où il meurt.

Puyi

Après la fin du Mandchoukouo, Puyi est emprisonné au centre de détention de criminels de guerre de Fushun, puis gracié par Mao en 1959. Une fois libéré, il devient jardinier au Jardin botanique de Pékin. Il meurt d'un cancer du rein en 1967.

Quelques mots de l'auteur

Je suis très heureux de faire la connaissance des lecteurs français. La France a une histoire semblable à celle de la Corée : nous avons subi l'occupation japonaise, la France l'occupation allemande. A cette occasion, beaucoup de jeunes Français entrés dans la Résistance ont perdu la vie. Alors qu'au début du XXe siècle la guerre faisait rage en Asie de l'Est, les personnages principaux de mon roman (Kilsun, Chen et Mori) ont chacun vécu leur passion jusqu'au bout. Tout comme Kilsun, je suis coréen ; si j'ai écrit ce roman, c'est pour raviver le souvenir de cette guerre oubliée en donnant à entendre le point de vue de trois acteurs de ce conflit (Corée, Chine, Japon). Pour ne pas tomber dans le cliché de beaucoup de romans historiques, j'ai choisi la cuisine comme thème central de mon livre. Je souhaite de tout mon cœur que les lecteurs français apprécient les personnages que j'ai créés.

Kwon Jeong-hyun
Séoul, décembre 2018

Achevé d'imprimer sur les presses
de l'imprimerie Liberdúplex
Sant Llorenç d'Hortons (Barcelone),
Espagne

Dépôt légal : septembre 2019